Editors

Helena Barancová
Peter Blaho
Ján Lazar

SPECTRUM SLOVAKIA Series
Volume 6

XI. Dies Luby Iurisprudentiae
Rechtsschutz des schwächeren Subjekts im Privatrecht

VEDA
PUBLISHING HOUSE
OF THE SLOVAK ACADEMY OF SCIENCES

PETER LANG
INTERNATIONAL ACADEMIC PUBLISHERS

Bibliographic Information published by the Deutsche Nationalbibliothek
The Deutsche Nationalbibliothek lists this publication in the Deutsche Nationalbibliografie; detailed bibliographic data is available in the internet at http://dnb.d-nb.de.

Editors: Professor JUDr. Helena Barancová, DrSc.
Dr.h.c. Professor JUDr. Peter Blaho, CSc.
Professor JUDr. Ján Lazar, DrSc.

University of Trnava in Trnava
Faculty of Law
Slovak Republic
deprf@truni.sk

This publication was financially supported by the Agency to support research and development in the project: Human dignity and fundamental human rights and freedoms in labour law. no. APVV-0068-11.

Responsible coordinator: prof. JUDr. Helena Barancová, DrSc.

ISBN 978-3-631-64743-1
© Peter Lang GmbH
International Academic Publishers
Frankfurt am Main 2014

ISBN 978-80-224-1379-4
© VEDA, Publishing House
of the Slovak Academy of Sciences
Bratislava 2014

www.peterlang.de www.veda.sav.sk

Contents

List of authors

Univ. -Doz. Dr. Christian ALUNARU
Universität „Vasile Goldis" Arad, Arad, Rumänien

Prof. JUDr. Helena BARANCOVÁ, DrSc.
Trnava University in Trnava, Faculty of Law, Trnava, Slovakia

doc. JUDr. Kristián CSACH, PhD., LL.M.
Pavol Jozef Šafárik University in Košice, Faculty of Law, Košice, Slovakia

JUDr. Martin DILONG M.I.L.
Civic Association Forum for Public Affairs , Bratislava, Slovakia

JUDr. Róbert DOBROVODSKÝ, PhD., LL.M.
Trnava University in Trnava, Faculty of Law, Trnava, Slovakia

JUDr. Mgr. Martina GAJDOŠOVÁ, PhD.
Trnava University in Trnava, Faculty of Law, Trnava, Slovakia

doc. JUDr. Ján HUSÁR, CSc.
Pavol Jozef Šafárik University in Košice, Faculty of Law, Košice, Slovakia

Prof. dr. sc. Tatjana JOSIPOVIĆ
Universität Zagreb, Juristische Fakultät, Zagreb, Kroatien

JUDr. Gabriela KUBÍČKOVÁ, CSc.
Comenius University Bratislava, Faculty of Law, Bratislava, Slovakia

Prof. JUDr. Ján LAZAR, DrSc.
Juristische Fakultät der Trnava Universität, Trnava, Slovakia

Doz. Dr.sc. Aleksandra MAGANIĆ
Universität Zagreb, Rechtswissenschaftliche Fakultät, Zagreb, Kroatien

Professor Dr. Dr. h.c. mult. Lajos VÉKÁS
Eötvös Loránd Universität, Budapest, Hungary

doc. dr. Ana VLAHEK
University of Ljubljana, Faculty of Law, Ljubljana, Slovenia

em. o. Univ.-Prof. DDr. h. c. Dr. Rudolf WELSER
Universität Wien, Wien, Österreich

Prof. Dr. Viktorija ŽNIDARŠIČ SKUBIC
University of Ljubljana, Faculty of Law, Ljubljana, Slovenia

Vorwort

Die Stiftung von Štefan Luby und die Juristische Fakultät der Trnava – Universität haben am 19. und 20. September 2013 im Kongresszentrum der Slowakischen Akademie der Wissenschaften im Schloss in Smolenice die XI. Luby-Juratage zum Thema „Schutz des schwächeren Subjekts im Privatrecht" veranstaltet. Im Rückblick auf die thematische Orientierung der bisherigen zehn Luby-Juratage, die seit 1990 regelmäßig stattfinden, lässt sich sagen, dass die Veranstalter sich stets auf aktuelle und gesellschaftlich wichtige Themen orientiert haben. Ebenso, wie bei der Themenauswahl dieser internationalen Wissenschaftskonferenz, die inhaltlich zweifelfrei dem hohen Grad an Aktualität entspricht und gleichzeitig eine wesentliche gesellschaftliche Dimension besitzt.

Betrachtung dieser Problematik im breiteren gesellschaftlich-wirtschaftlichen Kontext ist relevant vor allem bei der Untersuchung von theoretischen, rechtsphilosophischen, sowie elementaren gesetzgebenden Ausgangspunkten bei der Auffassung und Beurteilung des gesellschaftlichen Bedarfs, sowie des Charakters, Wesens und der Funktion vom Schutz des schwächeren Subjekts im Privatrecht auf der nationalen, sowie europäischen Ebene. Dabei ist es in dieser Hinsicht offensichtlich, dass im europäischen Privatrecht, sowie in den Privatrechtsordnungen der EU-Länder für die Basis und das Ziel der gesellschaftlichen Orientierung soziale Marktwirtschaft und soziale Gesellschaftsdoktrin gehalten wird, und dass diese Werte auch im Bereich des Privatrechts vor dem System der freien Marktwirtschaft und des uneingeschränkten Liberalismus bevorzugt werden. Aus dieser Sicht ergibt sich eine ganze Reihe von grundlegenden Fragen, die mit der Erneuerung des Katalogs von Grundsätzen des Privatrechts, ihren wechselseitigen Beziehungen, ihren Interaktion, hauptsächlich unter den Grundprinzipien, wie freie Autonomie der Subjekte und ihre rechtliche Gleichheit, weiter Platz, Bedeutung und Anwendung des Grundsatzes vom Schutz des Schwächeren und eine ganze Reihe zusammenhängenden und anknüpfenden Fragen, zusammenhängen.

Gewiss die breiteste Palette an Problemen und Fragen auf diesem Gebiet bringt mit sich die die europäische Gesetzgebung, Einführung der europäischen Verbraucherrichtlinien in die nationalen Rechtsordnungen, was bei den Neukodifizierungen des Privatrechts besonders kompliziert und schwierig ist. Damit hängt das Bedürfnis der Klärung von zahlreichen strittigen, theoretischen und Fragen wie – was ist ein schwächerer Vertragspartner, bezieht sich eine erhöhter Schutz nur auf den Verbraucher, schwächere Partei in den Handelsgesellschaften usw., zusammen. Die Problematik des Schutzes des Schwächeren betrifft nicht nur materielles Zivilrecht, sondern auch das Familienrecht und Arbeitsrecht auf der gesamten Breite. Sie nimmt Einfluss auch auf das Zivilrechtsverfahren und daraus ergibt sich das Bedürfnis theoretischer Untersuchungen und gesetzgebenden Lösungen.

Deswegen lässt sich aufgrund des Angedeuteten feststellen, dass heutzutage im Privatrecht und den damit zusammenhängenden Beziehungen des zivilen Prozessordnung kaum eine aktuellere und gesellschaftlich wichtigere Problematik zu finden ist, als die Problematik des Schutzes des schwächeren Subjekts.

Die Referate, die diese Publikation beinhaltet, widmen sich den angedeuteten Aspekten, Problemen und damit verbundenen Fragen, die das zentrale Thema dieser Konferenz umfasst. Zu den Verfassern gehören außer der einheimischen (Bratislava, Košice a Trnava) vorwiegend ausländische Universitätsprofessoren und Dozenten von den mitteleuropäischen Universitäten und wissenschaftlichen Instituten (Wien – Österreich, Budapest – Ungarn, Prag – Tschechische Republik, Zagreb – Kroatien, Ljubljana – Slowenien, Nowy Sad – Serbien, Arad – Rumänien, Sarajevo- Bosnien und Herzegowina, Pécs – Ungarn). Hiermit haben die Konferenz und der Sammelband tatsächlich eine internationale und europäische Dimension erlangen.

Wir sind überzeugt, dass auf dieser Basis eine wissenschaftlich wertvolle und äußerst aktuelle Publikation entstanden ist, die sicher Interesse bei den wissenschaftlichen Mitarbeitern, Doktoranden, Pädagogen der juristischen Fakultäten, Mitarbeiter in der Gesetzgebung und Anwendungspraxis, die sich mit dieser Problematik näher befassen, erwecken wird, und zwar nicht nur in der Slowakischen und Tschechischen Republik sondern auch im Ausland.

In Trnava, am 30. November 2013

Editoren

Rechtsschutz der schwächeren Subjekte im kroatischen Privatrecht – Auswirkungen auf die Privatautonomie und die Vertragsfreiheit

Tatjana Josipović

Abstract: Im modernen kroatischen Recht wird der Schutz der schwächeren Seite durch eine Kombination aus traditionellen, klassischen privatrechtlichen Instrumenten und neuen Rechtsinstrumenten des EU-Rechts verwirklicht. Der Schutz der schwächeren Subjekte basiert auf einer spezifischen Kombination, der Interaktion der Normen des materiellen Rechts, des Verfahrensrechts und des internationalen Privatrechts. Jedes von diesen rechtlichen Bereichen trägt auf unterschiedliche Art und Weise zum Schutz der schwächeren Subjekte bei. Der optimale Schutz kann nur durch eine gute normative Regelung aller Bereiche und ihre gegenseitige normative Angleichung verwirklicht werden. Der Erfolg des Schutzes hängt allerdings auch davon ab, inwieweit er in der Praxis wirksam durchgeführt wird, bzw. ob auf der nicht-normativen (praktischen) Ebene alle Voraussetzungen für den optimalen Schutz erfüllt sind.

Key words: schwächere Subjekte, Privatrecht, materielles Rechts, Privatautonomie, Grundsatz der Vertragsfreiheit, Verbraucherschutz, EU-Recht, verbotene Vertragsklauseln, Vertragsformen, Schutzwirksamkeit

1. Einführung

Der Schutz der schwächeren Subjekte im Privatrecht ist heutzutage ein besonders aktuelles Thema. Der Schutz der schwächeren Subjekte im Privatrecht wird auch im kroatischen Privatrecht von zunehmender Bedeutung, insbesondere seit Kroatien zum Mitgliedstaat der Europäischen Union geworden ist und kontinuierlich seine Gesetzgebung an das EU-Recht angleicht.[1] Der

[1] Die Republik Kroatien wurde am 01. Juli 2013 zum vollberechtigten Mitglied der Europäischen Union. Allerdings war Kroatien bereits vor dem formellen Beitritt zur EU auf Grund des Stabilisierungs- und Assoziierungsabkommens (in Kraft seit dem 01.02.2005) verpflichtet, dessen Privatrecht dem EU-Recht anzugleichen. Mehr darüber

Schutz der schwächeren Vertragspartei beruht auf der Idee der sozialen Gerechtigkeit. Das ist ein neues Konzept im Privatrecht, das sich wesentlich auf einige grundlegende, traditionelle und klassische Grundsätze des Privatrechtes auswirkt, wie beispielsweise auf den Grundsatz der Privatautonomie und den Grundsatz der Vertragsfreiheit. Unumstritten ist, dass die Ansprüche auf den Schutz des Schwächeren im Privatrecht bestimmte Einschränkungen der Privatautonomie und der Vertragsfreiheit erfordern. Andererseits kommen bestimmte Konflikte auch in Bezug auf die Verwirklichung anderer Rechte und Interessen durch das Privatrecht, wie z.B. Privatsicherheit, Schutz der Menschenrechte, Wirksamkeit des Rechtssystems, Rechtssicherheit, Schutz des Unternehmertums und der Marktwirtschaft, vor. Die Ansprüche auf den Schutz des Schwächeren verleihen zweifellos allen diesen Werten eine andere Note. Deshalb stellt sich im Zusammenhang mit dem Schutz der schwächeren Subjekte im Privatrecht berechtigterweise die Frage, welchem Interesse Vorrang zu gewähren ist und welches Recht mehr zu schützen ist. Die schwierigste Frage ist sicherlich, wie das optimale Gleichgewicht beim Schutz aller angeführten Werte herzustellen ist. Die Tatsache, dass der Kreis der Personen, die in privatrechtlichen Verhältnissen als die schwächeren Subjekte geschützt werden, nahezu jeden Tag erweitert wird, macht die Antwort auf diese Frage besonders komplex. Am häufigsten werden die Verbraucher als die schwächeren Subjekte im Privatrecht hervorgehoben, aber es besteht auch eine ganze Reihe anderer Kategorien von Personen, die auf Grund der Vertragsverhältnisse, in denen sie sich befinden, ihrer Behandlung in der Gesellschaft und auf Grund der gegen sie geführten Gerichtsverfahren als schwächere Subjekte angesehen werden können.[2] Andererseits wird im modernen kroatischen Recht der Schutz der schwächeren Seite durch eine Kombination aus traditionellen, klassischen privatrechtlichen Instrumenten und neuen Rechtsinstrumenten des EU-Rechts verwirklicht. Zweitens beruht der Schutz der schwächeren Subjekte auf einer spezifischen Kombination, der Interaktion der Normen des materiellen Rechts, des Verfahrensrechts[3] und des interna-

s. JOSIPOVIĆ, T.: Anpassung des kroatischen Zivilrechts an europäische Standards in Welser (Hrsg.) Privatrechtsentwicklung in Zentral- und Osteuropa, Wien, 2008, S-141-158, ISBN 978-3-214-00747-8.

2 Personen, die im kroatischen Privatrecht als die schwächere Seite angesehen werden könnten, können in verschiedene Kategorien eingeordnet werden, wie z.B. Verbraucher, diskriminierte Personen, Arbeitnehmer, Mieter, geschützte Mieter (eh. Träger des Wohnrechts), Schuldner, Kreditsicherungsgeber, Bürgen, Schuldner im Zwangsvollstreckungsverfahren, geschäftsunfähige Personen, Minderjährige, taube und nicht lesefähige Personen, stumme und nicht schreibfähige Personen, unterhaltsberechtigte Personen, kleine und mittlere Unternehmen, Kleinaktionäre, Nutzer der Rechtshilfe, usw.

3 In Bezug auf die Prozessbestimmungen wird der Schutz der schwächeren Subjekte

tionalen Privatrechts.[4] Jeder von diesen rechtlichen Bereichen trägt auf unterschiedliche Art und Weise zum Schutz der schwächeren Subjekte bei. Der optimale Schutz kann nur durch eine gute normative Regelung aller Bereiche und ihre gegenseitige normative Angleichung verwirklicht werden. Der Erfolg des Schutzes hängt allerdings auch davon ab, inwieweit er in der Praxis wirksam durchgeführt wird, bzw. ob auf der nicht-normativen (praktischen) Ebene alle Voraussetzungen für den optimalen Schutz erfüllt sind. Die Verwirklichung eines wirksamen Schutzes der schwächeren Subjekte hängt nämlich nicht nur von einem guten normativen Rahmen für den Schutz ab, sondern auch von der Informiertheit und der Kenntnis der schwächeren Subjekte, von ihren Rechten und Schutzmöglichkeiten sowie von den Schutzmodellen, Schutzkosten und Fristen, innerhalb welcher die Gewährung des Schutzes erwartet werden kann u.a.

Im Text wird die normative Regelung des Schutzes der schwächeren Subjekte im kroatischen Privatrecht analysiert, insbesondere auf Grund der substantiellen/materiellrechtlichen Normen des Privatrechts, die je nach Art und Weise des Schutzes der schwächeren Subjekte in mehrere Kategorien eingeordnet werden können. Dabei liegt der Schwerpunkt nicht nur auf dem materiellen Recht, durch welches der Schutz des Verbrauchers als der schwächeren Vertragspartei verwirklicht wird.[5] Die Bestimmungen zum Schutze der jeweils schwächeren Partei werden je nach deren Auswirkungen auf die Privatautonomie, die Vertragsfreiheit und die Abdingbarkeit des Privatrech-

---

auf verschiedenen Ebenen verwirklicht. Zum größten Teil handelt es sich um Regeln, die das Ergebnis der Harmonisierung mit dem EU-Recht sind. Das sind z.B. Kollektivschutz, besondere Regeln über die Beweislast, besondere Regeln über die Wirkungen gerichtlicher Entscheidungen gegenüber Dritten und verbindliche Wirkungen gerichtlicher Entscheidungen für andere Gerichte, besondere Regeln über den Gerichtsstand, Mediation, usw.

4 Die Bestimmungen des internationalen Privatrechtes sind in den europäischen Verordnungen enthalten (z.B. Rom-I-Verordnung, Rom-II-Verordnung). Wie auch in den anderen Mitgliedsstaaten haben ab dem 01.07.2013, als Kroatien ein vollberechtigtes Mitglied der EU geworden ist, alle diese Verordnungen unmittelbare Geltung und Wirkung.

5 Die Normen des materiellen Rechtes, durch welche die Verbraucher als die schwächere Vertragspartei geschützt werden, sind größtenteils ein Ergebnis der Harmonisierung des kroatischen Rechtes mit dem EU-Recht. Kroatien hat bereits vor dem EU-Beitritt sämtliche Verbraucherrichtlinien implementiert. Dieser Prozess wurde auch nach dem Beitritt fortgesetzt. Zum Verbraucherschutz s. JOSIPOVIĆ, T.: Enforcement Activity in Consumer Protection Regulation in Croatia; Journal of Consumer Policy; September 2013, vol. 36, issue 3, pp. 287-314; JOSIPOVIĆ, T.: Verbraucherschutz in der Republik Kroatien in Welser (Hrsg.) Konsumentenschutz in Zentral- und Osteuropa, Wien, 2010, S. 53-80 ISBN 978-3-214-00750-8; BARETIĆ, M.: Implementacija prava Europske zajednice o zaštiti potrošača u hrvatsko pravo Pravo u gospodarstvu 42 (2003) 4, pp. 246-254.

tes in mehrere Kategorien eingeteilt. Nachfolgend wird auf bestimmte praktische Probleme bei der Durchführung des Schutzes der schwächeren Subjekte hingewiesen. Es werden weitere Vorgehensweisen bei der Gewährleistung eines wirksameren Schutzes vorgeschlagen. Das Ziel ist, zu zeigen, dass die normative Regelung des Schutzes der schwächeren Subjekte – unabhängig davon, wie gut diese Regelung sein mag – ohne entwickelte Mechanismen für die praktische Verwirklichung dieses Schutzes keineswegs ausreicht, um zufriedenstellende Ergebnisse auf dem Gebiet sowohl des Schutzes der schwächeren Subjekte als auch des Schutzes der Interessen und Rechte sämtlicher an den privatrechtlichen Verhältnissen beteiligten Personen zu erzielen.

2. Materiellrechtlicher Schutz der schwächeren Subjekte

2.1. Allgemeines

Die Bestimmungen des materiellen Rechtes, durch welche die schwächeren Parteien geschützt werden, sind größtenteils im Vertragsrecht, aber auch im Sachenrecht, Familienrecht und sogar im substantiellen Vollstreckungsrecht enthalten. Sie sind im Gesetz über die Schuldverhältnisse (SchuldG)[6] – als der grundlegenden Rechtsquelle des kroatischen Vertragsrechts – enthalten sowie in zahlreichen anderen besonderen Gesetzen wie z.B. im Verbraucherschutzgesetz (VSchG),[7] Arbeitsgesetz,[8] Antidiskriminierungsgesetz,[9] Mietgesetz,[10] Notariatsgesetz,[11] Gesetz über das Eigentum und andere dingliche Rechte (EDRG),[12] Zwangsvollstreckungsgesetz[13] u.a.

Der Schutz, der sämtlichen schwächeren Subjekten gewährleistet wird, wird einerseits durch traditionelle Schutzmechanismen, bzw. durch klassische Instrumente des Privatrechts gesichert, die von jeher im kroatischen Recht bestehen. Das sind z.B. Ungültigkeit des Vertrages wegen Willens-

6 Amtsblatt (Narodne novine/NN) 35/05, 41/08, 144/12, 81/13, 112/13.

7 NN 79/07, 125/07, 75/09, 79/09, 89/09, 133/09, 78/12, 56/13.

8 NN 149/09, 61/11, 82/12, 73/13.

9 NN 85/08, 112/12.

10 NN 91/96, 48/98, 66/98, 22/06.

11 NN 78/93, 29/94, 162/98, 16/07, 75/09.

12 NN 91/96, 68/98, 137/99, 22/00, 73/00, 129/00, 114/01, 79/06, 141/06, 146/08, 38/09, 153/09, 143/12.

13 NN 112/12, 25/13.

mängel (Drohung, Nötigung, Betrug),[14] wucherisches Rechtsgeschäft,[15] clausula rebus sic stantibus,[16] objektive Schadenshaftung,[17] Akzessorietät des Bürgschaftsvertrages,[18] Akzessorietät des Pfandrechtes[19] u.Ä. Die meisten dieser Instrumente kannten sowohl das ehemalige Gesetz über die Schuldverhältnisse als auch andere zivilrechtliche Vorschriften noch aus der Zeit des Sozialismus.[20] Sie spielen auch jetzt eine besonders bedeutende Rolle im kroatischen Privatrecht und finden häufige Anwendung in der Rechtsprechung. Es besteht bereits eine ganze Reihe von veröffentlichten Gerichtsentscheidungen.

Andererseits hat sich der Schutz der schwächeren Partei als ein besonderes Konzept im Privatrecht, insbesondere unter dem Einfluss des EU-Rechtes, entwickelt. Unter dem Einfluss des Gemeinschaftsrechtes wurde in die nationalen Privatrechte und somit auch in das kroatische Privatrecht, Folgendes eingebracht: neue Schutzinstrumente im materiellen Recht (Pflichten des Händlers, Verbraucherrechte), neue Prozessinstitute (Kollektivschutz), besondere Regeln über den Verbraucherschutz, besondere Antidiskriminierungsregeln usw.

Alle angeführten materiellrechtlichen Regeln tragen auf verschiedene Weise zum Schutz der schwächeren Subjekte in den privatrechtlichen Verhältnissen bei. Sie entfalten aber auch spezifische Auswirkungen auf die Privatautonomie, auf die Vertragsfreiheit und auf den Dispositionsgrundsatz, die als traditionelle Grundsätze des Privatrechts gelten. Abhängig von dem Einfluss, den die jeweiligen Regeln, mit denen die schwächeren Subjekte unmittelbar oder mittelbar geschützt werden, auf einige von diesen Grundsätzen und damit auch auf die Lage der Vertragsparteien ausüben, können diese Regeln in einige Kategorien eingeteilt werden.

---

14 Art. 279, 284 SchuldG; Mehr darüber s. VEDRIŠ, M.-KLARIĆ, P.: Građansko pravo, Zagreb, Narodne novine, 2012, S. 143, 155, 170, ISBN: 978-953-234-170-6 .

15 Art. 329 SchuldG; Mehr darüber s. VEDRIŠ, M.-KLARIĆ, P.: o.c., S. 146.

16 Art. 369-372 SchuldG; Mehr darüber s. VEDRIŠ, M.-KLARIĆ, P.: o.c., S. 482-484.

17 Art. 1063-1080 SchuldG; Mehr darüber s. VEDRIŠ, M.-KLARIĆ, P.: o.c., S. 612-622.

18 Art. 109, 160/2 SchuldG; mehr darüber s. VEDRIŠ, M.-KLARIĆ, P.: o.c., S. 436.

19 Art. 297, 301/1-2, 303, 346 EDRG, Art.SchuldG 160/2: Mehr darüber s. GAVELLA NIKOLA: Stvarno pravo, svezak 2, Zagreb, Narodne novine, 2007, S. 135, 136, ISBN 978-953-234-093-8 (sc. 2).

20 Vgl. z.B. Art. 60, 65, 133-136, 173-179, 1002, 295/2 des ehem. SchuldG/1978 (Drohung, Nötigung, Betrug, wucherisches Rechtsgeschäft, clausula rebus sic stantibus, objektive Schadenshaftung, Akzessorietät des Bürgschaftsvertrages); Art. 63 des ehem. Gesetzes über die grundlegenden eigentumsrechtlichen Verhältnisse/1980 (Akzessorietät des Pfandrechtes).

2.2. Verbotene Vertragsklauseln

Zum Schutz der schwächeren Vertragspartei bestehen im kroatischen Recht ausdrückliche Bestimmungen, durch welche den Vertragsparteien verboten wird, gewisse Klauseln zu vereinbaren. In der Regel handelt es sich um Bestimmungen, mit welchen die Möglichkeit ausgeschlossen wird, dass die Parteien durch einen Vertrag bestimmte traditionelle dispositive Bestimmungen des Vertragsrechtes ausschließen. Solche Bestimmungen ergeben sich größtenteils aus dem EU-Recht und aus den Richtlinien, durch welche die einzelnen Verbraucherverträge oder andere Vertragsarten (z.B. Handelsvertreterverträge) geregelt werden. So gilt z.B. für Verbraucherverträge das Verbot des Ausschlusses der Haftung für Dienstleistungs- und Sachmängel (Art. 408 SchuldG), obwohl das SchuldG für andere entgeltliche Rechtsgeschäfte ausdrücklich die Möglichkeit des Ausschlusses der Haftung für Sachmängel[21] vorschreibt. Darüber hinaus schreibt das VSchG für alle Verbraucherverträge das Verbot des Verzichtes auf die Verbraucherrechte (Art. 6 VSchG) ausdrücklich vor. Mit anderen Worten wird wegen des Schutzes des Verbrauchers als der schwächeren Vertragspartei jede Möglichkeit des ausdrücklichen Verzichtes auf irgendein Recht, das die kroatischen Gesetze dem Verbraucher zuerkennen, ausgeschlossen. Durch solche Bestimmungen wird die Vertragsfreiheit, auch auf der Seite des Verbrauchers, erheblich eingeschränkt. Die Vertragsfreiheit wird immer dann ausgeschlossen, wenn die Bestimmungen über den Verbraucherschutz zum Nachteil des Verbrauchers geändert werden, unabhängig davon, ob über die einzelnen Klauseln individuell verhandelt wurde, sowie unabhängig davon, dass dadurch kein erhebliches und ungerechtfertigtes Missverhältnis der vertraglichen Rechte und Pflichten der Vertragspartner zum Nachteil des Verbrauchers entgegen dem Gebot von Treu und Glauben verursacht wurde.[22]

In einigen Fällen wurden, wieder unter dem Einfluss des EU-Rechts, Verbote der Vereinbarung bestimmter Klauseln auch für andere Kategorien von Vertragsparteien, die keine Verbraucher sind, vorgeschrieben. So wurde zum

---

21 Art. 357, 400-429 SchuldG (Kaufvertrag), jedoch in Verbindung mit der allgemeinen Bestimmung für die entgeltlichen Geschäfte.

22 In diesem Sinne übertrifft der Schutz des Verbrauchers als des schwächeren Subjekts wesentlich den Schutz vor missbräuchlichen Klauseln in Verbraucherverträgen, der dem Verbraucher auf Grund der Klauselrichtlinie 93/13/EWG gewährleistet wird, welche in Kroatien in das VSchG (Art. 96-106) implementiert wurde und durch welche die Verbraucher nur im Falle von missbräuchlichen Klauseln, die nicht im Einzelnen ausgehandelt wurden, geschützt werden. Es ist daher fraglich, ob ein solches weitgehendes Verbot des Verzichtes auf Rechte im Einklang mit der aktuellen Praxis des EuGH steht (z.B. Fall Pannon GSM Zrt. v. Erzsébet Sustikné Győrfi 2008, EUGH, C-243/08).

Beispiel unter dem Einfluss der Handelsvertreter-Richtlinie[23] für beide Vertragsparteien ausdrücklich das Verbot des Ausschlusses des Rechtes auf Vertragsauflösung (Art. 829 SchuldG) vorgeschrieben, während für den Vertreter auch das Verbot des Ausschlusses des Rechtes auf Vertretervergütung (Art. 833 SchuldG) vorgeschrieben wurde. Es ist allerdings eine traditionelle Regel des kroatischen Vertragsrechts, dass die Vertragsparteien unter Berufung auf bestimmte veränderte Umstände auf das Recht auf Vertragsauflösung im Vorhinein verzichten können (Art. 372 SchuldG), sowie, dass für die Kündigung eines Vertrags auf unbestimmte Zeit eine Kündigungsfrist gesetzt werden muss (Art. 212/4 SchuldG).

Einige Verbote der Vereinbarung der einzelnen Vertragsklauseln gehen letztendlich aus dem traditionellen kroatischen Zivilrecht hervor. So wird zum Schutz des Pfandschuldners als der schwächeren Vertragspartei im Pfandvertrag die Vereinbarung der sog. lex commissoria verboten (Art. 307 EDRG). Dieses Verbot gilt allerdings nur für den Pfandvertrag.[24] Bei einigen anderen dinglichen Forderungssicherheiten, die im Zwangsvollstreckungsgesetz geregelt werden, kommt der Schutz des Schuldners als der schwächeren Vertragspartei auf diese Weise nicht zum Ausdruck. Die Regeln des Zwangsvollstreckungsgesetzes über die Sicherungsübereignung schreiben ausdrücklich gerade das Gegenteil zum lex commissoria vor – sofern die belastete Sache innerhalb einer bestimmten Frist nicht verkauft wird, wird der Gläubiger zum bedingungslosen Eigentümer dieser Sache (Art. 322 ZVG) und die Parteien haben keine Möglichkeit, solche Rechtsfolgen der Befriedigung vertraglich auszuschließen.[25]

2.3. Nichtigkeit der vereinbarten Klauseln

Die andere Art der Normen, durch welche die schwächeren Subjekte geschützt werden, untersagt zwar nicht ausdrücklich die Vereinbarung bestimmter Klauseln, schreibt aber vor, dass in bestimmten Fällen (wenn bestimmte Voraussetzungen erfüllt sind) die vereinbarten Klauseln nichtig sind. Hier handelt es sich eigentlich auch um den Ausschluss der Dispositivität einiger Bestimmungen des Vertragsrechts in Fällen, in denen eine bestimmte Vertragsklausel zum Nachteil des schwächeren Subjekts vereinbart wurde. Zum Teil handelt es sich wieder um Bestimmungen, die das Ergebnis der Harmonisie-

---

23 Selbstständige Handelsvertreter Richtlinie 86/653/EWG.

24 Art. 307/3-5 EDRG; mehr darüber s. GAVELLA, N.: o.c. S. 187-189, 318.

25 Mehr darüber s. DIKA MIHAJLO: Građansko ovršno pravo, Narodne novine, Zagreb, 2007, S. 784-822, ISBN 978-953-234-102-7.

rung mit dem EU-Recht (z.B. **missbräuchliche** Klauseln in Verbraucherverträgen, **Pauschalreise**vertrag, Handelsvertretervertrag) und der erweiterten Implementierung einschlägiger Richtlinien (**missbräuchliche** Klauseln in Allgemeinen Geschäftsbedingungen)[26] sind. Einige Bestimmungen sind jedoch traditionelle Bestimmungen des kroatischen Rechtssystems. Die wichtigste Folge eines so ausdrücklichen Vorschreibens der Nichtigkeit ist, dass das Gericht von Amts wegen die Gültigkeit der vereinbarten Klauseln zu beachten hat, und dass es jederzeit möglich ist, die Nichtigkeit solcher Klauseln geltend zu machen, da dieser Anspruch nicht verjährt.[27] Die häufigste Rechtfertigung für einen derartigen Ausschluss der Dispositivität und die diesbezügliche Nichtigkeitserklärung ist, dass solche Vertragsklauseln dem Gebot von Treu und Glauben widersprechen, dass dadurch der schwächeren Partei im Falle des monopolistischen Verhaltens der jeweils anderen Vertragspartei Schutz gewährt wird u.Ä. Damit diese Klauseln für nichtig erklärt werden können, ist demnach in jedem konkreten Fall zu beweisen, dass diese spezifischen Voraussetzungen für deren Nichtigkeit erfüllt sind. Sind diese Voraussetzungen jedoch nicht erfüllt, werden diese Vertragsklauseln als gültig angesehen und entfalten ihre Rechtswirkungen zwischen den Vertragsparteien.

Die traditionellen, sonst dispositiven Regeln des Vertragsrechts, durch welche bei Erfüllung der vorgeschriebenen Voraussetzungen die schwächeren Subjekte geschützt werden können, beziehen sich auf sämtliche Vertragsarten und nicht nur auf Verbraucherverträge oder eine andere spezifische Vertragsart. Eine wichtige Regel für den Schutz ist jedenfalls die allgemeine Regel, wonach verfassungswidrigen Klauseln sowie Klauseln gegen die zwingenden Vorschriften und die Moral der Gesellschaft (Art. 322 SchuldG) nichtig sind. Die Vertragsklausel über die Vereinbarung der Zinseszinsen (Art. 27 SchuldG) ist ebenfalls nichtig. Wegen des Schutzes des schwächeren Subjekts in den auf Allgemeinen Geschäftsbedingungen beruhenden Verträgen, die aber keine Verbraucherverträge sind, wird ausdrücklich vorgeschrieben, dass die missbräuchlichen Klauseln der Allgemeinen Geschäftsbedingungen

---

26 Das Konzept der Nichtigkeit der missbräuchlichen Klauseln aus der Klausel-RiL wurde auch zum Schutz der Vertragsparteien in allen anderen Verträgen mit Allgemeinen Geschäftsbedingungen übernommen. Die allgemeinen Regeln über die Nichtigkeit der Allgemeinen Geschäftsbedingungen (Art. 261 SchuldG) wurden nach dem Vorbild der Klausel-RiL geregelt. Diese Regeln gelten nunmehr für sämtliche Verträge, einschließlich der Handelsgeschäfte, und nicht nur für die Verbraucherverträge. Mit solch einer überschießenden Umsetzung der Klausel-RiL in den Allgemeinen Geschäftsbedingungen wurden in sämtlichen Vertragsverhältnissen nahezu gleiche Standards zum Schutz vor missbräuchlichen Klauseln hergestellt, die im EU-Recht nur für Verbraucher gelten.

27 Art. 327/1, 328 SchuldG.

(Art. 296 SchuldG) ebenfalls nichtig sind.[28] Zum Schutz des Subjektes, das wegen der Verletzung der Vertragspflicht einen Schaden erlitten hat, schreibt das SchuldG die Nichtigkeit der jeweiligen Bestimmungen über die Erweiterung, Beschränkung oder den Ausschluss der vertraglichen Schadenshaftung ausdrücklich vor. Deshalb sind sowohl die Vertragsklauseln über die Erweiterung der vertraglichen Schadenshaftung entgegen dem Gebot von Treu und Glauben (Art. 343 SchuldG) als auch die Bestimmungen über den Ausschluss/die Beschränkung der vertraglichen Haftung für Schaden/Sachmängel/Rechtsmängel, der/die auf Grund der monopolistischen Lage auferlegt wird, nichtig (Art. 345, 435, 558, 529 SchuldG).

Neben diesen traditionellen Bestimmungen, durch die in jedem Vertragsverhältnis der Schutz der schwächeren Partei in einem bestimmten Ausmaß verwirklicht werden kann, wurden in das kroatische Vertragsrecht auf Grund der Harmonisierung mit dem EU-Recht auch besondere Bestimmungen eingebracht, durch welche die Lage der Vertragsparteien nur in bestimmten Verträgen geschützt wird. Gemäß den europäischen Richtlinien sind die Klauseln über den Ausschluss/die Beschränkung der Schadenshaftung des Reiseveranstalters (Art. 891 SchuldG), die Klauseln über den Ausschluss der Bestimmungen über die Pflichten des Handelsvertreters (Art. 811, 812 SchuldG), sowie die Klauseln über die Rechte des Handelsvertreters, welche die gesetzliche Lage des Handelsvertreters verschlechtern, nichtig (Art. 822-824, 834 SchuldG). Schließlich schreibt das VSchG bei den Verbraucherverträgen nach dem Vorbild des EU-Rechtes ausdrücklich vor, dass alle schädlichen Bestimmungen über die Änderung des gesetzlichen Ausmaßes des Verbraucherschutzes (Art. 6 VSchG), sowie die missbräuchlichen Klauseln in Verbraucherverträgen nichtig sind (Art. 102 VSchG).

2.4. Eingeschränkte Wirkungen der vereinbarten Klauseln

In die dritte Gruppe der Normen, durch welche die schwächeren Subjekte geschützt werden können, wurden jene Vertragsbestimmungen eingeordnet, die grundsätzlich vereinbart werden können, deren Dispositivität jedoch eingeschränkt ist. Sie können grundsätzlich vereinbart werden, aber nur wenn

[28] Die Kriterien für die Missbräuchlichkeit sind denen für die missbräuchlichen Klauseln in Verbraucherverträgen sehr ähnlich. In Art. 296/1 SchuldG ist ausdrücklich vorgeschrieben, dass die Bestimmungen der Allgemeinen Geschäftsbedingungen, die nicht im Einzelnen ausgehandelt wurden, nichtig sind, wenn diese entgegen dem Gebot von Treu und Glauben ein offensichtliches Missverhältnis bei der Ausübung von Rechten und Pflichten zum Nachteil des Vertragspartners des Verfassers verursachen oder die Erreichung des Vertragszwecks gefährden.

bestimmte Voraussetzungen erfüllt sind. Die Hauptvoraussetzung ist, dass im konkreten Fall die schwächere Vertragsseite dadurch nicht benachteiligt wird, bzw. dass sie für die schwächere Vertragsseite (z.B. Verbraucher, Arbeitnehmer) günstiger sind. Das Ziel ist es, die schwächere Partei in jenen Fällen zu schützen, in welchen die Wirkungen der Anwendung der vereinbarten Klausel für diese ungünstiger wären als jene Wirkungen, die eintreten würden, wenn eine dispositive Gesetzesnorm angewendet würde, oder die Wirkungen der vereinbarten Klausel nur auf diejenigen Fälle zu beschränken, in denen die andere Partei ihre Verpflichtungen nicht durch vorsätzliche oder grob fahrlässige Handlungen verletzt hat. Das Ziel ist es auch, die schwächere Partei in jenen Fällen zu schützen, in welchen die andere Vertragspartei bei der Vereinbarung einer Klausel irreführend gehandelt und bestimmte Umstände verschwiegen hat, die für die Vereinbarung dieser Vertragsklausel entscheidend waren. Im Unterschied zu den oben genannten Fällen werden solche Vertragsklauseln Rechtswirkungen entfalten, jedoch wird deren Eintritt nur auf jene Fälle begrenzt, in denen die andere Vertragspartei in einem bestimmten Vertragsverhältnis nicht übermäßig benachteiligt wird.

Vereinbarte Klauseln mit eingeschränkten Wirkungen sind in verschiedenen Vorschriften zu finden. So schreibt beispielsweise das SchuldG die Möglichkeit der Beschränkung/des Ausschlusses der vertraglichen Haftung nur für Schäden, die durch leichte Fahrlässigkeit entstehen, ausdrücklich vor (Art. 345, 689 SchuldG). Die Vertragsklauseln über den Ausschluss/die Beschränkung der vertraglichen Schadenshaftung werden jedoch keine Rechtswirkungen entfalten, wenn der vertragliche Schaden vorsätzlich oder durch grobe Fahrlässigkeit entstanden ist. Ebenfalls ist es bei den entgeltlichen Verträgen (mit Ausnahme der Verbraucherverträge) zulässig, die Beschränkung/den Ausschluss der Haftung für Sach- oder Rechtsmängel zu vereinbaren, aber nur für die dem Verkäufer/Verpächter unbekannten Mängel (Art. 408/2 SchuldG). War der Mangel dem Verkäufer/Verpächter bekannt, entfaltet die Vertragsklausel über den Haftungsausschluss keine Rechtswirkungen.

Ein ähnliches Konzept des Schutzes des schwächeren Subjekts kennen auch verschiedene Sondervorschriften, die den Verbraucherschutz, den Arbeitsvertrag und die Durchführung der Zwangsvollstreckung regeln. In zahlreichen Fällen ist die Vereinbarung bestimmter Vertragsklauseln erlaubt, jedoch nur wenn die schwächere Vertragspartei dadurch nicht in eine ungünstige Lage versetzt wird im Verhältnis zum Schutzgrad, der durch die Anwendung der dispositiven Gesetzesbestimmung verwirklicht wird. Für die Verbraucher gilt z.B. die besondere Bestimmung über die Wahl des für den Verbrauchervertrag maßgebenden Rechts. Grundsätzlich ist es möglich, im Verbrauchervertrag das für den Vertrag maßgebende Recht zu vereinbaren. Die Vertragsklausel über die Wahl des für einen Verbrauchervertrag maßgebenden ausländischen

Rechts wird jedoch nur dann wirken, wenn dem Verbraucher seine Rechte nach dem kroatischen Recht nicht abgesprochen werden (Art. 4 VSchG). Für den Arbeitsvertrag gilt Ähnliches – die Vertragsklauseln im Arbeitsvertrag wirken nur dann, wenn sie günstiger sind als die Bestimmungen des Arbeitsgesetzes, des Kollektivvertrags, der Arbeitsordnung (Art. 7 ArbeitG). Auf derselben Spur ist auch der Schutz, der den Vollstreckungsschuldnern im Fall des Abschlusses eines Vertrags über die Lohn- oder Rentenpfändung im Zwangsvollstreckungsgesetz gewährleistet wird. Eine solche Sicherheit kann nur bis zur Pfändungsfreigrenze bei Lohn oder Rente bzw. nur bis zu dem Betrag, der von der Pfändung nicht ausgenommen ist, begründet werden (Art. 202 ZVG).[29] Durch eine solche Bestimmung werden die Schuldner vor der Möglichkeit geschützt, dass ihnen wegen ihrer freiwilligen Lohn-/Rentenverpfändung ihr ganzer Lohn/Rente gepfändet wird. Die Schuldner werden dadurch in dieselbe Lage versetzt, als würde in ihr Lohn/ihre Rente eine Zwangsvollstreckung betrieben.

2.5. Besondere Vertragsformen

Der besondere Schutz der schwächeren Subjekte wird durch besondere Regeln verwirklicht, die für die Wirksamkeit der jeweiligen Verträge eine besondere Form erfordern, wie z.B. Gerichtsprotokoll, Notariatsakt, solennisierte Urkunde.[30] Verträge, für deren Gültigkeit solch eine besondere Form vorgesehen wird, werden für nichtig gehalten und entfalten keine Rechtswirkungen, sofern sie nicht in dieser Form abgeschlossen sind (Art. 290/1 SchuldG). [31]

---

29 Von der Lohn-/Rentenpfändung wird in der Regel der Betrag von 2/3 eines Durchschnittsnettogehalts in Kroatien ausgenommen (Art. 173/1 ZVG).

30 Das SchuldG schreibt für solche Fälle ausdrücklich vor, dass alle Änderungen und Ergänzungen der Verträge, für die eine besondere Form gesetzlich vorgeschrieben ist, in derselben Form abgeschlossen werden müssen (Art. 286/2 SchuldG). Die Ausnahme von dieser Regel ist nur dann vorgesehen, wenn vertragliche Nebenpunkte später geändert oder die Verpflichtungen der Vertragsparteien erleichtert werden, jedoch nur sofern dies nicht dem Zweck des vorgeschriebenen Formerfordernisses widerspricht (Art. 286/3, 4 SchuldG).

31 Das SchuldG schreibt die Möglichkeit der Konvalidation (Gültigmachung) eines Vertrags, der nicht in vorgeschriebener Form geschlossen wurde, ausdrücklich vor, sofern die Parteien die Vertragsverpflichtungen zur Gänze oder größtenteils erfüllt haben (Art 294 SchuldG). Allerdings wird dafür noch eine zusätzliche Voraussetzung verlangt. Die Konvalidation ist nur dann möglich, wenn aus dem Zweck des vorgeschriebenen Formerfordernisses nicht offenbar etwas anderes hervorgeht. In den Fällen, in welchen die besondere Form zum Schutz der schwächeren Partei oder anderer Personen, die zwar keine Vertragsparteien sind, aber wegen der Erfüllung der Vertragspflichten geschädigt

Diese besondere Form wird eigentlich durch die Mitwirkung einer öffentlichen Behörde (Gericht, öffentlicher Notar) verwirklicht. Ihre Rolle beim Abschluss eines Vertrags besteht gerade darin, dass sie dem Schutz der schwächeren Vertragsseite (des Schuldners, des Minderjährigen, der geschäftsunfähigen Person, der tauben oder stummen Person, des Unterhaltsempfängers u.Ä.) Rechnung tragen. Die Aufgabe des Gerichts/des Notars ist es, die Parteien über die Wirkungen der Verträge oder einzelnen Vertragsklauseln, über eventuelle Streitigkeiten zu belehren. So hat z.B. der Notar bei der Verfassung eines Notariatsakts besondere Verpflichtungen, die den Schutz der schwächeren Vertragspartei zum Ziel haben (Art. 57, 58 Notariatsgesetz). Der Notar hat die besondere Verpflichtung zu prüfen, ob die Parteien geschäftsfähig und zur Schließung des Geschäfts berechtigt sind, die Parteien über den Sinn und die Folgen des Geschäfts zu belehren und sich ihres wahren und ernsthaften Willens zu vergewissern. Unter anderem hat der Notar die Parteien auch auf jene Vertragsklauseln hinzuweisen, die sich auf eine der Vertragsseiten schädlich auswirken könnten, sowie auf sämtliche unklare und missverständliche Klauseln, Klauseln, die einen Anlass zu Streitigkeiten geben können oder ungültig sind oder die beabsichtigte Rechtswirkung nicht entfalten können.[32] Beim Verfassen eines Vertrags über den lebenslangen Unterhalt sind das Gericht oder der Notar verpflichtet, die Parteien auf die Folgen des Vertrags, den sie abschließen, hinzuweisen (Art. 580/2 SchuldG). Dieselbe Verpflichtung haben das Gericht oder der Notar auch beim Abschluss anderer Verträge, die erbrechtliche Wirkungen entfalten (Art. 134, 106 Erbgesetz).[33] Beim Verfassen des Protokolls, in welches die Vereinbarung über die Gründung des freiwilligen gerichtlichen Pfandrechts aufgenommen wird, hat das Gericht die Verpflichtung, das Einvernehmen

werden können, gesetzlich vorgeschrieben ist, erweist sich als nicht gerechtfertigt, dass der Vertrag bereits wegen der bloßen Tatsache, dass er zur Gänze oder größtenteils erfüllt ist, konvalidiert. Es ist nämlich möglich, dass gerade wegen der Konvalidation des Vertrags die schwächere Vertragspartei oder dritte, schwächer geschützte Subjekte geschädigt und in eine ungünstigere Lage im Verhältnis zu der anderen Vertragspartei versetzt werden. So vertritt z.B. die Rechtsprechung die Meinung, dass ein nicht in vorgeschriebener Form geschlossener Vertrag über den lebenslangen Unterhalt nicht konvalidieren kann, obwohl er erfüllt ist, da dadurch die Noterben des Unterhaltsempfängers geschädigt werden. S. Entscheidung des OGRH Rev-898/94 vom 21.10.2010 (veröffentlicht in CRNIĆ, I.: Gesetz über die Schuldverhältnisse, Zagreb, 2006, S. 288, ISBN 953-6067-86-X).

32 Sollten die Parteien doch bei solchen Vertragsklauseln bleiben, wird der Notar diese in seinen Notariatsakt eintragen, mit der Anmerkung, dass er die Parteien auf die Folgen solcher Klauseln hingewiesen hat (Art. 58 Notariatsgesetz).

33 Erbgesetz/ErbG (NN 48/03, 163/03, 35/05, 127/13).

der Parteien und deren Zustimmung zur Gründung des Pfandrechts festzustellen (Art. 301 ZVG) usw.[34]

Der Abschluss des Vertrags in Form einer öffentlichen Urkunde (Gerichtsprotokoll/Notariatsakt) oder einer solennisierten öffentlichen Urkunde wird durch eine ganze Reihe kroatischer Gesetze geregelt. Das SchuldG regelt ausdrücklich, dass in Form eines Gerichtsprotokolls oder eines Notariatsaktes die Verträge über den lebenslangen Unterhalt (Art. 580, 589 SchuldG), einige Schenkungsverträge, wie z.B. Schenkung auf den Todesfall und Schenkung ohne wirkliche Übergabe (Art. 482, 491 SchuldG), geschlossen werden müssen. Das Erbgesetz regelt, dass die Personen, die leseunfähig oder leseunkundig sind oder die nicht unterschreiben können, das Testament nur als ein öffentliches Testament, d.h. ein vom Richter oder Notar verfasstes Testament, verfassen können (Art. 32 ErbG). In Form eines Gerichtsprotokolls oder eines Notariatsaktes müssen auch der Erbverzichtsvertrag (Art. 134 ErbG) sowie der Vertrag über die Abtretung und Aufteilung des Vermögens zu Lebzeiten (Art. 106 ErbG) geschlossen werden. Zum Schutz von minderjährigen und geschäftsunfähigen Personen, welche Verträge über die Verfügung über das Vermögen abschließen, sowie zum Schutz der leseunkundigen Tauben oder schreibunkundigen Stummen, welche Rechtsgeschäfte unter Lebenden schließen, müssen alle solchen Verträge ebenfalls in Form eines Notariatsaktes abgeschlossen werden (Art. 53 NotariatG).

Eine besonders wichtige Gruppe von Verträgen, die in Form eines Gerichtsprotokolls bzw. eines Notariatsaktes geschlossen werden müssen, sind die Verträge, die dem Gläubiger ermöglichen, nach Fälligkeit der Forderung aus dem Vertrag die Zwangsvollstreckung zur Befriedigung seiner Forderung unmittelbar zu beantragen, ohne vorher einen Rechtsstreit zur Erlangung der Vollstreckungsurkunde zu führen. Zum Schutz der Schuldner ist es in diesen Fällen besonders wichtig, dass der Vertrag vor dem Gericht oder einem Notar abgeschlossen wird, die verpflichtet sind, den Parteien die Wirkungen des Vertrags zu erklären und sie auf allfällige Nachteile hinzuweisen, die für die Vertragsparteien aus diesem Vertrag hervorgehen können. Solche Fälle des Schuldnerschutzes können in zwei große Gruppen eingeordnet werden. Einerseits gilt die allgemeine, im Art. 54 NotariatG enthaltene, Regel über den Abschluss eines Vertrags mit sog. clausula exequendi, d.h. einer Vertragsklausel, mit welcher der Schuldner erklärt, dass auf Grund des Notariatsaktes nach Fälligkeit der Verpflichtung die Zwangsvollstreckung zur Erfüllung der geschuldeten Leistung unmittelbar betrieben werden kann. Ein Vertrag mit

[34] Sollte beim Abschluss des Vertrags wegen Unterlassung der erwähnten Pflicht des Notars/Richters einer der Vertragsparteien ein Schaden entstehen, so haftet der Notar für diesen Schaden (Art. 42 NotariatsG, Art. 105 Gesetz über das Gerichtswesen/NN 28/13).

der clausula exequendi ist stets in Form eines Notariatsaktes oder einer solennisierten Privaturkunde abzuschließen, damit diese Klausel wirksam wird. Diese Regel gilt unabhängig von der Art der Verpflichtung (Geldverpflichtungen oder nicht auf Zahlung gerichtete Verpflichtungen) sowie unabhängig davon, aus welchem Vertrag die jeweilige Verpflichtung hervorgeht. Grundsätzlich kann bei jedem Vertrag eine clausula exequendi vereinbart werden. Jeder Vertrag kann nämlich mit einer clausula exequendi abgeschlossen werden, womit die unmittelbare Zwangsvollstreckung sofort nach Fälligkeit der Vertragsverpflichtung gesichert ist. Andererseits schreiben die kroatischen Vorschriften ebenfalls aus dem Grund des Schuldnerschutzes für bestimmte Vertragsarten ausdrücklich vor, dass für die Gültigkeit des Vertrags die Form eines Notariatsaktes oder eines Gerichtsprotokolls erforderlich ist. Es handelt sich um sog. freiwillige gerichtliche oder notarielle dingliche Sicherungen (Pfandrecht, Sicherungsübereignung), bei denen die Vollstreckung nach Fälligkeit der Forderung unmittelbar zulässig ist (Art. 301, 307, 310, 317 ZVG). Da das Gerichtsprotokoll/der Notariatsakt, in welcher Form ein Pfandvertrag/Sicherungsübereignungsvertrag abgeschlossen ist, nach Fälligkeit der gesicherten Forderung zu Vollstreckungsurkunden werden (Art. 301/2, 310/4 ZVG, Art. 54/3 NotariatG), ist es beim Abschluss solcher Verträge notwendig, den Schuldner auf deren Rechtswirkungen, die Folgen des Eintritts der Vollstreckbarkeit und insbesondere auf die Möglichkeiten des Schuldnerschutzes im Vollstreckungsverfahren besonders hinzuweisen.[35]

Der Schutz des schwächeren Subjekts durch besondere Gesetzesnormen über eine bestimmte Form des Vertrags als Voraussetzung für dessen Gültigkeit kann zweifellos zum Schutz der schwächeren Vertragspartei beitragen. Allerdings kann eine solche Form des Schutzes der schwächeren Vertragspartei hohe Kosten der Vertragsverfassung verursachen, die in der Praxis am häufigsten gerade von der schwächeren Vertragspartei getragen werden (z.B. Schuldner aus dem Kreditvertrag). Die Kosten der Vertragsverfassung in Form des Gerichtsprotokolls bzw. Notariatsaktes sind nämlich nicht im festen Betrag vorgeschrieben, sondern hängen vom Marktwert des Vertragsgegenstands bzw. dem Wert der Vertragsverpflichtung ab. Deshalb nutzen die Parteien in den Fällen des Abschlusses der Verträge, für welche die Form des No-

---

[35] Es ist z.B. zweifelhaft, ob der Schuldner im Vollstreckungsverfahren alle Einwendungen erheben kann, die er auch im Rechtsstreit, in dem ihn der Gläubiger auf Erfüllung der Vertragsverpflichtung verklagen würde, erheben könnte. Das Zwangsvollstreckungsgesetz enthält nämlich besondere Bestimmungen darüber, welche Einwendungen der Schuldner im Zwangsvollstreckungsverfahren erheben kann und mit welchen Rechtsmitteln. Es ist nämlich fraglich, ob es überhaupt möglich ist, im Zwangsvollstreckungsverfahren die Gültigkeit eines Vertrags zu bestreiten, aus dem die Verpflichtung hervorgeht, wegen welcher die Zwangsvollstreckung betrieben wird.

tariatsaktes verlangt wird, häufiger die Möglichkeit der Bestätigung (Solennisierung) von Privaturkunden, welche die Parteien selbst vorbereiten und dem Notar zur Bestätigung vorlegen (Art. 59 NotariatsG). Die Verfahrenskosten, d.h. die Notarvergütung beträgt dann 50% der Vergütung, die ihm zustehen würde, wenn er den Vertrag in Form des Notariatsaktes selbst verfasst hätte.[36] Eine derart bestätigte Privaturkunde hat die Kraft eines Notariatsaktes, und falls sie eine clausula exequendi enthält, auch die Form eines vollstreckbaren Notariatsaktes (Art. 59/1 NotariatsG). Dabei wird die schwächere Vertragspartei auf dieselbe Art und Weise geschützt, als wenn der öffentliche Notar den Vertrag in Form eines Notariatsaktes selbst verfasst hätte, da auch für die Solennisierung einer Privaturkunde dieselben Regeln über die Hinweispflicht des Notars gegenüber den Parteien gelten (Art. 59/3 NotariatsG).

2.6. Besondere Rechte/Pflichten der Vertragsparteien

Der spezifische Schutz der schwächeren Subjekte, insbesondere der schwächeren Vertragspartei, wird im kroatischen Recht auch durch zahlreiche besondere schützende Normen in verschiedenen Gesetzen verwirklicht, welche die besonderen Rechte und Pflichten der Parteien gerade zum Schutz der jeweils anderen Vertragspartei regeln. Einige dieser Rechte wurden aus dem EU-Recht übernommen, einige Regeln wiederum sind „ursprünglich" kroatisch.

Den Großteil der aus dem EU-Recht übernommenen Regeln machen die Regeln zum Schutz des Verbrauchers als der schwächeren Vertragspartei aus. Dieser Schutz wird am häufigsten durch besondere Regeln über das Widerrufsrecht des Verbrauchers bei bestimmten Arten von Verbraucherverträgen,[37] sowie durch die Regel über die vorvertragliche Informationspflicht des Händlers bei Verbraucherverträgen verwirklicht.[38] Bei einigen Verträgen wird der Schutz der schwächeren Vertragspartei durch besondere Regeln über die Kündigungsgründe gewährleistet, die im Vergleich zu den allgemeinen Regeln über die Vertragskündigung die Kündigungsmöglichkeit wesentlich einschränken oder sie an besondere Voraussetzungen und an ein besonderes Verhalten binden.[39] Bei den Verträgen, bei denen eine der Vertragsparteien als

---

[36] Art. 16 der Ordnung über den vorläufigen Notariatstarif (bereinigte Fassung) / http://www.hjk.hr/Default.aspx?tabid=67.

[37] Z.B. Art. 33, 45, 63, 91 VSchG, Art. 901 SchuldG.

[38] Z.B. Art. 32, 43, 57, 89 VSchG.

[39] Das Arbeitsgesetz kennt z.B. besondere und sehr umfangreiche Regeln über die Kündigung des Arbeitsvertrags seitens der Arbeitgeber, in denen die zulässigen Gründe für die Kündigung des Arbeitsvertrags, das Kündigungsverfahren, die Rechte des Arbeit-

schwächeres Subjekt angesehen wird, wird durch verschiedene Vorschriften auch eine ganze Reihe besonderer Regeln über die besonderen Pflichten des Arbeitgebers, des Vermieters, des Händlers als der stärkeren Vertragspartei vorgeschrieben.[40] Für die Verletzung dieser Pflichten ist in den besonderen Gesetzen sehr oft auch eine besondere Haftung für Ordnungswidrigkeiten der stärkeren Vertragspartei vorgesehen.

Bedeutenden Sonderrechten, durch welche in bestimmten Situationen die schwächeren Subjekte geschützt werden, liegt der Bedarf an einem größeren Schutz ihrer schlechten materiellen Lage zugrunde. In diesem Sinne sind die Regeln über den Schuldnerschutz im Zwangsvollstreckungsverfahren von besonderer Bedeutung. Im kroatischen Zwangsvollstreckungsgesetz ist eine Reihe von Bestimmungen enthalten, durch welche die Schuldner davor geschützt werden, dass die Vollstreckung die Befriedigung ihrer grundlegenden Lebensbedürfnisse gefährdet. Die Vollstreckung in das Gehalt, in die Rente, in Liegenschaften u.a. ist eingeschränkt.[41] Es handelt sich um ein sozial sehr empfindliches Thema, über das angesichts der Krise und der Probleme mit der Rückzahlung von Krediten immer mehr diskutiert wird. Es ist zu erwarten, dass solcher Schutz der Schuldner im Zwangsvollstreckungsverfahren mit dem Anstieg der Zahl der Zwangsvollstreckungen in Liegenschaften und Konten natürlicher Personen noch erweitert wird.[42] In diesem Zusammenhang

nehmers im Fall der Kündigung taxativ aufgezählt werden (Art. 107-119). Im Mietgesetz sind spezifizierte Gründe für die Kündigung des Mietvertrags seitens des Vermieters, die Kündigungsfristen, ein besonderes Kündigungsverfahren ebenfalls ausdrücklich und taxativ geregelt (Art. 19-23), wobei die Gründe für die Kündigung des geschützten Mietvertrags, der mit den ehemaligen Trägern des Wohnrechts für die Wohnungen im ehemaligen gesellschaftlichen Eigentum geschlossen wurde, besonders geregelt werden (Art. 40). Der besondere Schutz der sog. geschützten Mieter wird auch durch die Normen über die Verpflichtung zum Abschluss des Mietvertrags, und zwar auf unbestimmte Zeit verwirklicht (Art.31). Der geschützte Mieter wird auch im Fall des Verkaufs der Mietwohnung geschützt, da ihm dann das gesetzliche Erstkaufsrecht zusteht (Art. 44).

40 Z.B. Art. 33, 34, 36, 51, 53 usw. Arbeitsgesetz, Art. 12, 13, Mietgesetz, Art. 5, 7, 8, 9, 12, 17 VSchG.

41 Das Recht des Schuldners auf die Ausnahme von der Vollstreckung bzw. auf die Einschränkung der Vollstreckung wird durch eine ganze Reihe der ZVG-Bestimmungen geregelt (Art. 75, 76, 91, 135, 172, 173, 241). So kann z.B. in die Sachen, die für die Befriedigung der grundlegenden Lebensbedürfnisse des Schuldners und der Personen, denen er kraft Gesetzes unterhaltspflichtig ist, oder für die Ausübung der Tätigkeit des Schuldners notwendig sind, nicht vollstreckt werden.

42 Die Angaben der Kroatischen Wirtschaftskammer zeigen einen zehnfachen Anstieg der Zahl der Zwangsvollstreckungen in Liegenschaften in den letzten sieben Jahren. Im letzten Jahr ist die Anzahl der Bürger, deren Konten gepfändet wurden, um ca. 17% gestiegen, während ihre gesamten Schulden um 34% gestiegen sind. Siehe www.fina.hr/Default.aspx?sec=1562; www.hgk.hr.

ist es wichtig, auch auf den Trend der Verpflichtung der Arbeitgeber, der Banken, der Erbringer von Dienstleistungen zur Gründung besonderer Geldfonds aufmerksam zu machen, die bei Konkurs oder Insolvenz dem Schutz der Arbeitnehmer, der Verbraucher u.a. dienen sollten. So wurde z.B. für eine ganze Reihe der geregelten Berufe eine Verpflichtung zur Haftpflichtversicherung bestimmt (z.B. Reiseveranstalter, öffentliche Notare, Rechtsanwälte usw.).[43] Letztendlich wurden auch besondere Verpflichtungen der Arbeitgeber und anderer Vertragsschließenden zur Gründung besonderer Fonds/Agenturen für die Auszahlung von Löhnen/Forderungen/Spareinlagen bei Konkurs eines Arbeitgebers, einer Bank, eines Reiseveranstalters geregelt.[44]

3. Praktische Probleme – Schutzwirksamkeit

Aus der normativen Regelung des Schutzes des schwächeren Subjekts im Privatrecht geht hervor, dass eine ganze Reihe verschiedener materiellrechtlicher Instrumente besteht, die in Kombination mit besonderen prozessrechtlichen Instrumenten einen sehr hohen Grad des Schutzes der schwächeren Subjekte in privatrechtlichen Verhältnissen gewährleisten können. Es stellt sich jedoch die Frage, wie wirksam dieser Schutz in der Praxis ist. Trotz des hohen Schutzgrades, welcher auf der normativen Ebene gewährleistet wird, wird dieser Schutz sehr selten verwirklicht. Seit Einführung der Möglichkeit des kollektiven Verbraucherschutzes[45] wurde ein Gerichtsverfahren zum Schutz der kollektiven Verbraucherinteressen vor dem Handelsgericht in Zagreb nur einmal eingeleitet.[46]

---

43 Art. 892 SchuldG, Art. 17 NotariatsG, Art. 44 des Rechtsanwaltsgesetzes.

44 Siehe z.B. das Gesetz über die Sicherung von Arbeitnehmeransprüchen im Falle des Konkurses des Arbeitgebers, NN 86/08, 80/13; Gesetz über die Staatsagentur für Einlagensicherung und Bankensanierung, NN 44/94, 79/98, 19/99, 35/00, 60/04,12/12.

45 Die neuesten Regeln über den kollektiven Verbraucherschutz (Art. 131-141b) wurden in das Verbraucherschutzgesetz durch Änderungen und Ergänzungen dieses Gesetzes vom ((hier fehlt Datum))2009 (NN 79/09) eingebracht. Später sind die Regeln über die Kollektivklage durch Änderungen und Ergänzungen der Zivilprozessordnung (NN 57/11) auch in die allgemeinen Regeln über den Zivilprozess eingegangen. Über den kollektiven Verbraucherschutz s. mehr ((hier fehlt Text))

46 Es handelte sich um eine kollektive Klage, die von einem Verbraucherschutzverein gegen acht kroatische Banken wegen des Schutzes der Verbraucher vor missbräuchlichen Klauseln und unlauteren Geschäftspraktiken bei Verbraucherkrediten, die in Schweizer Franken vereinbart wurden, erhoben wurde. Bisher wurde ein erstinstanzliches, nicht rechtskräftiges Urteil zu Gunsten der Verbraucher erlassen (Urteil des Handelsgerichts

Derzeit besteht nämlich auf der nicht-normativen, praktischen Ebene eine ganze Reihe von Gründen, aus welchen der Schutz der schwächeren Subjekte in der Praxis nicht in zufriedenstellendem Ausmaß verwirklicht wird. Die Frage ist nämlich, ob die schwächeren Subjekte überhaupt wissen, von welchen Schutzinstrumenten sie Gebrauch machen können, welche Rechte ihnen zustehen, wer ihnen allen diesen Schutz gewähren kann. Das ist wahrscheinlich der Grund, weshalb der Schutz der verletzten Rechte in der Praxis sehr selten beansprucht wird. Diese Schlussfolgerung wird auch durch einige Untersuchungen bestätigt, die auf der Ebene sowohl der Republik Kroatien als auch der Europäischen Union durchgeführt wurden. Was den Diskriminierungsschutz der schwächeren Subjekte betrifft, so zeigt der Ombudsmannbericht über das Aufkommen von Diskriminierung für 2012[47] ein niedriges Informationsniveau über die Möglichkeiten des Diskriminierungsschutzes. Dem Bericht ist zu entnehmen, dass die Bürger vom Diskriminierungsschutz sehr wenig wissen. Mehr als 50% der Befragten weiß nicht, dass es ein Antidiskriminierungsgesetz gibt, 59% der Befragten weiß nicht, dass der Ombudsmann für die Bekämpfung der Diskriminierung zuständig ist und 61% der Befragten, die diskriminiert wurden, hat keinerlei Handlung zum Schutz vorgenommen.[48]

Die Situation mit der praktischen Verwirklichung des Verbraucherschutzes ist ähnlich. Die Probleme bestehen sowohl auf Grund der mangelnden Informiertheit der Verbraucher als auch auf Grund des sehr komplexen Systems der Schutzverwirklichung. Zurzeit können die Verbraucher den Schutz ihrer Rechte bei zahlreichen Institutionen (Gerichte, Agenturen, Aufsichtsbehörde usw.) beantragen.[49] In zahlreichen Fällen sind die Verbraucher verwirrt und wissen nicht, von wem und wie sie den Schutz beantragen können. Das Problem liegt auch darin, dass bei jeder zuständigen Behörde nur der Schutz eines spezifischen Verbraucherrechtes beantragt werden kann, und zwar nur unter

---

in Zagreb Nr. P-1401/1402 vom 04.07.2013, POTROŠAČ – Kroatischer Verband der Verbraucherschutzvereine, s. Zagrebačka banka u.a./unveröffentlicht).

47 Ombudsmannbericht über das Aufkommen von Diskriminierung für 2012, http://www.ombudsman.hr/dodaci/Izvješće%20o%20pojavama%20diskriminacije.pdf.

48 Quelle: Ombudsmannbericht über das Aufkommen von Diskriminierung für 2012.

49 Von wem der Verbraucher den Schutz seiner Rechte und Interessen verlangen kann, hängt von einer ganzen Reihe von Umständen ab: der Art des verletzten Rechts, der Art und dem Gegenstand des Verbrauchervertrags, der Person, mit der der Vertrag abgeschlossen wurde u.a. Abhängig davon können für den Verbraucherschutz Gerichte, Mediationszentren, Verbraucherschutzverbände, Verbraucherschutz-Unionen, Wirtschaftskammer, Gewerbekammer, Staatsinspektorat, Agentur für Energie, Agentur für Post, Lebensmittelagentur, Nationalbank, Agentur für die Finanzdienstleistungen usw. zuständig sein.

spezifischen Voraussetzungen, mit besonderen Fristen und mit besonderen Rechtsmitteln. Deshalb ist es zum vollständigen Schutz aller in einem Verbrauchervertrag verletzten Rechte und Pflichten oft notwendig, den Schutz bei mehreren verschiedenen zuständigen Behörden kumulativ zu beanspruchen. Das ist wahrscheinlich einer der Gründe, warum das Verbrauchervertrauen in die öffentlichen Behörden beim Schutz der Verbraucherrechte in Kroatien sehr gering ist. Die von der Europäischen Kommission durchgeführte Untersuchung (The Consumer condition Scoreboard Consumers at home in the single market, Ninth Edition – July 2013)[50] zeigt z.B., dass nur 32% der kroatischen Verbraucher beim Schutz der Verbraucherrechte Vertrauen in die öffentlichen Behörden hat.[51][52] Der Prozentsatz der kroatischen Verbraucher, die ein Verfahren zum Schutz ihrer Rechte eingeleitet haben, ist 66%. Nur 32% der Verbraucher hat eine Streitigkeit mit einem Händler vor Gericht beigelegt. Nur 32% der Verbraucher haben sich bei einer Streitigkeit mit einem Händler der Mediation bedient. Davon haben nur 4% der Verbraucher die Streitigkeit mit einem Händler mittels Mediation beigelegt.[53] Die Untersuchung hat auch gezeigt, dass kroatische Verbraucher und Händler ein sehr niedriges Kenntnis- und Informationsniveau über die Verbraucherrechte aufweisen. Obwohl 76% der Händler die nationale Gesetzgebung über den Verbraucherschutz kennt, wissen z.B. nur 9%, wie lange die Frist für die Haftung für Sachmängel dauert, und 36% wissen, was als unredliche Geschäftspraxis angesehen wird.[54] Besonders niedrig ist das Informationsniveau der kroatischen Verbrau-

---

50 The Consumer Condition Scoreboard Consumers at home in the single market, Ninth Edition – July 2013, Brussels. 22.07.2013, SWD (2013) 291 final (nachstehend: The Consumer Condition Scoreboard/2013)
(http://ec.europa.eu/consumers/consumer_research/editions/docs/9th_edition_scoreboard_en.pdf).

51 Der kroatische Durchschnitt liegt weit unter dem Europäischen. Auf der Ebene der Europäischen Union vertrauen 59% der Verbraucher den öffentlichen Behörden beim Schutz der Verbraucherrechte. Quelle: The Consumer Condition Scoreboard/2013.

52 Andererseits ist es interessant, dass 57% der kroatischen Verbraucher den Händlern vertrauen, dass sie ihre Rechte beachten werden. Auf Unionsebene vertrauen 59% der Verbraucher den Händlern, dass sie ihre Rechte beachten werden. Quelle: The Consumer Condition Scoreboard/2013.

53 Auf der Unionsebene haben 83% der Verbraucher Verfahren vor dem Gericht zum Schutz ihrer Rechte und 44% eine Mediation eingeleitet. Davon hielten 36% das Verfahren vor dem Gericht für einfach und 7% hatte dieselbe Meinung über die Mediation. Quelle: The Consumer Condition Scoreboard/2013.

54 Auf der Unionsebene kennen 85% die nationale Gesetzgebung über den Verbraucherschutz, 29% wissen wie lange die Frist für die Haftung für Sachmängel dauert und 59% was unter der unredlichen Geschäftspraxis verstanden wird. Quelle: The Consumer Condition Scoreboard/2013.

cher in Bezug auf die grundlegenden Fragen über Verbraucherrechte, wie z.B. das Vorgehen mit nicht bestellten Waren, die Gewährleistungen, die Frist für den Rücktritt von einem Vertrag, die Vertragsgültigkeit. Nach dem Informationsgrad bezüglich der grundlegenden Fragen über die Verbraucherrechte nehmen die kroatischen Verbraucher im Vergleich zu den Verbrauchern aus anderen Mitgliedstaaten den vorletzten Platz ein.[55]

4. Schlussbemerkungen

Auf der normativen Ebene wird zu diesem Zeitpunkt ein sehr großer Schutz der schwächeren Seite gewährt. Auf der praktischen Ebene wird dieser Schutz jedoch nicht in zufriedenstellender Weise verwirklicht und zwar aus mehreren Gründen (hohe Schutzkosten, zahlreiche öffentliche Behörden, die für den Schutz zuständig sind, mangelnde Kenntnis der Vorschriften, der Rechte und der Schutzmodalitäten u.Ä.). Dieser Stand des Schutzes der schwächeren Subjekte auf der normativen und praktischen Ebene aktualisiert zwei grundlegende Fragen. Die erste Frage ist, wie der Schutz der schwächeren Subjekte auf der normativen Ebene weiterhin geregelt werden kann, und die zweite, was zu unternehmen ist, damit der Schutz in der Praxis wirklich effektiv verwirklicht wird.

Die Antwort auf die erste Frage hängt in erster Linie davon ab, in welchem Maße der kroatische Gesetzgeber der schwächeren Seite in privatrechtlichen Verhältnissen künftig den Vorrang beim Schutz gewähren möchte. Es ist nämlich nicht zu bestreiten, dass die jetzige Regelung des Schutzes der schwächeren Subjekte das traditionelle „Bild" des kroatischen Privatrechts erheblich verändert hat. Die dargelegten materiellrechtlichen Rechtsschutzinstrumente, durch welche der Schutz der schwächeren Subjekte verwirklicht wird, zeigen in vielen Fällen, dass im modernen kroatischen Recht der Schutz der schwächeren Vertragspartei in vielen Fällen Vorrang vor anderen Grundsätzen des Privatrechtes hat, wie z.B. Privatautonomie, Vertragsfreiheit, Dis-

---

[55] So sind z.B. nur 53% der kroatischen Verbraucher über das Widerrufsrecht bei Fernabsatzverträgen informiert (auf Unionsebene 69%) und lediglich 41% der kroatischen Verbraucher haben Kenntnis über das Widerrufsrecht bei Fernabsatzverträgen (auf Unionsebene 56%). Es ist aber interessant, dass auf der Unionsebene lediglich 11,7% der Verbraucher alle Fragen über Verbraucherrechte richtig beantwortet haben und dass 17,2% der Verbraucher nur eine oder keine der genannten Fragen beantwortet haben (der EU-Durchschnitt liegt bei 60%). Quelle: The Consumer Condition Scoreboard/2013.

positionsgrundsatz. Zum Schutz der jeweils schwächeren Partei bestehen jetzt im kroatischen Recht bedeutend mehr Normen zwingender Natur. Die Rolle des Gerichts ist viel größer. In vielen Fällen sind die Gerichte von Amts wegen verpflichtet, die Anpassung der einzelnen Vertragsklauseln an die zwingenden Normen, durch welche die schwächere Vertragspartei geschützt wird, zu prüfen, und sie sind verpflichtet, von Amts wegen die zahlreichen Normen zum Schutz der schwächeren Subjekte in den jeweiligen Situationen anzuwenden (z.B. die ZVG-Regeln über die Ausnahme von der Vollstreckung/Einschränkung der Vollstreckung). Andererseits gibt es auch eine ganze Reihe von öffentlich-rechtlichen Sanktionen (Ordnungswidrigkeiten) wegen Verletzung eines Rechts der schwächeren Partei in verschiedenen privatrechtlichen Verhältnissen. Ob auf der normativen Ebene ein solches Verhältnis zwischen den privaten und öffentlichen, zwingenden und dispositiven Normen wirklich optimal ist, wird die Zeit zeigen. Zu diesem Zeitpunkt scheint der Vorrang des Schutzes der schwächeren Seite im Trend zu sein. Aber es stellt sich die Frage, ob es erforderlich ist, diesen Schutz zu erweitern und, wenn ja, in welche Richtung und in welcher Weise. Es ist nämlich unbestreitbar, dass jede Erweiterung des Schutzes des schwächeren Subjekts zu gewissen Einschränkungen bei der Verwirklichung der Marktfreiheiten, der Unternehmerfreiheit, der Privatautonomie u.a., ja sogar zu höheren Transaktionskosten für die Vertragsparteien führt. [56] Daher ist es von besonderer Bedeutung, den Schutz der schwächeren Subjekte auf eine Art und Weise zu regeln, die nicht zu einem übermäßigen Ungleichgewicht beim Schutz der Rechte und Interessen sämtlicher Subjekte in den privatrechtlichen Verhältnissen führen wird. Die größte Herausforderung, vor der zurzeit der kroatische Gesetzgeber steht, ist die Herstellung eines optimalen Gleichgewichts auf der normativen Ebene zwischen dem Schutz verschiedener Interessen und Rechte in privatrechtlichen Verhältnissen, wobei den Möglichkeiten des Schutzes und der Ausübung dieser Rechte Rechnung zu tragen ist.

Für eine wirksame Durchsetzung des Schutzes der schwächeren Vertragspartei in der Praxis bedarf es jedoch viel mehr als guter gesetzlicher Bestimmungen über den Schutz der schwächeren Subjekte. Neben der Steigerung der Wirksamkeit der Justizbehörden und sonstiger am Schutz der schwächeren Subjekte beteiligter öffentlicher Behörden, ist das Informieren der schwä-

---

[56] So werden beispielsweise im kroatischen Recht zurzeit große Diskussionen darüber geführt, in welchem Maße die Arbeitnehmer durch die neue arbeitsrechtliche Gesetzgebung zu schützen sind, ohne dass dabei das freie Unternehmertum übermäßig eingeschränkt wird. S. z.B. die Debatte über den Vorschlag zum Arbeitsgesetz auf der Webseite des Ministeriums für Arbeit und Rentensystem (http://rasprava.mrms.hr/bill/javna-rasprava-o-nacrtu-prijedloga-zor)

cheren Subjekte über ihre Rechte, Möglichkeiten zum Schutz ihrer Rechte und über die für den Schutz zuständigen Behörden von großer Bedeutung. Die entsprechende Informiertheit derjenigen, die als schwächere Subjekte angesehen werden können, ist die grundlegende Voraussetzung für die praktische Verwirklichung ihres Schutzes. Das ist sicherlich noch eine große Herausforderung, nicht nur für die öffentlichen Behörden, sondern auch für die Nichtregierungsorganisationen sowie für zahlreiche andere Organisationen, die durch ihre Arbeit zum Schutz der schwächeren Subjekte beitragen.

Literature

BARETIĆ, M.: Implementacija prava Europske zajednice o zaštiti potrošača u hrvatsko pravo Pravo u gospodarstvu 42 (2003) 4, pp. 246-254.

CRNIĆ, I.: Gesetz über die Schuldverhältnisse. Zagreb, 2006, p. 288, ISBN 953-6067-86-X

DIKA, MIHAJLO: Građansko ovršno pravo, Narodne novine, Zagreb, 2007, pp. 784-822, ISBN 978-953-234-102-7

GAVELLA, NIKOLA: Stvarno pravo. svezak 2, Zagreb, Narodne novine, 2007, p. 135, 136, ISBN 978-953-234-093-8 (sc. 2)

JOSIPOVIĆ, T.: Verbraucherschutz in der Republik Kroatien in Welser (Hrsg.) Konsumentenschutz in Zentral- und Osteuropa, Wien 2010, pp. 53-80, ISBN 978-3-214-00750-8

JOSIPOVIĆ, T.: Anpassung des kroatischen Zivilrechts an europäische Standards in Welser (Hrsg.) Privatrechtsentwicklung in Zentral- und Osteuropa, Wien 2008, pp. 141-158, ISBN 978-3-214-00747-8

JOSIPOVIĆ, T.: Enforcement Activity in Consumer Protection Regulation in Croatia; Journal of Consumer Policy; September 2013, vol. 36, issue 3, pp. 287-314

VEDRIŠ, M.-KLARIĆ, P.: Građansko pravo. Zagreb, Narodne novine, 2012, p. 143, 155, 170, ISBN 978-953-234-170-6

Juristische Fakultät . Universität Zagreb
tatjana.josipovic@zg.t-com.hr

Europäische Verbraucherrichtlinien und das neue ungarische Zivilgesetzbuch

Lajos Vékás

Abstract: Das ungarische Parlament hat am 11. Februar 2013 das Gesetz Nr. V. von 2013 über das neue Zivilgesetzbuch verabschiedet. Das Gesetzbuch wird am 15. März 2014 in Kraft treten. Der Aufsatz fasst die fünfzehnjährige Geschichte und einige konzeptionelle Fragen der Kodifikation kurz zusammen. Zu den wichtigsten Fragen gehörte die systematische Behandlung des EU-Verbrauchervertragsrechts. Der ungarische Gesetzgeber hat letztendlich das Richtlinienrecht nur selektiv und möglichst thematisch in das Zivilgesetzbuch integriert und das übrige Material dem Verbraucherschutzgesetz überlassen. Damit hat der Kodex die Bewahrung der Kodifikationsidee auf Kosten des Transparenzgebots bevorzugt. Nach der Auffassung des Verfassers kann die Richtigkeit dieser Lösung durch die Richtlinie 2011/83 EU des Parlaments und des Rates vom 25. Oktober 2011 über die Rechte der Verbraucher als bestätigt angesehen werden.

Key words: Privatrechtskodifikation, Kodifikationsidee im 21-sten Jahrhundert, ungarische Kodifikation, monistische Auffassung, Europäisches Privatrecht, Verbraucherschutz, Verbraucherverträge, Richtlinienrecht, Umsetzung der EU-Richtlinien, Transparenzgebot.

I. Einführung: eine kurze Kodifikationsgeschichte

Das ungarische Parlament hat am 11. Februar 2013 das Gesetz Nr. V. von 2013 über das neue Zivilgesetzbuch (im Folgenden: ZGB) verabschiedet. Dieses Gesetzbuch wird am 15. März 2014 in Kraft treten und die Rechtsverhältnisse der Bürger und ihrer Organisationen untereinander regeln.

Der allererste vollständige ungarische Gesetzentwurf stammt aus dem Jahre 1900, war also im Jahr des Inkrafttretens des deutschen BGB geschaffen. Von diesem und den späteren Entwürfen ist aber kein Gesetz verabschiedet worden. So ist das ungarische Privatrecht bis 1959 unkodifiziert geblieben.

Das erste Gesetzbuch, welches bis 15. März 2014 in Kraft war, wurde zwischen 1953 und 1959, zu einer Zeit der beinahe vollständigen Liquidierung des Privateigentums, geschaffen.[1] Unter diesen sehr ungünstigen gesellschaftlichen Verhältnissen waren die bedeutenden fachlichen Qualitäten dieses Gesetzbuches seinen Schöpfern und nicht zuletzt den mehreren Vorentwürfen aus der ersten Hälfte des 20. Jahrhunderts[2] zu verdanken.

Die gänzlich veränderte Rolle des Privateigentums und die grundlegenden Änderungen nach der Wiedereinführung der Marktwirtschaft in den 1990-er Jahren haben den Kodex von 1959 in vielerlei Hinsicht reformbedürftig, gar überholt, werden lassen; sie haben eine komplette Neufassung des Gesetzbuches erfordert. Bereits die mehr als hundert Änderungen haben gezeigt, dass Gelegenheitsreformen und die Beseitigung einzelner Schwachstellen nicht mehr ausreichten. Deshalb hat die ungarische Regierung im April 1998 den Beschluss gefasst, ein neues Zivilgesetzbuch zu schaffen. Die von der Regierung ins Leben gerufene Kommission hat zuerst, aufgrund der von den Arbeitsgruppen diskutierten Problemstellungen, eine Konzeption für die Neukodifikation ausgearbeitet. Insgesamt wurden mehr als hundert Abhandlungen dazu geschrieben. Die Kommission hat im Frühjahr 2002 ihren Entwurf zu der Konzeption mit den wichtigsten theoretischen Fragen und Antwortoptionen für eine Fachdiskussion vorgelegt. Nach einer mehrmonatigen Diskussion unter ungarischen Juristen wurde die endgültige Fassung der Konzeption sowie eine ausführliche Regelungsthematik von der Kodifikationskommission angenommen und Anfang 2003 – in mehr als 200 Druckseiten – veröffentlicht. Diese Materialien bildeten die Grundlage für die Ausarbeitung eines Vorentwurfs zu einem neuen Gesetzbuch, welcher (mit ausführlichen Motiven) Ende 2006 für die Fachöffentlichkeit präsentiert wurde. Aufgrund der fachlichen Kritik wurde der Vorentwurf überarbeitet. Der zweite Entwurf ist im März 2008 als „Expertenvorlage eines neuen Zivilgesetzbuches für Ungarn" in Buchform veröffentlicht worden.[3] Wegen politischer Diskussionen, die vor allem um die rechtliche Stellung der außerehelichen

---

1 Eine deutsche Übersetzung des alten ungarischen Zivilgesetzbuches von Peter *Lamberg* ist in Budapest 1960 erschienen. Siehe dazu Gyula *Eörsi* (Hrsg.): Das ungarische Zivilgesetzbuch in fünf Studien. Budapest 1963; Stefan *Szaszy*: Das neue Zivilgesetzbuch der ungarischen Volksrepublik. RabelsZ 26 (1961) 553-573.

2 In den Jahren 1900, 1913/1915 und 1928. Vgl. dazu Ernst *Heymann*: Das ungarische Privatrecht und der Rechtsausgleich mit Ungarn. Mohr: Tübingen, 1917; sowie im Jahre 1928, siehe dazu Ferenc *Komin*: Der heutige Stand der ungarischen privatrechtlichen Kodifikation (Der Entwurf vom Jahre 1928). RabelsZ 7 (1933) 443-449, Ferenc *Ronai*: Die Privatrechtsgesetzgebung Ungarns seit 1925. RabelsZ 14 (1940/41) 536-572.

3 Siehe dazu Lajos *Vékás*: Über die Expertenvorlage eines neuen Zivilgesetzbuches für Ungarn. ZEuP 17 (2009) pp. 536-563.

Lebenspartnerschaften und der gleichgeschlechtlichen Paare geführt worden sind, hat sich der weitere Verlauf der Kodifikation verzögert, gar wäre sie fast gescheitert. So konnte die Fachkommission ihre Arbeit erst nach den Parlamentswahlen 2010 fortsetzen und ihren endgültigen Entwurf Ende 2011 der Regierung übergeben. Die Regierung hat den Kommissionsentwurf unverändert im Parlament vorgelegt und dieses hat ihn dann mit einigen Änderungen verabschiedet.

II. Einige konzeptionelle Vorfragen

1. Kodifikation auf nationaler Ebene im 21. Jahrhundert?

Die Kodifikationskommission war sich im Klaren darüber, dass sich der Hauptstrom der Kodifikationstätigkeit in jüngster Zeit auf die europäische Ebene verlagert hat. Die EU-Richtlinien und EU-Verordnungen zum einen, die privaten Modelgesetze [wie die Europäischen Prinzipien des Vertragsrechts (PECL)[4] und die darauf basierenden gründlichen Arbeiten der Study Group on a European Civil Code mit dem Zweck der Schaffung eines „akademischen" Gemeinsamen Referenzrahmens (DCFR[5])] zum anderen, sowie zuletzt der EU-Verordnungsvorschlag über ein einheitliches europäisches Kaufrecht (CESL)[6] weisen eindeutig in diese Richtung hin. Heute lässt sich jedoch m.E. die Frage noch nicht beantworten, auf welchem Weg (oder eher: auf welchen Wegen) das europäische Privatrecht (vor allem das Vertragsrecht) voranschreiten wird.

Die grundlegenden Änderungen im Privatrecht der mittel- und osteuropäischen Staaten in den 1990-er Jahren haben aber die Frage nach der Neukodifikation auf nationaler Ebene dringend aufgeworfen und eine rasche Antwort

---

4 Principles of European Contract Law. Kluwer Law International: The Hague (Part I-II. 2000: 561 p., Part III. 2003: 291 p.). Deutsche Ausgabe der Teile I-II, Text samt Motiven, in: Christian *von Bar*/Reinhard *Zimmermann* (Hrsg.): Die Grundregeln des Europäischen Vertragsrechts, München, 2002; den Text siehe auch in: Schulze/Zimmermann (Hrsg.): Basistexte zum Europäischen Privatrecht, Baden-Baden, 2002.

5 Christian *von Bar*/Eric M. *Clive* (eds.): Principles, Definitions and Model Rules of European Private Law – Draft Common Frame of Reference (DCFR), in 6 volumes. Sellier: München 2009, 395 p.

6 Siehe dazu Reiner *Schulze* (Hrsg.): Common European Sales Law (CESL) – Commentary – Beck-Hart-Nomos: Baden-Baden 2012, 780 p.; sowie die Aufsätze in: ZEuP 20 (2012), p. 687-939.

verlangt. Diese Rechtsordnungen konnten und wollten deshalb die Entwicklungen in der Europäischen Union nicht abwarten.

2. Vorbilder der Reform?

Bei der Ausarbeitung des ZGB ist die Kommission davon ausgegangen, dass das neue Gesetzbuch das bestehende Privatrecht *(law in action)* als Ausgangsgrundlage betrachten sollte. Der Gesetzgeber erfülle seine Aufgabe dann am besten, wenn er das sich in der Rechtsprechung bildende Zivilrecht nur dort ändert oder ausbessert, wo die oben zusammengefassten Ursachen eine Modifikation zwingend erforderten. Dementsprechend wird das ZGB kein gänzlich neues Recht sein; das wäre auch absurd. Es wird eher eine Erneuerung und Verbesserung des bisherigen Privatrechts darstellen und neben redaktionellen und strukturellen Änderungen nur die nötigen wesentlichen inhaltlichen Änderungen mit sich bringen.

Damit hängt es auch zusammen, dass die Kodifikationsarbeiten in Ungarn kein einzelnes ausländisches Privatrecht als Modell genommen haben. Die Erfahrungen mit älteren ausländischen Gesetzbüchern, wie mit dem des Code civil, dem österreichischen ABGB, dem BGB sowie dem schweizerischen Zivilgesetzbuch sind bereits in die Vorläufer-Entwürfe bzw. in das bis 2014 geltende Gesetzbuch eingearbeitet worden. Von den ausländischen nationalen Kodizes spielte allenfalls das neue niederländische *Burgerlijk Wetboek* eine gewisse Vorbildrolle, insbesondere was seinen strukturellen Aufbau und die Integrierung der EU-Richtlinien betrifft.

Auch die „private Rechtschöpfung" spielt in der jüngeren Zeit eine wichtige Rolle. Aus den rechtsvergleichend ausgearbeiteten Modellgesetzen (wie *UNIDROIT Principles* und den erwähnten PECL und DCFR) kann man viel für eine nationale Kodifikation lernen. Sie wurden auch bei der ungarischen Kodifikation mitberücksichtigt. Ähnliches lässt sich über einige internationale Übereinkommen, vor allem über das Wiener UN-Kaufrecht (CISG) sagen. Es war jedoch eine behutsame organische Einarbeitung der Ergebnisse in das ZGB und keine bloße Übernahme verlangt.

3. Monistischer Ausgangspunkt

Bei der Ausarbeitung der Konzeption zum ZGB ist erneut auch die Diskussion darüber entfacht, ob der Gesetzgeber dem monistischen oder eher dem dualistischen Prinzip der Privatrechtskodifikation folgen sollte; mit anderen Worten, ob das Handelsprivatrecht, vor allem die Handelsverträge, innerhalb, als Teil des Bürgerlichen Gesetzbuches, oder in einem eigenständigen Handelsgesetzbuch (oder wie unlängst in Österreich in einem Unternehmensgesetzbuch[7]) geregelt werden sollten.

Ungarn hat im 19. Jahrhundert den damals üblichen letzteren Weg eingeschlagen. Das Handelsgesetzbuch (Kereskedelmi Törvény) von 1875, das sich an das ADHGB angelehnt und dessen Regelungen sogar stellenweise kopiert hat, hat einen Kaufmannsbegriff formuliert, die Handelsgesellschaften und die Handelsgeschäfte aus dem Gewohnheitsprivatrecht herausgetrennt und ein eigenständiges Handelsprivatrecht geschaffen. Es ist nicht verwunderlich, dass nach den großen gesellschaftlichen Veränderungen und der Wiedereinführung der Marktwirtschaft nach 1990 einige Juristen reflexartig eine ähnliche Kodifikation verlangten.[8] Diese Meinung hatte natürlich auch nostalgische Gründe. Sie war aber auch nicht frei vom Einfluss des sozialistischen Wirtschaftsrechts und wurde von der ein Jahrhundert andauernden (allerdings Jahrzehnte in einem „Dornröschenschlaf" ruhenden) Wirkung des Handelsgesetzbuches von 1875 gestärkt.[9] In diese Richtung deutete auch der Umstand, dass die im Wirtschaftsleben wichtigen Verträge nicht oder nur ungenügend geregelt waren und dass 1988 auch das Gesellschaftsrecht außerhalb des Zivilgesetzbuches kodifiziert worden ist. Nach der Ansicht dieser Autoren sollte das Handelsvertragsrecht nicht in das ZGB mit einbezogen, sondern getrennt kodifiziert werden. Auch die Theorie des „Außenprivat-

---

7 Handelsrechts-Änderungsgesetz (NR: GP XXII RV 1058 AB 1078 S. 122. BR: AB 7388 S. 725), BGBl., Teil I. – 27. Oktober 2005 – Nr. 120. Siehe dazu Martin *Schauer*: Zur Reform des österreichischen Handelsrechts – *Kastners* Vorschläge und die heutige Perspektive. GesRZ 2003, p. 3-8; *derselbe*: Grundzüge der geplanten Handelsrechtsreform. ecolex 2004, p. 4-8; *derselbe*: Das Sondervertragsrecht der Unternehmer im UGB. JBl 126 (2004), p. 23-31; *derselbe*: Handelsrechtsreform: Die Neuerungen im Vierten und Fünften Buch. ÖJZ 2006, p. 64-79.

8 So etwa Péter *Bárdos*: A kereskedelmi jog alapjairól, Gazdaság és Jog 4 (1996), p. 13-17. Der Streit um ein eigenständiges Handelsrecht (Unternehmensrecht) ist auch im Zusammenhang mit anderen Themen geführt worden, siehe dazu László *Kecskés*: A civilisztikai és gazdasági jogalkotás irányairól (Über die verschiedenen Richtungen der zivil- und wirtschaftsrechtlichen Kodifikation). Magyar Jog XXXVIII (1991), S. 199-204 (202ff.); Tamás *Sárközy*: A társasági törvény felülvizsgálatáról (Über die Novellierung des Gesetzes über Handelsgesellschaften). Magyar Jog XXXVIII (1991), p. 416-418 (417f.). Für den entgegengesetzten Standpunkt, mit Beispielen aus dem Ausland, siehe: Éva *Domján*: A polgári jog és a kereskedelmi jog szerkezetéről (Über die Struktur des Privat- und des Handelsrechts). Magyar Jog XXXVIII (1991), 751-755, sowie Lajos *Vékás*: Szükség van-e kereskedelmi magánjogra? (Ist ein Handelsprivatrecht separat zu kodifizieren?) Magyar Jog XLV (1998) 705-714.

9 Viele Teile des HGB von 1875 waren – allerdings größtenteils nur formell – auch während der sozialistischen Periode in Kraft.

rechts der Unternehmen" von *Karsten Schmidt*[10] *beeinflusste die Diskussion. So wurde auch ein „Unternehmensgesetzbuch" vorgeschlagen.*[11]

Nach heftiger Diskussion im ungarischen Schrifttum hat sich jedoch die Konzeption einer monistischen Kodifikation gegen ein separates HGB (mit Regeln über die Handelsgeschäfte) durchgesetzt. Damit ist das gesamte Vertragsrecht mit allgemeinen Regeln und den typischen Handelsverträgen Regelungsgegenstand einer einheitlichen Privatrechtskodifikation geblieben. Für diese Lösung sprachen sowohl die historischen Erfahrungen[12] *als auch die Lehren der Rechtsvergleichung.*[13] *In der Endphase der Kommissionsarbeiten hat sich sogar die Meinung durchgesetzt, dass auch das materielle Gesellschaftsrecht in das ZGB aufgenommen werden soll. Eine ähnliche Lösung hat schon das schweizerische Gesetz über die Schuldverhältnisse von*

---

10 Karsten *Schmidt*: Das HGB und die Gegenwartsaufgaben des Handelsrechts, Heidelberg 1993; *derselbe:* Handelsrecht.[5] Köln: 1999, § 3, 47ff. Zur Gegenmeinung in der deutschen Literatur und zur Reaktion des Gesetzgebers in der Reform des HGB (HRefG: Gesetz zur Neuregelung des Kaufmanns- und Firmenrechts und zur Änderung anderer handels- und gesellschaftsrechtlicher Vorschriften v. 22.06.1998, BGBl. I, 1474-1484.) siehe Jürgen *Treber*: Der Kaufmann als Rechtsbegriff im Handels- und Verbraucherrecht. AcP 199 (1999), S. 525-590.

11 Zur Konzeption eines „Unternehmensprivatrechts" in Ungarn siehe Tamás Sárközy: A Kereskedelmi Törvény esetleges koncepciója (Eine mögliche Konzeption zu einem Handelsgesetzbuch). Gazdaság és Jog 7 (1999), S. 3-6. Für den gegenteiligen Standpunkt, mit Beispielen aus dem Ausland, siehe Domján: in Fn. 8 und Vékás: in Fn. 8.

12 Die monistische Lösung wird vom *schweizerischen Obligationenrecht* (1881), vom italienischen *Codice civile* (1940/42) und zuletzt auch vom niederländischen *Burgerlijk Wetboek* (1992) angenommen. Eine rechtshistorische Analyse des eigenständigen Handelsrechts siehe bei *Peter Raisch:* Die Abgrenzung des Handelsrechts vom Bürgerlichen Recht als Kodifikationsproblem des 19. Jahrhunderts. Encke Verlag: Stuttgart 1962; *derselbe*: Geschichtliche Voraussetzungen, dogmatische Grundlagen und Sinnwandlung des Handelsrechts. Karlsruhe 1965; Wolfram *Müller-Freienfells:* Zur „Selbstständigkeit" des Handelsrechts. Festschrift für Ernst von Caemmerer. München 1978, 583-621. Es ist hier zu erwähnen, dass es auch während der „Hochkonjunktur" der selbständigen Handelsgesetze Ausnahmen gab. Der Codice civile des Herzogtums von Parma, Piacenza und Guastalla vom Jahre 1820 und der Codice civile von Modena vom Jahre 1851 sind dem monistischen Konzept gefolgt. Vgl. dazu *Gábor Hamza*: Die Entwicklung des Privatrechts auf römischrechtlicher Grundlage unter besonderer Berücksichtigung der Rechtsentwicklung in Deutschland, Österreich, der Schweiz und Ungarn. Budapest 2003, 192.

13 Vgl. dazu Lajos *Vékás*: Integration des östlichen Mitteleuropas im Wege rechtsvergleichender Zivilrechtserneuerung. ZEuP 12 (2004) 454-476 (462ff.); *derselbe*: Ist eine Konvergenz der nationalen Vertragssysteme erkennbar? Betrachtungen aus der Perspektive der neuen Mitgliedstaaten Mittel- und Osteuropas, in: 4. Europäischer Juristentag (Wien, 3.-5. Mai 2007). Manz: Wien 2008, S. 67-83 (76ff.); *derselbe*: Schuldrechtsmodernisierung und Gemeinschaftsprivatrecht aus ungarischer Sicht, in: Peter-Christian *Müller-Graff*/Lajos *Vékás* (Hrsg.): Privatrechtsreform in Deutschland und Ungarn. Nomos: Baden-Baden 2009, S. 9-28 (17ff.).

1883 (Obligationsgesetz), der italienische Codice civile von 1940/42 und zuletzt das holländische Gesetzbuch (Burgerlijk Wetboek) von 1992 befürwortet.

III. Die Struktur des ZGB

1. Das ZGB geht davon aus, dass das neue Gesetzbuch inhaltlich über den Regelungsbereich des jetzigen Kodexes hinausgehen und den größtmöglichen Bereich des Zivilrechts abdecken soll. So wurde das Familienrecht (welches im sozialistischen Rechtssystem aus dem Privatrecht herausgenommen und in einem selbstständigen Gesetz geregelt wurde) wieder in das ZGB eingearbeitet. Ebenso wurde auch das materielle Gesellschaftsrecht in das ZGB (im Buch 3 über die juristischen Personen) integriert, andere Gebiete wie das Urheberrecht und das Patentrecht wurden enger an das ZGB angeknüpft. Dieses Konzept verfolgt das Ziel, dass die Vorteile der Gesetzgebung[14] auf möglichst vielen Gebieten des Zivilrechts zur Geltung kommen. Diese Vorteile sind aus der Erfahrung mit klassischen Gesetzbüchern bekannt und etwa wie folgt zusammenzufassen:

- Durchsetzung einheitlicher Grundsätze,
- methodische Homogenität,
- einheitlicher Aufbau von den allgemeinen zu den besonderen Vorschriften,
- die Vermeidung von Normenwiederholungen,
- Abkürzungen mit Verweisungen u.ä.

Die Erweiterung des Regelungsbereichs hatte zur redaktionellen Folge, dass das ZGB aus Büchern besteht, die miteinander inhaltlich abgestimmt und den allgemeinen Prinzipien des ganzen Gesetzbuches untergeordnet sind. Die Unterteilung in einzelne Bücher ermöglichte es, sowohl die integrierende Rolle des einheitlichen Gesetzbuches zu nutzen als auch die Besonderheiten der zu integrierenden Rechtsmaterie zu berücksichtigen. Selbstverständlich musste dafür Sorge getragen werden, dass die früheren eigenständigen Sondergesetze (wie das Familienrechtsgesetz oder das Gesetz über die Wirtschaftsgesellschaften) nicht einfach in ein eigenes Buch des ZGB (zusammenhangslos)

---

14 Über die Vorteile eines kodifizierten Privatrechts heute siehe Karsten *Schmidt:* Die Zukunft der Kodifikationsidee: Rechtsprechung, Wissenschaft und Gesetzgebung vor den Gesetzeswerken des geltenden Rechts. Heidelberg 1985, 79 p.; Reinhard *Zimmermann*: Codification: history and present significance of an idea (À propos the re-codification of private law in the Czech Republic). European Review of Private Law 3 (1995) 95-120.

eingefügt werden. Der Vorteil einer richtigen Kodifikation (und nicht einer bloßen Kompilation) kommt nur dann zum Tragen, wenn jede Rechtsnorm auf demselben Grad der jeweils erforderlichen Abstraktionsstufe erscheint. Zum Beispiel: bei den Vorschriften über die Rechtsgeschäfte diejenigen Normen, die sich auf alle Rechtsgeschäfte beziehen; bei den gemeinsamen Vorschriften über Verträge alle Normen, die für sämtliche Verträge gelten; im Rahmen der Regeln zu den einzelnen Vertragstypen die Abweichungen für die jeweiligen Verträge usw. Ausnahmevorschriften waren beispielsweise für Rechtsgeschäfte im Kindschaftsrecht oder über Eheverträge im Ehegüterrecht zu schaffen. Ähnlich erfährt das Testament als einseitiges Rechtsgeschäft eine besondere Regelung im Erbrecht.

2. Das ZGB enthält keinen Allgemeinen Teil im Sinne des deutschen BGB. Die Abstraktheit dieser Lösung ist für den Gesetzgeber in Ungarn immer fremd geblieben. Bereits der allererste umfangreiche Entwurf von 1900, der sonst unter dem starken Einfluss des BGB stand, hat einen Allgemeinen Teil mit der Begründung abgelehnt, dieser mache die Struktur des Gesetzbuches unnötig kompliziert. Es wurde beispielsweise betont, dass diejenigen einseitigen Rechtsgeschäfte, die in der Praxis eine wichtige Rolle spielen, wie etwa die letztwilligen Verfügungen, ohnehin mit eigenständigen Normen geregelt werden sollten. Sowohl die späteren Entwürfe als auch das Gesetzbuch von 1959 und das ZGB selbst haben sich diese Meinung zu eigen gemacht und sind eher der Systematik des schweizerischen Zivilgesetzbuches gefolgt.

Dementsprechend wird der Kodex mit einleitenden Bestimmungen eingeführt (Buch 1), die den Zweck des Gesetzes bestimmen und Prinzipien festlegen wie etwa Treu und Glauben und das Verbot des Rechtsmissbrauchs. Den einleitenden Bestimmungen folgen dann die einzelnen Bücher über die Personen, das Familienrecht, das Sachenrecht, das Schuldrecht und schließlich über das Erbrecht.

3. Die Bücher 2 und 3 regeln das Recht der Personen, und zwar das zweite Buch den Menschen als Rechtssubjekt, das dritte Buch die juristischen Personen. Das Letztere enthält allgemeine Bestimmungen über alle juristischen Personen und reguliert den Verein, die Personen- und Kapitalgesellschaften sowie die Stiftung. Die allgemeinen Regeln über die juristischen Personen sind auch auf die in Spezialgesetzen geregelten juristischen Personen als *lex generalis* anwendbar.

Die sozialistische Rechtsideologie hat bei den familienrechtlichen Beziehungen deren persönlichen Charakter überbetont und sie deshalb in einem eigenständigen Familiengesetz geregelt. Das ZGB integriert sie wieder in das Gesetzbuch (Buch 4), wie es in den Entwürfen der Vorkriegszeit immer der Fall war.

Das Buch über das Sachenrecht (Buch 5) reguliert das Eigentum und die Sachenrechte im fremden Eigentum, darunter auch die dinglichen Kreditsicherheiten.

In dem umfangreichsten Buch 6 über die Schuldverhältnisse werden allgemeine Bestimmungen über alle Schuldverhältnisse vorangestellt, die sowohl bei vertraglichen als auch bei gesetzlichen Obligationen zum Zuge kommen. Dieser erste Teil des Fünften Buches enthält u.a. die Verjährungsvorschriften (Eigentumsansprüche verjähren im ungarischen Recht nicht!), Regelungen über die Mehrparteienverhältnisse und die Erfüllung der Schuldverhältnisse. Die Normen des Vertragsrechts selbst sind in zwei Teile aufgegliedert worden. Die allgemeinen vertragsrechtlichen Bestimmungen gelten als *lex generalis* sowohl für die Vertragstypen im Besonderen Teil des Vertragsrechts als auch für atypische Verträge. Ferner finden sie entsprechende Anwendung für die einseitigen Rechtsgeschäfte sowie – mangels besonderer Regelung – für die familienrechtlichen, sachenrechtlichen und erbrechtlichen Verträge.

Das Buch 7 regelt das Erbrecht und das Buch 8 enthält die Schlussbestimmungen. Die Übergangsbestimmungen sind in einem gesonderten Gesetz festgelegt.

IV. Die systematische Einordnung des EU-Verbrauchervertragsrechts

Eine der konzeptionellen Schlüsselfragen der ungarischen Privatrechtsreform war die systematische Behandlung des europäischen Verbrauchervertragsrechts.[15] Trotz ihrer Unvollkommenheit haben die vertragsrechtlichen Richtlinien die Rechtsvereinheitlichung innerhalb der Europäischen Union gestärkt. Diese Richtlinien sind in den neuen Mitgliedstaaten, auch in Ungarn, in der Regel bereits vor ihrer EU-Mitgliedschaft in ihr Rechtssystem umgesetzt worden.[16] Die Umsetzung der Richtlinien hat auf den jeweiligen Rechtsgebieten zu einer Vereinheitlichung oder zu einer starken Annäherung innerhalb der ganzen Europäischen Union geführt.

---

15 Siehe zu den theoretischen Kernfragen der Umsetzung von EU-Vertragsrecht: Peter-Christian *Müller-Graff*: Kodifikationsgewinn durch Inkorporation des Inhalts von Schuldrechtsrichtlinien der EG in das BGB? In: Peter-Christian *Müller-Graff*/Lajos *Vékás* (Hrsg.): Privatrechtsreform in Deutschland und Ungarn. Nomos: Baden-Baden, 2009, S. 29-60.

16 Siehe dazu Norbert *Reich*: Wandlungen des Rechts der vertraglichen Schuldverhältnisse in neuen Mitgliedstaaten unter dem Einfluss des EG-Rechts, in: Gert *Brüggemeier* (Hrsg.): Liber Amicorum Eike Schmidt. Heidelberg, 2005, 239-262; Lajos *Vékás*/Marian *Paschke*: Europäisches Recht im ungarischen Privat- und Wirtschaftsrecht. LIT Verlag: Münster 2004, 544 p.

Aus den bisherigen Erfahrungen mit den Umsetzungsmethoden in den Mitgliedstaaten kann man einige Schlussfolgerungen ziehen. Hier wird diese Problematik am Beispiel der Umsetzung der Verbraucherrichtlinien veranschaulicht. Die bisherige Umsetzungspraxis zeigt ein ziemlich buntes Bild. Was die strukturellen Lösungsmöglichkeiten betrifft, hat der Gesetzgeber, ähnlich wie in anderen Mitgliedstaaten, auch in Ungarn bei der Umsetzung der Verbraucherrichtlinien drei Methoden angewandt. Die Umsetzung erfolgte

- in Spezialgesetzen,
- in einem Sondergesetz für Verbraucherschutz, bzw.
- durch Integration in das ZGB.

Wo liegen die Vor- bzw. Nachteile der angewandten Umsetzungsmethoden?

a) Bei der in Einzelgesetzen erfolgten Umsetzung ist zwar die europarechtliche Herkunft der Regeln leichter zu erkennen, auch den nötigen daraus folgenden Konsequenzen (z.B. der einheitlichen Auslegungspflicht und der Vorabentscheidungspflicht) kann so am einfachsten Rechnung getragen werden; diese Methode führt jedoch zu einer Zersplitterung des Privatrechts. Deshalb ist diese Lösung, die lange Zeit die bevorzugte Methode war, für ein kodifiziertes Rechtssystem längerfristig nicht zu empfehlen.
b) Die zweite Methode fügt die privatrechtlichen Verbraucherrichtlinien in einem Sondergesetz für Verbraucherschutz zusammen. Diese Lösung entspricht den Transparenzerfordernissen des Verbraucherschutzes, vermengt jedoch Normen unterschiedlichen Charakters (vertragsrechtliche Normen mit verwaltungsrechtlichen Normen und ähnlichen) und nimmt gleichzeitig ein heute so wichtiges Gebiet des Privatrechts aus dem bürgerlichen Gesetzbuch heraus.
c) Die dritte Methode integriert die Richtlinien thematisch in das Gesetzbuch über das Privatrecht und hebt damit den grundsätzlich privatrechtlichen Charakter der Richtliniennormen hervor. Sie wird der Einheit des Privatrechts am ehesten gerecht. Man muss aber gleichzeitig sehen, dass bei dieser Methode das Transparenzgebot zu kurz kommen kann. Der gemeinsame Schwachpunkt der zweiten und der dritten Lösung besteht darin, dass der Gesetzgeber die europarechtliche Herkunft der Regelungen in irgendeiner Form eigens klarstellen muss, um damit ihre einheitliche Auslegung zu sichern.

Die Vorteile einer Integration in das Zivilgesetzbuch hat der ungarische Gesetzgeber (ähnlich wie etwa der niederländische und der deutsche) beispielsweise bei der Umsetzung der Klausel- und der Verbrauchsgüterkaufrichtlinie wahrgenommen. Trotz des privatrechtsfremden Charakters der Unabdingbarkeit der Regelungen für Verbraucherverträge und anderer Schwierigkeiten inhaltlicher und systematischer Art, wollte man derart wichtige

Gebiete des Vertragsrechts wie die Kontrolle missbräuchlicher Klauseln in Verbraucherverträgen sowie Gewährleistung und Garantie beim Verbrauchsgüterkauf nicht in einem Sondergesetz belassen, sondern diesen wichtigen Aspekt der sozialen Dimension im Privatrecht in dem Gesetzbuch selbst zum Ausdruck bringen. Anders jedoch als das deutsche Schuldrechtsmodernisierungsgesetz hat der ungarische Gesetzgeber die vorübergehenden Detaillösungen in den anderen Verbraucherrichtlinien nicht in das Gesetzbuch aufgenommen, sondern in Sondergesetzen umgesetzt.

Über die allgemein bekannten Vorteile einer Kodifizierung hinaus bringt die Integration in das Gesetzbuch auch jenen zusätzlichen Vorteil, dass sich die ansonsten unvermeidlichen Widersprüche zwischen den Bestimmungen der einzelnen Richtlinien verringern. So werden etwa nicht unterschiedliche Fristen für das Rücktrittsrecht des Verbrauchers festgelegt, wie es gegenwärtig in den Richtlinien und in den umsetzenden nationalen Rechtsnormen immer wieder vorkommt. Ebenfalls können Probleme bei der Rechtsanwendung vermieden werden, die sich aus einer etwaigen Überschneidung der Regelungsbereiche der Richtlinien ergeben.[17]

Auch beim Einbau des Richtlinienrechts in ein nationales bürgerliches Gesetzbuch kann man zwischen zwei Möglichkeiten wählen. Man kann die Umsetzung auf Verbraucherverträge beschränken, d.h. die Richtlinie nur obligatorisch umsetzen. Diese Lösung verdoppelt gegebenenfalls die Regelung des betroffenen Vertrags (beispielsweise des Kaufvertrags) innerhalb des Gesetzbuches. Eine überobligatorische Integration hat dagegen augenfällige Vorteile. Vor allem können so die aus der Umsetzung der Richtlinie entstehenden Chancen zur Modernisierung des alten Rechts genützt werden. Der ungarische Gesetzgeber hat bei der Umsetzung der Verbrauchsgüterkaufrichtlinie versucht, von dieser Möglichkeit Gebrauch zu machen. Der zwingende Charakter der Vorschriften zugunsten des Verbrauchers musste natürlich klar zum Ausdruck gebracht werden. Für das europarechtliche Erfordernis der einheitlichen Auslegung ist freilich auch bei einer überobligatorischen Umsetzung zu sorgen. Die einheitliche Auslegungspflicht obliegt zwar dem nationalen Richter nur bei Anwendung des Richtlinienrechts für Verbraucherverträge; die Einheit des nationalen Privatrechts macht jedoch die einheitliche Auslegung der überobligatorisch umgesetzten Normen auch bei Nichtverbraucherverträgen wünschenswert.

Aufgrund dieser Überlegungen ist die 2003 angenommene Konzeption zum ungarischen ZGB noch davon ausgegangen, dass die privat- und han-

---

17 Dieses Problem wird treffend durch die im Urteil des EuGH 22.04.1999, Rs. C-423/97, Slg. 1999, I-2195 aufgetauchte Frage illustriert. In diesem Fall kollidieren die sachlichen Anwendungsbereiche der Haustürwiderrufs-Richtlinie und der Fernabsatzrichtlinie.

delsrechtlichen Richtlinien möglichst vollständig in den neuen Kodex integriert werden sollten. Während der weiteren Kodifikationsarbeiten stellte sich jedoch heraus, dass diese Idee aus mehreren Gründen nicht zu verwirklichen ist. Manche Richtlinien sind für eine echte Kodifikation nicht geeignet, weil sie eine sehr kasuistische und schon deshalb oft zu ändernde Regelung vorgeben. Außerdem enthalten die meisten verbraucherrechtlichen Richtlinien nicht nur zivilrechtliche Normen, sondern auch öffentlichrechtliche Regeln und die Letzteren können nicht in ein bürgerliches Gesetzbuch aufgenommen werden. Deshalb hat die ungarische Kodifikationskommission die „totale" Umsetzung im deutschen Schuldrechtsmodernisierungsgesetz nicht als Modell betrachtet. Stattdessen hat sie das Richtlinienrecht nur selektiv und möglichst thematisch in das Zivilgesetzbuch aufgenommen und das übrige Material dem Verbraucherschutzgesetz überlassen. Damit hat die Kodifikationskommission und dementsprechend auch der Kodex selbst die Bewahrung der Kodifikationsidee auf Kosten des Transparenzgebots bevorzugt. Die Richtigkeit dieser Lösung kann m.E. durch die neueste Entwicklung im EU-Verbraucherprivatrecht, durch die Richtlinie 2011/83 EU des Parlaments und des Rates vom 25. Oktober 2011 über die Rechte der Verbraucher[18] als bestätigt angesehen werden. Diese Richtlinie hat mehrere frühere Verbraucherrichtlinien abgeändert und die Minimalharmonisierung teils mit Vollharmonisierung ersetzt. Das ungarische ZGB hat auch diese Richtlinie mitberücksichtigt, aber nur einige ihrer Regeln integriert und die übrigen dem Verbraucherschutzgesetz überlassen.

---

[18] Zu der Entwicklungsgeschichte dieser Richtlinie siehe Hans-W. *Micklitz*/Norbert *Reich*: Europäisches Verbraucherrecht – quo vadis? VuR 22 (2007) 121-130; Norbert *Reich*: Von der Minimal- zur Voll- zur „Halbharmonisierung". ZEuP 18 (2010) 7-39. Zu der Richtlinie selbst siehe Oliver *Unger*: Die Richtlinie über die Rechte der Verbraucher – eine systematische Einführung. ZEuP 20 (2012) 270-304.

Der Schutz des Verbrauchers durch das österreichische Gewährleistungsrecht[1]

Rudolf Welser

1. Die Bedeutung der Gewährleistung für den Käufer

Die Gewährleistung ist ein sehr altes und sehr nützliches Mittel, um einem Käufer zu seinen Rechten zu verhelfen. Wie Sie sicher wissen, wurde die Gewährleistung vor mehr als 2000 Jahren im alten Rom auf dem Vieh- und Sklavenmarkt von den römischen Marktbeamten erfunden. Mit der Gewährleistung haben die römischen Marktbeamten eine ganz besonders gute Erfindung gemacht, weil die Hilfsmittel, die ein Käufer dadurch erhält, einerseits vollkommen natürlich sind und andererseits keine großen Beweisschwierigkeiten bereiten. Es gibt für die Gewährleistungsrechte nur wenige Voraussetzungen, die vom Käufer zu erbringenden Beweise sind leicht.

Für die Gewährleistung ist folgende Definition üblich:

Gewährleistung ist die bei entgeltlichen Verträgen vom Gesetz angeordnete Haftung des Schuldners für Mängel, welche die erbrachte Leistung schon bei ihrer Ablieferung aufweist.

Voraussetzung der Gewährleistung ist die Mangelhaftigkeit der Sache, während gleichgültig ist, ob der Mangel vom Verkäufer verschuldet oder auch nur verursacht ist, und ob daher der Käufer auch berechtigt wäre, Schadenersatz zu fordern. Die Rechte, die einem Käufer bei einer solchen Mangelhaftigkeit[1] zustehen, sind nach dem alten römischen Recht das Recht auf Aufhebung des Vertrages (Wandlung) und das Recht auf Preisminderung, also auf Herabsetzung des Kaufpreises.

Das österreichische Recht zeichnet sich schon seit langem dadurch aus, dass es dem Käufer neben dem Recht auf Vertragsaufhebung und dem Recht

1 Diese Publikation folgt dem Vortrag, gehalten am 19. September 2013, XI. Dies Luby Iurispurdentiae „Rechtsschutz des schwächeren Subjekts im Privatrecht", in Smolenice.

auf Preisminderung noch ein drittes Recht gibt, nämlich jenes auf Verbesserung oder Austausch oder Nachtrag des Fehlenden.

Wir stellen uns also jetzt die Frage, welche Vorteile ein Konsument aus dem Gewährleistungsrecht ableiten kann. Hierzu ist zunächst in Erinnerung zu rufen, dass das römische Recht, das gemeine Recht, aber auch unsere im 19. und 20. Jahrhundert entstandenen Kodifikationen den Begriff des Konsumenten gar nicht kennen. Daher gibt es oder gab es ursprünglich in diesen Gesetzbüchern auch keinen besonderen Schutz des Verbrauchers, natürlich auch nicht im Gewährleistungsrecht. Allerdings ist nochmals zu betonen, dass das Instrument der Gewährleistung überhaupt für jeden Käufer sehr günstig war, wovon natürlich auch jene Personen Vorteile hatten, die wir heute als Konsumenten bezeichnen.

2. Neue Rechte durch das Konsumentenschutzgesetz

Der Begriff des Konsumenten und die Gesetze zu seinem besonderen Schutz sind in Europa und auch in Österreich erst im Laufe der zweiten Hälfte des 20. Jahrhunderts, also etwa ab 1960, 1970, 1980 entstanden. In Österreich wurde im Jahre 1978 das sogenannte Konsumentenschutzgesetz erlassen, das den Verbraucher beim Verbrauchergeschäft in vielfacher Hinsicht schützt. Für das Gewährleistungsrecht brachte das Konsumentenschutzgesetz 1978 zu Gunsten des Konsumenten im Verhältnis zu sonstigen Gewährleistungsberechtigten allerdings nur zwei Verbesserungen. Diese beiden Sonderregelungen zugunsten des Verbrauchers wurden nicht in das allgemeine Gewährleistungsrecht unseres Allgemeinen Bürgerlichen Gesetzbuches aufgenommen, sondern in das neue Konsumentenschutzgesetz.

a) Gewährleistungsrecht zwingend (ius cogens)

Die vielleicht wichtigste Vorschrift ist gar keine inhaltliche Regelung: das Konsumentenschutzgesetz hat das allgemeine Gewährleistungsrecht des ABGB zu Gunsten von Konsumenten für zwingend erklärt, es zu Gunsten des Konsumenten zum „ius cogens" gemacht. Vertragliche Abweichungen vom gesetzlichen Gewährleistungsrecht durch Vereinbarungen zwischen Unternehmer und Verkäufer sind nur dann gültig, wenn sie inhaltlich für den Konsumenten günstiger sind als das Gesetz.

b) Ort der Verbesserung

Die zweite Sondervorschrift für Konsumenten, die in das Konsumentenschutzgesetz aufgenommen wurde, ist inhaltlicher Art, sie betrifft den Ort, an dem die Verbesserung, der Austausch oder der Nachtrag des fehlenden Teiles vorzunehmen ist. Wählt ein Gewährleistungsberechtigter die Aufhebung des Vertrages oder die Preisminderung, so stellt sich selbstverständlich nicht die Frage, wo dies geschehen soll. Hingegen muss geklärt werden, wo eine – schon nach altem österreichischen Recht mögliche – Verbesserung vorgenommen werden soll. Dies war für die allgemeine Gewährleistung im bürgerlichen Gesetzbuch teilweise nicht ganz klar oder für den Käufer ungünstig geregelt. Durch das Konsumentenschutzgesetz wurde der Verbesserungsort zwingend festgelegt. Diese Regelung hat allerdings von vornherein einen Nachteil gehabt, der bis heute nicht beseitigt worden ist: sie ist so kompliziert, dass sie für einen normalen Menschen nicht verständlich ist. Ich will mich daher diesbezüglich nur auf eine verkürzte Wiedergabe des Gesetzestextes beschränken. Wenn Sie diesen Text verstehen, haben Sie Glück gehabt, wenn Sie ihn nicht verstehen, bin ich leider nicht in der Lage, ihn in 20 Minuten hier zu erklären.

Nach dem Gesetz muss ein Unternehmer, der zur Verbesserung (Nachtrag des Fehlenden oder zum Austausch) verpflichtet ist, diese Pflicht an dem Ort erfüllen, an dem die Sache dem Konsumenten übergeben worden ist (Übergabeort). Hat aber der Unternehmer die Sache an einen bestimmten Ort befördert oder versendet, so tritt dieser Ort (Bestimmungs- oder Destinationsort) an die Stelle des Übergabeortes. Statt sich auf diese Regelung zu berufen, hat der Verbraucher das Recht, die Verbesserung an jenem Ort zu verlangen, an dem sich die Sache gewöhnlich befindet (Aufenthaltsort), allerdings nur dann, wenn dieser Ort für den Unternehmer nicht überraschend sein musste (anders z.B. beim dauernden Gebrauch eines Fernsehapparates auf einer Bergspitze). Die Kosten für die Verbesserung, den Austausch oder allfällige Versand-, Arbeits- und Materialkosten hat der Unternehmer zu tragen.

3. Gewährleistungsreform durch die EU-Richtlinie über den Verbrauchsgüterkauf

Die eben beschriebenen Rechte waren die einzigen Sonderrechte des Konsumenten bis 2002. In diesem Jahr 2002 trat allerdings in Österreich eine sehr grundsätzliche Reform des Gewährleistungsrechtes in Kraft. Die Notwendigkeit der Reform beruhte auf der sog. Verbrauchsgüterkaufsrichtlinie der EU, die in das österreichische Recht eingeführt werden musste. Diese von der EU erlassene Richtlinie bezog sich eigentlich nur auf die Rechte der Konsumenten, für die Rechte der Unternehmer sollte sie nicht gelten. Die EU hatte auch gar keine Möglichkeit, die nationalen Gewährleistungsrechte allgemein neu zu regeln, sondern eine entsprechende Kompetenz nur für die Konsumenten. In Österreich stand man nun vor der Frage, ob man auf der Grundlage der EU-Richtlinie ein eigenes Gewährleistungsrecht für Konsumenten schaffen sollte. In diesem Fall wäre dann weiter zu klären gewesen, ob dieses nur für Konsumenten geltende Recht in das ABGB selbst eingefügt oder im Konsumentenschutzgesetz geregelt werden sollte. Es gab allerdings noch eine andere Alternative. Sie bestand darin, das bisherige allgemeine österreichische Gewährleistungsrecht auf der Grundlage der EU-Richtlinie so umzugestalten, dass es alle Bestimmungen der EU-Richtlinie enthielt. Der österreichische Gesetzgeber entschied sich für einen Mittelweg: Er übernahm im Großen und Ganzen die Regelungen der Richtlinie als allgemeines Gewährleistungsrecht in unser Bürgerliches Gesetzbuch auf, novellierte also das ganze allgemeine Gewährleistungsrecht dieses Gesetzbuchs. Seither gilt das Gewährleistungsrecht der Richtlinie für alle Käufer und Verkäufer ohne Rücksicht darauf, ob sie Konsumenten sind oder nicht. Allerdings gibt es weiterhin einige Bestimmungen, die nicht für alle Käufer, sondern nur für Konsumenten gelten. Sie sind nicht in unserem allgemeinen Gesetzbuch, sondern im Konsumentenschutzgesetz enthalten.

Dabei muss ich nochmals darauf hinweisen, dass die schon bisher bestehenden, 1978 eingeführten zwei Besonderheiten für Konsumenten weiter bestehen, nämlich die Anordnung des zwingenden Charakters der Gewährleistungspflicht zu Gunsten des Konsumenten und die Bestimmungen darüber, wo Verbesserungspflichten vorzunehmen sind. Auf Grund der EU-Richtlinie wurden aber nun weitere, nur für die Konsumenten geltende Vorschriften eingeführt.

4. Neue Sonderrechte für Konsumenten seit 2002

a) Gewährleistung für gebrauchte Sachen

Die erste konsumentenrechtliche Sondervorschrift betrifft die Gewährleistungsfrist für gebrauchte Sachen und bringt gar nicht dem Konsumenten, sondern dem Unternehmer als Verkäufer Vorteile. Wie dargelegt, hat schon das Konsumentenschutzgesetz 1978 die gesetzlichen Gewährleistungsvorschriften für das Verbrauchergeschäft als zwingend erklärt. Dazu gehörten auch die Gewährleistungsfristen. Durch die Gewährleistungsreform des Jahres 2002 wurden die Gewährleistungsfristen für bewegliche Sachen von sechs Monaten auf zwei Jahre verlängert. Natürlich war im Konsumentenschutzrecht, also beim Verbrauchervertrag, auch diese zweijährige Frist zwingend. Allerdings wurde in das Konsumentenschutzgesetz eine besondere Vorschrift eingefügt, die sich auf gebrauchte bewegliche Sachen bezieht. Danach kann bei Veräußerung solcher Sachen die Gewährleistungsfrist durch Vereinbarung auf ein Jahr verkürzt werden. Diese Vereinbarung darf allerdings nicht formularmäßig geschehen (in allgemeinen Geschäftsbedingungen), sondern muss das Ergebnis eines Verkaufsgespräches sein, wie man sagt, das Ergebnis eines „Aushandelns" zwischen den Parteien. Allerdings hat das Gesetz gleich wieder eine Ausnahme von der Ausnahme hinzugefügt: Bei der Veräußerung gebrauchter Kraftfahrzeuge ist eine solche Verkürzung auf ein Jahr nur dann wirksam, wenn seit dem Tag der ersten Zulassung des Kraftfahrzeuges mehr als ein Jahr verstrichen ist.

b) Montagefälle

Eine weitere, 2002 auf Grund der Verbrauchsgüterkaufrichtlinie in das Konsumentenschutzgesetz aufgenommene Vorschrift bezieht sich auf die Montage gekaufter Sachen. Und zwar kennt das Gesetz zwei Fälle. Der erste Fall bezieht sich darauf, dass ein Unternehmer nach dem Vertrag gegenüber dem Konsumenten zur Montage verpflichtet ist und durch sein unsachgemäßes Verhalten während der Montage an der Sache einen Mangel verursacht.

Die zweite für Montagefälle geltende Sonderregel ist besonders merkwürdig. Das Gesetz bestimmt nämlich, dass der Verkäufer auch dann gewährleistungspflichtig wird, wenn der Konsument die Sache selbst montiert hat und durch eine unsachgemäße Montage, die auf einem Fehler in der Montageanleitung beruht hat, Mängel verursacht. Diese Bestimmung, die man auch gerne als IKEA-Klausel bezeichnet, ist deshalb besonders außergewöhnlich, weil hier eine gewährleistungsrechtliche Haftung für den Verkäufer angeordnet wird, obwohl die Sache bei der Übergabe durch den Verkäufer und vor Beginn der Montage nicht mangelhaft war, also der Fehler in einer Anleitung erst später zu einem Fehler an der Sache führt. Die Regelung beruht – genauso wie die gleich zu erörternde dritte Bestimmung – auf der EU-Richtlinie.

c) Vertragliche Garantie

Die letzte bezieht sich auf die vertragliche Garantie. Bei einer solchen Garantie besteht die Gefahr, dass ein Verbraucher, der den Text liest, der Meinung ist, er habe nur die ausdrücklich garantierten Rechte um die Mangelhaftigkeit zu beseitigen. Dies trifft jedoch nicht zu, weil die Gewährleistungsvorschriften im Verbrauchergeschäft zwingenden Rechtes sind, so dass der Konsument auch dann die gesetzlichen Gewährleistungsrechte zur Verfügung hat, wenn eine vertragliche Garantie geleistet wird. Dementsprechend bestimmt das Konsumentenschutzgesetz, dass ein Unternehmer, der eine rechtsgeschäftliche Garantie übernimmt, darauf hinweisen muss, dass die gesetzliche Gewährleistung durch die Garantie nicht eingeschränkt wird. Eine weitere Begünstigung des Konsumenten besteht schließlich darin, dass sich der Inhalt der Garantie nicht nur aus der schriftlichen Garantieerklärung, sondern auch aus der Werbung ergeben kann. Zu Gunsten des Konsumenten ist also ein Unternehmer an einen in der Werbung bekanntgemachten Inhalt der Garantie gebunden.

Schutz des schwächeren Subjekts im Rumänischen Privatrecht

Christian Alunaru

Schlüsselworte. Justizreform, Zustandekommen des Vertrags, Konsensualismus, Aufklärungspflicht, *Clausula rebus sic stantibus,* Musterklauseln, Mäßigung der Vertragsstrafen, Immaterielle Schäden

1. Einleitung

Seit dem 1. Oktober 2011 ist das neue rumänische Zivilgesetzbuch in Kraft getreten. Bei der vorigen Auflage der Luby Juristentage in Smolenice („X. Dies Luby Iurisprudentiae") mit dem Thema „Reforma súkromného práva v strednej a východnej Európe/Die Reform des Privatrechts in Mittel- und Osteuropa", im September 2009, habe ich den Beitrag „Die Besonderheiten der Zivilrechtsreform in Rumänien/Osobitosti reformy občianskeho práva v Rumunsku" vorgetragen. Damals wurde gerade durch das Gesetz Nr. 2009/287[1] das neue Zivilgesetzbuch Rumäniens verabschiedet. Ich habe damals einige allgemeine Erwägungen über das neue ZGB angestellt, deshalb ist es hier nicht der Fall diese zu wiederholen. Es muss aber betont werden, dass die Erlassung des neuen ZGB lobenswert ist und die Absicht Rumäniens beweist, die anstehenden Reformen im Bereich des Zivilrechts durchzuführen, um das Rechtssystem zu modernisieren und den EU-Vorschriften anzupassen. Anfangs hatte die rumänische Regierung eine *„große Justizreform"* mit den vier wichtigsten Gesetzbüchern eines Rechtssystems (Zivilgesetzbuch, Zivilprozessordnung, Strafgesetzbuch, Strafprozessordnung) geplant, diese ist aber noch nicht gelungen, unter anderem auch deshalb, weil die dazu notwendige Infrastruktur fehlt. Deshalb wurde nach der Verabschiedung, jedoch noch vor der Inkraftsetzung des neuen ZGB, das Gesetz der so

1 Veröffentlicht im Amtsblatt Rumäniens I 24.07.2009/511.

genannten *„kleinen Justizreform"*[2] verabschiedet, das als Zeichen interpretiert wurde, dass die geplante allgemeine Justizreform noch lange auf sich warten lassen würde.

Dann wurde am 3. Juni 2011 das Einführungsgesetz zum ZGB[3] verabschiedet, das mit 230 Paragraphen eine große Überraschung für die Juristenwelt darstellte, weil es außer den erwarteten Übergangsbestimmungen auch zahlreiche Novellierungen des noch nicht in Kraft getretenen ZGB mit sich brachte. Das Einführungsgesetz bestimmte nach fast zwei Jahren auch das Datum der Inkraftsetzung des ZGB, den 1. Oktober 2011.[4]

Leider bedeutet diese Inkraftsetzung noch keine Klarstellung der auf verschiedene Rechtsverhältnisse anwendbaren Vorschriften. In der Übergangsperiode sind die Vorschriften beider Gesetzbücher (also auch des alten ZGB von 1864, das als Kopie des *Code Napoléon* galt), je nach dem Zeitpunkt des Rechtsgeschäftsabschlusses, anzuwenden.[5] Auch hat das Inkrafttreten des neuen ZGB nicht zur vollständigen Aufhebung des alten ZGB geführt, sondern einige Artikel des alten ZGB sind weiter in Kraft geblieben, weil sie in Verbindung mit den Vorschriften der Zivilprozessordnung zu betrachten sind und diese damals noch nicht in Kraft getreten war. Inzwischen ist auch die neue ZPO[6], auf Grund der DringlichkeitsVO 2013/4, die das Einführungsgesetz 2012/76 geändert hat, am 15. Februar 2013 mit vielen Abänderungen und nur teilweise in Kraft getreten[7]. Die Übergangsperiode wird also weiter verlängert.

---

2 Das Gesetz 2010/202 *bezüglich einiger Maßnahmen zur Beschleunigung der Entscheidungen in Rechtsstreitigkeiten – Die kleine Justizreform* (rum: Legea nr. 202 din 25/10/2010 privind unele măsuri pentru accelerarea solutionării proceselor – Mica reformă în justiție), veröffentlicht im Amtsblatt Rumäniens I 26.10.2010/714. Das Gesetz ist 30 Tage nach der Verkündung im Amtsblatt Rumäniens (rum: Monitorul Oficial), also am 25. November 2010, in Kraft getreten, mit Ausnahme der Vorschriften bezüglich der Ehescheidung, die erst 30 Tage später in Kraft getreten sind.

3 Gesetz 2011/71 *über die Einführung des Gesetzes 2009/287 über das ZGB* (rum: Lege nr. 71/2011 pentru punerea în aplicare a Legii nr. 287/2009 privind Codul civil), veröffentlicht im Amtsblatt Rumäniens I 10.06.2011/409.

4 § 220 des Einführungsgesetzes.

5 Art. 3 des Einführungsgesetzes besagt, dass die vor dem Inkrafttreten des neuen ZGB abgeschlossenen Rechtsgeschäfte, wie auch die vor dem Inkrafttreten des neuen ZGB begangenen Rechtshandlungen (fr: *faits juridiques*), keine anderen Rechtswirkungen veranlassen können als jene, die im Gesetz, das zur Zeit des Rechtsgeschäftsabschlusses oder des Begehens der Rechtshandlung (Eingreifens des Ereignisses) in Kraft war, vorgesehen waren.

6 Gesetz nr. 2010/134 – veröffentlicht im Amtsblatt Rumäniens I 03.08.2012/545.

7 Durch das Gesetz 2013/2 wurde die Inkraftsetzung mancher Vorschriften der neuen ZPO sogar auf den 01.01.2016 verschoben (Art. XII).

Jedenfalls ist seit der letzten Luby-Konferenz in Smolenice das neue ZGB in Kraft getreten und das heutige Thema kann im Rahmen dieses Zivilgesetzbuches analysiert werden.

In der Begründung des neuen ZGB wurden die von den Autoren des Projekts verfolgten Zwecke erläutert. Aus den Erläuterungen zum V. Buch „Schuldrecht" („Despre obligații") gehen zwei wichtige Zwecke hervor: die monistische Auffassung vom Schuldrecht (also eine einheitliche Regelung der zivil- und handelsrechtlichen Schuldverhältnisse) und der Schutz des wirtschaftlich schwächeren Subjekts.

Zu diesem letzteren Zweck, so die Autoren, wurden im neuen ZGB Vorschriften bezüglich des Zustandekommens des Vertrags, der Eingliederung (Integration) von Musterklauseln in Verträgen, die Mäßigung (Minderung) der Vertragsstrafen, des Schadenersatzes für immaterielle Schäden, u.a. vorgesehen. Zu diesen, in der Begründung des neuen ZGB aufgezählten Mitteln zum Schutz des schwächeren Subjekts, hat die Rechtslehre auch die *„Imprévision" (clausula rebus sic stantibus)* hinzugefügt.

Wenn wir ein Kapitel, einen Abschnitt mit dem Titel „Schutz des schwächeren Subjekts" suchen, werden wir keinen finden, weil es kein besonderes Kapitel zu diesem Thema gibt. Im neuen ZGB finden wir also nur einzelne Vorschriften in den erwähnten Bereichen.

2. Das Zustandekommen des Vertrags[8]

2.1. Das Zustandekommen des Vertrags im klassischen rumänischen Zivilrecht

In diesem Bereich hat das neue ZGB wichtige Neuheiten mit sich gebracht. Nach Auffassung der klassischen rumänischen Rechtslehre war der Abschluss eines Vertrags wesentlich vereinfacht: Das Zustandekommen des Vertrages wurde auf das einfache Zusammentreffen des Angebotes mit der Annahme beschränkt.

Folglich war nach dieser Auffassung in einem Rechtssysthem, das vom *Grundsatz des Konsensualismus*[9] geprägt war, kein Raum und keine Zeit mehr

---

[8] Ausführlich dazu: *Chr. Alunaru*, III. Kapitel „Vorvertragliche Phase", in *Alunaru/Botos*, Das Kaufrecht in Rumänien nach dem neuen ZGB, Nomos – facultas.wuv, Wien, 2013, 39-65.

[9] Der Grundsatz des „Konsensualismus" bedeutet im rumänischen Recht viel mehr

weder für eine vorvertragliche Phase noch für eine vorvertragliche Haftung geblieben. Wenn z.B. bei einem Kaufvertrag das Angebot die wesentlichen Elemente des abzuschließenden Vertrags enthielt, also den Verkaufsgegenstand und den Preis, musste die Annahme nur aus einem einfachen „ja" bestehen, und der Vertrag war schon gültig abgeschlossen. Jedenfalls kommen vorvertragliche Verhandlungen nur bei den so genannten „verhandelten Verträgen"[10] in Frage. Bei Adhäsionsverträgen und Zwangsverträgen ist die

---

als der „Grundsatz der Formfreiheit" (§ 883 ABGB), mehr als dass der Abschluss des Rechtsgeschäftes an keine besondere Form gebunden ist. [Zur Formfreiheit des schuldrechtlichen Geschäftes im österreichischen Zivilrecht, s. *Welser*, Bürgerliches Recht II[13] (2007), 14]. Aus dem Grundsatz, dass die Übertragung des Eigentumsrechtes, z.B. an einem Gebäude durch einfache mündliche Einigung des Veräußerers und des Erwerbers möglich ist, ergibt sich, dass ein Kaufvertrag *gleichzeitig Verpflichtungs- und Verfügungsgeschäft* in einem ist. Die Übertragung des Eigentums erfolgt bei *unbeweglichen Sachen* nur durch die Einigung der Vertragsparteien. Dieser Erwerb wirkt jedoch nur *inter partes*. *Erga tertios (erga omnes)* wirkt das Erwerbsgeschäft nur durch Eintragung (Umschreibung) im *Register zur Eintragung und Bekanntmachung der Grundstückgeschäfte* (welches aber kein Grundbuch im deutschen und österreichischen Sinne ist).
Bei *beweglichen Sachen* beruht die Eigentumsübertragung nur auf der Willensübereinstimmung der Vertragsparteien, welche jedoch sowohl *inter partes* als auch *erga tertios* wirkt. Die Tradition (Übergabe) spielt überhaupt keine Rolle. Im Vergleich zum österreichischen Recht, ist also der für den Rechtserwerb erforderliche „Modus" – die *Übergabe* für bewegliche Sachen und die *grundbücherliche Eintragung* für Liegenschaften – nicht vorgeschrieben. Es fehlt die „Zweiaktigkeit" des sachenrechtlichen Rechtsgeschäfts – § 380 ABGB – [dazu *Koziol/Welser*, Bürgerliches Recht[13] I (2006) , 310], oder wie es in der deutschen Rechtslehre heißt, das *Trennungsprinzip* (die „systematische Trennung zwischen dem Verpflichtungsgeschäft und der dinglichen Rechtsänderung"). Folglich fehlt auch die im deutschen BGB geltende „Abstraktheit" der dinglichen Rechtsgeschäfte („Abstraktionsprinzip"). (Dazu *Baur/Stürner* Sachenrecht, 17. Aufl. 1999, § 5 Rn. 40ff.). Siehe auch: *L. Pop*, Dreptul de proprietate si dezmembramintele sale (Das Eigentumsrecht und die beschränkten dinglichen Rechte), Verlag Lumina lex, 2001, 46-48; *L. Pop*, Drept civil român. Teoria generală a obligațiilor (Rumänisches Zivilrecht. Allgemeines Schuldrecht), Verlag Lumina Lex, București 1998, 41, 94.

10 Nach dem Kriterium der Möglichkeit der Vertragsparteien den Vertragsinhalt durch Verhandlungen zu gestalten, hat die Rechtslehre die Verträge in folgende Unterarten eingeteilt:
a.„verhandelte" Verträge (rum.: *„contract negociat"*, fr.: *„contrat negocié"*) sind jene, deren Klauseln auf Grund der Verhandlungen der Geschäftspartner zustande kommen;
b. Adhäsionsverträge (diktierte Verträge, Typen-, Formularverträge, fr.: *„contrat d'adhésion"*) sind jene Verträge, bei denen die eine Partei alleine die Vertragsklauseln bestimmt und der anderen Partei nur das Recht bleibt den Vertragsantrag anzunehmen oder abzulehnen. Die Vertragsverhandlungen fehlen in diesem Fall;
c. Die Zwangsverträge sind jene Verträge, bei denen es nicht einmal die Möglichkeit gibt den Vertragsabschluss zu verweigern. So ist z.B. der Zwangsversicherungsvertrag für die deliktische Haftung aus Verkehrsunfällen, der durch das Gesetz Nr. 136/1995,

Verhandlungsphase ausgeschlossen und deshalb ist auch eine vorvertragliche Haftung schwer vorzustellen

Im alten rumänischen Zivilgesetzbuch von 1864[11] gab es keine Vorschriften bezüglich der vorvertraglichen Phase und, implizite, keine Vorschriften bezüglich der vorvertraglichen Haftung. Das ist nicht schwer zu erklären für ein Zivilgesetzbuch, in welchem nicht einmal der Begriff „Vertragshaftung" erscheint.

Als Folge ist auch der Begriff "Haftung aus Verschulden beim Vertragsabschluss" in den Werken der Klassiker des rumänischen Zivilrechts[12], wie der berühmte Kommentar von *C. Hamangiu* und *N. Georgean*[13], als auch vieler moderner rumänischer Autoren[14] unbekannt.

Der Begriff „Vertragshaftung" erscheint zum ersten Mal im neuen rumänischen Zivilgesetzbuch von 2009, was aber nicht bedeutet, dass im alten ZGB die Verletzung der Vertragspflichten keine Haftung zur Folge gehabt hätte und dass die Vertragspartner willkürlich, rücksichtslos handeln durften. Der Geldersatz, der dem Gläubiger im Falle der Vertragsverletzung gebührt, wurde, nach französischem Vorbild, im Kapitel über „Die Wirkung der Schulden" *(„De l´effet des obligations")* als eine „Erfüllungsweise der Verpflichtung durch Ersatzleistung", falls die Naturalleistung der Schuld nicht möglich ist *(„Des dommages et intérêts résultant de l´inexécution de l´obligation")* geregelt.

---

bezüglich der Versicherungen und Rückversicherungen, (veröffentlicht im Amtsblatt 29.12.1995/303), das aber öfters novelliert wurde, geregelt.

11 Das alte ZGB von 1864, eine Nachahmung des *Code Napoléon*, war zwischen dem 1. Dezember 1865 und dem 1. Oktober 2011 in Kraft, als es durch das neue ZGB ersetzt wurde.

12 *D. Alexandresco*, Explicațiunea teoretică și practică a dreptului civil român în comparațiune cu legile vechi și cu principalele legislațiuni străine, tomul al V-lea, (Theoretische und praktische Erläuterung des rumänischen Zivilrechts im Vergleich mit den alten Gesetzen und den wichtigsten ausländischen Gesetzgebungen, Band V.), Iași 1898; *M. B. Cantacuzino*, Elementele dreptului civil. (Die Elemente des Zivilrechts), Verlag Cartea româneasca, București, 1921; *C. Hamangiu, I. Rosetti-Bălănescu, Al.Băicoianu*, Tratat de drept civil român. (Abhandlung über das rumänische Zivilrecht) Band II. Verlag „Nationala", București 1929.

13 *C. Hamangiu, N. Georgean*, Codul civil adnotat cu textul articolului corespunzator francez, italian și belgian, cu doctrina franceză și română și jurisprudența comptectă de la 1868-1927. Volumul II, (Kommentar über das Rumänische Zivilgesetzbuch mit dem Text des entsprechenden französischen, italienischen und belgischen Paragraphen, mit der vollständigen französischen und rumänischen Rechtslehre und Rechtsprechung zwischen 1868-1927. Band II.) Verlag Socec & Co, București 1925.

14 *C. Stătescu, C. Bîrsan*, Drept civil. Teoria generală a obligațiilor. Ediția a IX-a, revizuită și adăugită (Zivilrecht. Allgemeines Schuldrecht. IX. Neubearbeitete und ergänzte Auflage), București 2008; *I. Dogaru, P. Drăghici*, Bazele Dreptului Civil. Volumul III. Teoria generală a obligațiilor (Die Grundlagen des Zivilrechts. Band III. Allgemeines Schuldrecht), Verlag C. H. Beck, București, 2009.

2.2. Das Zustandekommen des Vertrags im neuen rumänischen ZGB

Im neuen ZGB von 2009 ist *das Zustandekommen des Vertrages* in §§ 1182-1203 ausdrücklich geregelt. § 1182 spricht von *Vertragsverhandlungen*, und zwar entsteht ein Vertrag entweder durch Verhandlungen der Parteien oder durch die unbedingte Annahme eines Vertragsantrags.

Es reicht, wenn die Parteien die wesentlichen Elemente des Vertrages vereinbaren und die sekundären (unwesentlichen) Elemente für eine spätere Vereinbarung lassen oder einem Dritten die Bestimmung dieser Elemente überlassen. Falls sich die Parteien über die sekundären Elemente nicht einigen können, oder der Dritte, der diese Elemente bestimmen sollte, keine Entscheidung trifft, wird das Gericht auf Antrag einer der Parteien den Vertrag, unter Berücksichtigung der Umstände, der Natur des Vertrages und der Absicht der Parteien, ergänzen. Das Recht des Gerichts, den Vertrag zu ergänzen, ist ein geeignetes Mittel den Schutz des schwächeren Subjekts zu sichern.

Das *Gebot des guten Glaubens*, das in § 14 des neuen ZGB als Grundsatzregel für die Ausübung aller Rechte der Rechtssubjekte vorgesehen ist, wird in § 1170 des neuen ZGB als Sonderregel für das Zustandekommen des Vertrags wiederholt: „Die Vertragsparteien müssen sowohl während der Vertragsverhandlungen als auch beim Vertragsabschluss und auch während der Vertragserfüllung guten Glaubens handeln". § 1183 enthält Sondervorschriften bezüglich des guten Glaubens während der Vertragsverhandlungen. Abs. 1 bestätigt die Freiheit der Parteien Vertragsverhandlungen einzuleiten, weiterzuführen oder zu unterbrechen, *ohne dass es dafür eine Haftung gäbe*. Aber gemäß § 1183 Abs. 2 ist die Partei, welche sich in eine Vertragsverhandlung eingelassen hat, verpflichtet, die Gebote des guten Glaubens einzuhalten. Die Parteien dürfen die Einschränkung oder den Ausschluss dieser Verpflichtung nicht vereinbaren.

Das Verhalten der Partei, welche Vertragsverhandlungen einleitet und weiterführt ohne die Absicht zu haben den Vertrag abzuschließen, ist dem guten Glauben zuwider (Abs. 3).

Obwohl es § 1183 des neuen ZGB nicht ausdrücklich vorschreibt, ist die Rechtslehre der Meinung, dass die Verletzung des Gebots des guten Glaubens dem Richter als Grund zur Entfernung von Vertragsklauseln, die von einem Unternehmer rechtsmissbräuchlich angewandt werden könnten, dienen kann (der Richter kann diese Klauseln für unwirksam erklären)[15].

---

[15] *Pop/Popa/Vidu*, Tratat elementar de drept civil. Obligațiile conform noului Cod civil. (Grundriss des Zivilrechts. Das Schuldrecht im neuen Zívilgesetzbuch). Verlag Universul Juridic, București, 2012, 171.

Die Partei, welche dem guten Glauben zuwider Vertragsverhandlungen einleitet, weiterführt oder unterbricht, *haftet für den der anderen Partei verursachten Schaden* (§ 1183 Abs. 4). Wichtig ist, dass nicht nur die Haftung für das vorvertragliche Verhalten der Parteien zum ersten Mal ausdrücklich geregelt wurde, sondern dass auch Kriterien zur Bewertung des verursachten Schadens vorgesehen sind. So werden die von den Verhandlungen veranlassten Ausgaben, der Verzicht der Gegenpartei auf andere Angebote oder andere ähnliche Umstände in Betracht genommen (§ 1183 Abs. 4, 2. Satz).

Leider klärt der Gesetzgeber *die Art der Haftung* aus der Verletzung dieser vorvertraglichen Pflichten nicht. Die Rechtslehre ist der Meinung, dass es sich um eine deliktische Haftung handelt[16].

Die Erklärung für so eine Schlussfolgerung kann nur die Auffasung der rumänischen Rechtslehre sein, dass die deliktische Haftung das gemeine Recht im Bereich der Haftung darstellt und im Falle der Verletzung der allgemeinen Verhaltenspflicht niemanden zu schädigen *„neminem laedere"* vermag. Weil die Vertragshaftung das Sonderrecht im Bereich der Haftung darstellt und die Verletzung der Pflichten, die in einem gültigen Vertrag vorgesehen sind, voraussetzt, kann im Falle der Abwesenheit eines gültig abgeschlossenen Vertrags nur von der gemeinen Haftung, also von der deliktischen Haftung, die Rede sein.

Neu ist auch das *Vertraulichkeitsgebot* während der Vertragsverhandlungen, dessen Verletzung die Schadenersatzpflicht der veschuldeten Partei begründet (§ 1184).

Auch *der Zeitpunkt und der Ort des Vertragsabschlusses* wurden zum ersten Mal ausführlich geregelt. Der Gesetzgeber hat die „Empfangstheorie" übernommen, also entsteht der Vertrag in dem Augenblick und an dem Ort, wo die Annahmeerklärung vom Anbieter empfangen wurde, unabhängig davon, ob er den Inhalt der Annahme gekannt hat (§ 1186).

Andere Vorschriften, welche die vorvertragliche Phase betreffen, sind die ausführliche Regelung des *Angebots* und der *Annahme.*

Die *Entstehung des Vertrags* ist dem Grundsatz der *Unwiderruflichkeit des Angebots* (§ 1191) unterworfen. Ausnahmsweise ist das Angebot für eine nicht anwesende Person widerruflich bis zum Augenblick der Annahme, doch der Anbieter haftet für den unzeitigen Widerruf seines Angebots (§ 1193 Abs. 3). Also ist wieder *eine Haftung für die Verletzung einer vorvertraglichen Verpflichtung* ausdrücklich vorgesehen.

Zum ersten Mal sind im ZGB zwei *für die vorvertragliche Phase typische Rechtsgeschäfte* geregelt: die Option (§ 1278 „Optionspakt") und „die Verspre-

16 *Moise*, in *Baias/Chelaru/Constantinovici/Macavei*, (Hrsg.), Noul Cod civil. Comentariu pe articole (Das neue ZGB. Kommentar paragraphenweise), (2012), Art. 1184, Rz. 6.

chung einen Vertrag abzuschließen" (Vorvertrag, verbindliche Abschlusspflicht eines Vertrages) – § 1.279.

Zusammenfassend kann man behaupten, dass das neue Zivilgesetzbuch zwar viele Vorschriften, die zum ersten Mal in der Rechtsgeschichte Rumäniens die vorvertragliche Phase regeln, mit sich bringt, doch leider wurden viele der Vorschläge der rumänischen Rechtslehre[17], die sich von der französichen Literatur inspirieren ließ, nicht angenommen.[18]

Auch hat der Gesetzgeber keine ausdrückliche Regelung der Haftung für das Verschulden beim Vertragsabschluss und auch keine Klarstellung der Rechtsnatur dieser Haftung gebracht.

2.3. Die Aufklärungspficht der Vertragsparteien[19]

Zu den Mitteln, die das neue ZGB zum Schutz des schwächeren Subjekts während der vorvertraglichen Phase eingeführt hat, gehört auch die Aufklärungspflicht der Vertragsparteien.

Zwar war im alten ZGB von 1864 zwischen den Gültigkeitserfordernissen des Vertrags auch eine freie Willenserklärung vorgesehen, doch die Mittel, durch welche dieses Zivilgesetzbuch (nach dem Vorbild des *Code Napoléon*) den Schutz der rechtswirksamen, mit Sachkenntnis ausgedrückten Willenserklärung gewährleistet hat, wurden von der modernen Rechtslehre kritisiert[20]. Die gesetzliche Regelung der Willensmängel, die nur nach dem Vertragsabschluss und sehr schwierig bewiesen werden können und nur den Wert einer kurativen Maßnahme haben (indem sie zur Anfechtbarkeit des Vertrags führen), war unzureichend. Viel wichtiger sind die Maßnahmen, die vor dem Vertragsabschluss getroffen werden müssen, um der Vereitelung der Willenskerklärung vorzubeugen, also die Aufklärungspflichten der Vertragsparteien.

---

17 Siehe: *L. Pop*, Tratat de drept civil. Obligațiile. Volumul II. Contractul (Abhandlung des Zivilrechts. Schuldrecht. Band II. Der Vertrag), Verlag Universul Juridic, București 2009, 126, 109-202, 203-228.

18 Ausführlich zu der jüngsten rumänischen und französischen Rechtsliteratur im Bereich der vorvertraglichen Phase und der Haftug aus Verschulden beim Vertragsabschluss: *Chr. Alunaru*, „Haftung für Verschulden beim Vertragsabschluss in Rumänien" in *Welser* (Hrsg) Haftung aus Verschulden beim Vertragsabschluss in Zentral- und Osteuropa, Manz, Wien, 2012, 13-56.

19 Ausführlich dazu: *Chr. Alunaru*, III. Kapitel, C. „Rechtlicher Schutz der Willenserklärung. Vorbeugungsmaßnahmen zum Schutz der Willenserklärung. Aufklärungspflicht der Vertragsparteien", in *Alunaru/Botos*, Das Kaufrecht in Rumänien nach dem neuen ZGB, Nomos – facultas.wuv, Wien, 2013, 60-65.

20 *Fr. Terré, Ph. Simler, Yv. Lequette*, Droit civil. Les obligations. Dalloz, Paris, 2005, 255.

Die rumänische Rechtslehre hat hervorgehoben, dass es zweckmäßiger ist, statt den Inhalt des Vertrags zwingend zu regeln, den Verbraucher als eine freie und intelligente Person zu behandeln, welche seine Interessen selber verteidigen kann, wenn man ihm die Mittel zu einer richtigen Aufklärung zur Verfügung stellt.[21]

Traditionsgemäß waren die rumänische, wie auch die französische Rechtslehre der Auffassung, dass eine Aufklärungspflicht nur dann besteht, wenn sie vom Gesetz ausdrücklich vorgesehen ist. So schrieb z.B. § 1337 des alten ZGB von 1864 vor, dass der Verkäufer für das Verschweigen der Rechte. die die verkaufte Sache belasten, dem Käufer gegenüber haftet. Sonst hat in einer liberalen Gesellschaft ein jeder die Pflicht sich selbst zu informieren bevor er einen Vertrag abschließen will, um mit Sachkenntnis dem Angebot zustimmen zu können.

Diese Auffassung ist aber nicht mehr zeitgemäß. In der gegenwärtigen Konsumgesellschaft hat die wirtschaftliche Ungleichheit auch die Ungleichheit der Informationsmöglichkeiten zur Folge, was dem vertraglichen Gleichgewicht schaden kann. Weil es „besser ist vorzubeugen als zu heilen", haben die rumänischen Autoren[22], die sich mit der Erforschung des Verbraucherrechts beschäftigen, die Argumente für die Anerkennung einer allgemeinen Aufklärungspflicht aus der französischen Literatur und Rechtsprechung übernommen und eine allgemeine Aufklärungspflicht zwischen den Vertragspartnern anerkennen müssen.

Die rumänische Rechtsprechung hat bis jetzt leider noch kein besonderes Interesse für die vorvertragliche Aufklärungspflicht gezeigt. Laut der Rechtslehre wurde trotzdem ein erster Schritt durch die Anerkennung der arglistigen Täuschung *(dolus)* durch Verschweigen (Verheimlichung) als Willensmangel gemacht. Jetzt sollen, durch die Umsetzung der Richtlinien im Bereich des Verbraucherschutzes, immer mehr Rechtsstreite, die als Gegenstand die Verletzung der Aufklärungspflicht haben, erscheinen, was dazu führen wird, dass die Gerichte auch eine allgemeine Aufklärungspflicht anerkennen werden müssen.

---

21 *I. Fl. Popa,* Dolul și obligația de informare în contractele sinalagmatice (Die arglistige Täuschung und die Informationspflicht bei den synallagmatischen Verträgen) , in „Dreptul" (Das Recht) Nr. 7/2002, 70-81; *V. Pătulea,* Obligația de informare în formarea contractelor (Die Informationsplicht beim Zustandekommen der Verträge), in Revista de Drept Comercial (Zeitschrift für Handelsrecht) Nr. 6/1998, 77ff.

22 *D. Chirică,* Tratat de drept civil. Contracte speciale. Volumul I Vânzarea și schimbul (Abhandlung des Zivilrechts. Sonderverträge. Band I Kauf und Tausch) C. H. Beck, București 2008, 284-301; *I. Fl. Popa,* Dolul și obligația de informare în contractele sinalagmatice (Die arglistige Täuschung und die Informationspflicht bei den synallagmatischen Verträgen) , in „Dreptul" (Das Recht) Nr. 7/2002, 70-81; *J. Goicovici,* Dreptul consumației (Das Verbraucherrecht), Verlag Sfera juridică, Cluj, 2006, 157-178.

Im neuen ZGB gibt es leider *kein besonderes Kapitel oder keinen besonderen Abschnitt, die die vorvertraglichen Aufklärungspflichten regeln sollten.* Im Kapitel über den Vertrag finden wir nur „versteckte", implizite Regelungen einiger Aufklärungspflichten. So schreibt z.B. § 1214 Abs. 1 des neuen ZGB (*„Dolul"* – Arglistige Täuschung) vor, dass die arglistige Täuschung auch in der Unterlassung bestehen kann, den Vertragspartner über Umstände zu informieren, die sich gebührt hätte ihm zu offenbaren[23].

Auch in § 1695 über die Rechtsmängelhaftung (fr: *garantie d'éviction*) ist im Abs. 2 vorgesehen, dass der Anspruch eines Dritten gegenüber dem Käufer auf Herausgabe der von ihm gekauften Sache nur durch ein vor dem Kaufdatum entstandenes Recht begründet werden kann, *wenn dieses Recht dem Käufer nicht zur Kenntnis gebracht wurde*. Das sind aber nur seltene Ausnahmen.

Die Rechtslehre war es, die einige allgemeine Bedingungen für die Aufklärungspflichten bestimmt hat[24]: Die Aufklärung muss vollständig, eindeutig, richtig und aktuell sein. Die Rechtslehre spricht sogar von einem „informatorischen Formalismus" (Auskunftsformalismus), also von der Erfüllung der Informationspflicht in einer gesetzlich vorgeschriebenen Form, was die Prüfung der Einhaltung der Vorschriften über die Aufklärungspflicht der Vertragspartner gewährleistet.

Ausführliche Regelungen der Aufklärungspflichten gibt es leider nur in Sondergesetzen, hauptsächlich in Gesetzen, die Richtlinien im Bereich des Verbraucherschutzes umgesetzt haben.[25]

Das erste Gesetz, das nach 1989 im Bereich Verbraucherschutz verabschiedet wurde und Aufklärungspflichten der Vertragsparteien enthält, war die *Regierungsverordnung 1992/21 bezüglich des Verbraucherschutzes*[26], der etwas später der „Kodex des Verbrauches" (*„Codul consumului"*)[27] folgte.

[23] Siehe: *Liviu Pop/Ionuț-Florin Popa/Stelian-Ioan Vidu,* Tratat elementar de drept civil. Obligațiile conform noului Cod civil (Grundriss des Zivilrechts. Das Schuldrecht im neuen Zivilgesetzbuch). Verlag Universul Juridic, București, 2012, 93.

[24] *L. Pop,* „Contractul" (Der Vertrag) 292-296.

[25] Ausführlich dazu: *Chr. Alunaru,* Der Konsumentenschutz in Rumänien, in Rudolf Welser (Hrsg.) Konsumentenschutz in Zentral- und Osteuropa, Manzsche Verlags- und Universitätsbuchhandlung, Wien 2010, 13-30.

[26] Wiederveröffentlicht im Amtsblatt 28.03.2007/208.

[27] Gesetz 2004/296, veröffentlicht im Amtsblatt 01.07.2004/593, Wiederveröffentlicht im Amtsblatt 24.03.2008/224, mit einer neuen Nummerierung der Paragraphen, auf Grund von § V Buchstabe e. des Gesetzes 2007, 363. Der Kodex des Verbrauches ist am 1. Januar 2007 in Kraft getreten. Ausführlicher dazu, siehe Abschnitt 4. „Die Eingliederung (Integration) von Musterklauseln in Verträgen".

Weitere Gesetze, die Aufklärungspflichten der Vertragsparteien vorsehen, sind:

- Das Gesetz 1999/107[28], das die *Pauschalreiserichtlinie* (Richtlinie 90/314/ EWG des Rates vom 13. Juni 1990 über Pauschalreisen) umgesetzt hat.
- Die Regierungsverordnung 2000/130 (*„Ordonanța Guvernului Nr. 130/2000 privind protecția consumatorilor la încheierea și executarea contractelor la distanță")*[29], welche die Richtlinie 97/7/EG des Europäischen Parlaments und des Rates von 20. Mai 1997 über den Verbraucherschutz bei *Vertragsabschlüssen im Fernabsatz* umgesetzt hat.
- Das Gesetz 2002/365 (Amtsblatt 05.07.2002/483)[30], das die Richtlinie des Europäischen Parlaments und des Rates vom 8. Juni 2000 über bestimmte rechtliche Aspekte der Dienste der Informationsgesellschaft, insbesondere des *elektronischen Geschäftsverkehrs* im Binnenmarkt (Richtlinie über den „elektronischen Geschäftsverkehr"- 2000/31/EG), umgesetzt hat.
- Das Gesetz 2003/304[31], geändert durch das Gesetz 2007/133, das die Richtlinie 2202/22/EG über die weltweite (globale) *elektronische Dienstleistung* umgesetzt hat.
- Das Gesetz 2004/289[32], das die *Verbraucherkreditrichtlinie* (Richtlinie des Rates vom 22. Dezember 1986 zur Angleichung der Rechts- und Verwaltungsvorschriften der Mitgliedstaaten über den *Verbraucherkredit* [87/102/ EWG], geändert und ergänzt durch die Richtlinie 90/88/EWG und die Richtlinie 98/7/EG)[33], umgesetzt hat.

---

28 Amtsblatt 31.08.1999/431, wiederveröffentlicht im Amtsblatt 16.06.2008/448, mit einer neuen Nummerierung der Paragraphen, auf Grund von § V Buchstabe p. des Gesetzes 2007, 363 bezüglich der Bekämpfung der unlauteren Geschäftspraktiken der Gewerbetreibenden in den Verhältnissen mit den Verbrauchern und der Harmonisierung der Vorschriften mit der Europäischen Rechtsordnung im Bereich Verbraucherschutz (Amtsblatt 28.12.2007/ 899).

29 Amtsblatt 02.09.2000/431, wiederveröffentlicht im Amtsblatt 07.03.2008/177, mit einer neuen Nummerierung der Paragraphen.

30 Novelliert durch das Gesetz 2006/121 und wiederveröffentlicht im Amtsblatt 29.11.2006/959, mit einer neuen Nummerierung der Paragraphen.

31 Amtsblatt 31.07.2003/551, novelliert durch die Regierungsverordnung 2006/70 und wiederveröffentlicht im Amtsblatt 05.05.2008/343, mit einer neuen Nummerierung der Paragraphen.

32 Amtsblatt 06.07.2004/611, wiederveröffentlicht im Amtsblatt 23.05.2008/319, mit einer neuen Nummerierung der Paragraphen, auf Grund von § V Buchstabe l. des Gesetzes 2007/363 bezüglich der Bekämpfung der unlauteren Geschäftspraktiken der Gewerbetreibenden in den Verhältnissen mit den Verbrauchern und der Harmonisierung der Vorschriften mit der Europäischen Rechtsordnung im Bereich Verbraucherschutz (Amtsblatt 28.12.2007/899).

33 Nach der Umsetzung der Richtlinie 87/102/EWG des Rates wurde diese durch die Richtlinie 2008/48/EG des Europäischen Parlaments und des Rates vom 23. April 2008 über Verbraucherkreditverträge aufgehoben und ersetzt.

- Das Gesetz 2004/282[34], das die *Timesharingrichtlinie* (Die Richtlinie 94/47/EG des Europäischen Parlaments und des Rates vom 26. Oktober 1994 zum Schutz der Erwerber von Teilzeitnutzungsrechten an Immobilien, die durch die überarbeitete Richtlinie 2008/122/EG des Europäischen Parlaments und des Rates vom 14. Januar 2009 über den Schutz der Verbraucher im Hinblick auf bestimmte Aspekte von Teilzeitnutzungsverträgen, Verträgen über langfristige Urlaubsprodukte sowie Wiederverkaufs- und Tauschverträgen aufgehoben und ersetzt wurde), umgesetzt hat.
- Das Gesetz 2003/46 bezüglich *der Rechte der Patienten*[35] und das Gesetz 2006/95 bezüglich *der Reform des Gesundheitssystems*[36].

Neulich hat die rumänische Regierung den Entwurf des „Gesetzes über die Verbraucherrechte beim Abschluss der Verträge" veröffentlicht, das die Richtlinie 2011/83/2011 des Parlaments und des Rates vom 25. Oktober 2011 über die Rechte der Verbraucher umsetzen soll. Dieses Gesetz soll die Regierungsverordnungen 1999/106 betreffend den Verbraucherschutz im Falle von außerhalb von Geschäftsräumen geschlossenen Verträgen und 2000/130 über den Verbraucherschutz bei Vertragsabschlüssen im Fernabsatz, welche die betreffenden Richtlinien (85/577/EWG des Rates vom 20. Dezember 1985 und 97/7/EG des Europäischen Parlaments und des Rates vom 20. Mai 1997) umgesetzt haben, ersetzen. Dieses neue Gesetz, welches so wie die Richtlinie die sie umsetzt Informationspflichten vorsieht, wurde bis zur Ausarbeitung dieses Beitrags nicht verabschiedet. Die in der Richtlinie vorgesehene Umsetzungsfrist geht bis 13. Dezember 2013.

Was die **Rechtsfolgen der Verletzung** der Informationspflichten (Aufklärungspflichten) betrifft, hat die rumänische Rechtslehre, nach dem Vorbild der französischen, Folgendes hervorgehoben:[37]

Für den Fall, in welchem das Gesetz, das eine Aufklärungspflicht vorsieht, keine privatrechtliche Sanktion für den Fall der Verletzung dieser Pflicht vorschreibt, hat die Rechtslehre versucht zu bestimmen, welche Haftung begründet werden könnte.

Wie schon erläutert, schreibt § 1170 des neuen rumänischen ZGB vor, dass die Vertragsparteien sowohl während der Vertragsverhandlungen als auch beim Vertragsabschluss und auch während der Vertragserfüllung guten

---

[34] Amtsblatt 30.06.2004/580.

[35] Veröffentlicht im Amtsblatt 29.01.2003/51.

[36] Veröffentlicht im Amtsblatt 28.04.2006/372, öfters novelliert durch verschiedene Regierungsverordnungen.

[37] *D. Chirică*, 299-301; *Chr. Larroumet*, Droit civil. Les obligations. Le contrat, Economica, Paris, 2003, 346-347; *L. Pop*, 296-298.

Glaubens handeln müssen. § 1183 enthält Sondervorschriften bezüglich des guten Glaubens während der Vertragsverhandlungen.

Es ist zwingende, unabdingbare Norm. Folglich stellt die Verletzung des Gutgläubigkeitsgebotes durch Unterlassung der Aufklärung des Vertragspartners eine gesetzwidrige (widerrechtliche) Handlung dar, welche die deliktische Haftung begründet. Der dem Vertragspartner verursachte Schaden muss ersetzt werden. Dieser Schaden besteht gewöhnlich aus den erlittenen Verlusten und Nachteilen, die durch Abschluss des Vertrags in der Lage eines schwächeren Vertragsteils, wegen der Abwesenheit der notwendigen Aufklärung, verursacht worden sind.[38]

Oft ist aber die Unterlassung der Aufklärungspflicht von einem Willensmangel absorbiert, anders gesagt, oft stellt die Unterlassung der Aufklärungspflicht gleichzeitig einen Willensmangel dar: Irrtum oder arglistige Täuschung. Die bloße Unterlassung der Aufklärungspflicht stellt aber nicht immer einen Willensmangel dar. Der Irrtum oder die arglistige Täuschung können die Anfechtbarkeit des Vertrags nur dann begründen, wenn die gesetzlich bestimmten Bedingungen für diese Willensmängel erfüllt sind (§§ 1207-1213 und §§ 1214-1215 des neuen ZGB).

Wenn die Verletzung der Aufklärungspflicht gleichzeitig ein Willensmangel ist, hat der Geschädigte ein Optionsrecht: entweder erhebt er eine Klage, durch welche der Vertrag wegen des Willensmangels angefochten wird, oder er erhebt eine Schadenersatzklage, durch welche er den Ersatz des durch Unterlassung der Aufklärungspflicht verursachten Schadens beantragt.

Die Haftung ist in diesem Falle, laut der Rechtslehre, eine deliktische Haftung. Das Verschulden des Vertragspartners, der die Aufklärungspflicht unterlassen hat, muss nicht bewiesen werden, weil die Aufklärungspflicht als eine Verpflichtung zur Herbeiführung eines Erfolges (eine Pflicht, das vertraglich festgesetzte Ergebnis zu erreichen, fr. *„obligation de résultat"*) betrachtet wird, deren Verletzung die objektive, verschuldensunabhängige Haftung begründet[39].

---

38 *D. Chirică*, 299.

39 *L. Pop*, Tratat de drept civil. Obligațiile. Vol. I. Regimul juridic general (Abhandlung über das Zivilrecht. Schuldrecht. Allgemeine rechtliche Regelung), Verlag C. H. Beck, București 2006, 62-64, 65-66; *L. Pop*, Tratat de drept civil. Obligațiile. Vol II. Contractul (Abhandlung über das Zivilrecht. Schuldrecht. Band II. Der Vertrag), 298.

3. Die „*Imprévision*" (*clausula rebus sic stantibus*, Wegfall der Geschäftsgrundlage)

Die rumänische Rechtslehre betrachtet Äquivalenzstörungen zwischen Leistung und Gegenleistung (den Wegfall der Geschäftsgrundlage) als eine Einschränkung der bindenden Wirkung der Verträge[40]. Bei Dauerschuldverhältnissen ist der Wert der Leistungen von der wirtschaftlichen Konjunktur, hauptsächlich vom Kaufkraftschwund bei Inflationszeiten, beeinflusst[41]. Die Inflation ist aber nicht die einzige Ursache von Äquivalenzstörungen zwischen Leistung und Gegenleistung und nicht die einzige Ursache, die zum Erleiden einer Einbuße seintens einer Vertragspartei führen kann. Das Steigen der Erfüllungskosten einer Leistung durch teure, vom neuen Gesetz vorgesehene Genehmigungen (Lizenzen), oder erhöhte Zollgebühren für die importierte Ware, die dem Gläubiger geliefert werden muss, oder die Krise im Mittleren Osten, die den Verkäufer hindert, das Erdöl aus der versprochenen Quelle zu liefern, sind Beispiele von Äquivalenzstörungen, die nicht auf einer Inflation beruhen.

In der rumänischen Rechtslehre hat die „*Imprévision*" (Äquivalenzstörungen zwischen Leistung und Gegenleistung als Folge der Änderung der wirtschaftlichen Umstände), der herrschenden Mehrheit gemäß, folgende wesentliche Merkmale:

a. Die Theorie der Äquivalenzstörungen zwischen Leistung und Gegenleistung betrifft nur entgeltliche Rechtsverhältnisse. Jene Autoren, die behaupten, dass auch die Leistungen im Rahmen des Schadenersatzrechts in Frage kommen[42], wurden kritisiert, weil in diesem Falle der Wert des zu ersetzenden Schadens zum Zeitpunkt der Urteilsfällung durch das Gericht festgestellt wird.
b. Die Imprevision ist ein wirtschaftliches und finanzielles Problem, das die Erfüllung der Vertragsverpflichtung für eine Partei zu aufwändig macht.
c. Die von einer Vertragspartei erlittene Einbuße als Folge der Äquivalenzstörungen zwischen Leistung und Gegenleistung tritt immer **nach** dem Vertragsabschluss ein. Es ist also eine Art von *laesio aposteriori*.

---

40 *Pop/Popa/Vidu*, Tratat elementar de drept civil. Obligațiile conform noului Cod civil. (Grundriss des Zivilrechts. Das Schuldrecht im neuen Zivilgesetzbuch). Verlag Universul Juridic, București, 2012, 152.

41 *Gh. Bistriceanu/Gh. I. Ana*, Finanțe (Finanzen), Verlag „Editura didactică și pedagogică", București 1993, 68-76.

42 *G. Giurcă* (I), *G. Beleiu* (II), Teoria impreviziunii – rebus sic stantibus – în dreptul civil (Die Theorie der Imprevision – rebus sic standibus – im Zivilrecht) in Dreptul 10-11/1993, 29-36.

Das Recht der Vertragsparteien durch Vereinbarungen (durch ihre Willensübereinstimmung) sich vor dem inneren Geldwertschwund zu bewahren, ist von der Rechtslehre anerkannt. Es gibt zwei Arten von Klauseln:

a. *Die Indexklauseln* stellen eine Konkretisierung der Vertragsfreiheit dar. Durch den Verweis auf einen „Faktor" außerhalb des Vertrags (wie z.B. eine fremde Währung, der Wert des Goldes usw.) wird die geschuldete Summe aufgewertet.
b. Durch *die hardship-Klauseln* verpflichten sich die Vertragsparteien, zu bestimmten Zeitpunkten die Neuanpassung des Vertrags an die wirtschaftliche Lage zu verhandeln. Im Bereich des internationalen Handels werden solche Klauseln oft verwendet.[43]

Das Recht des Gläubigers auf die Erhöhung des Nominalbetrags und das Eingreifen des Richters in den Vertrag war in der rumänischen Rechtslehre umstritten, weil es dem Grundsatz der bindenden Wirkung der Verträge widersprach[44]. Manche Autoren waren trotzdem der Meinung, dass der Vertrag in manchen Fällen der Äquivalenzstörungen zwischen Leistung und Gegenleistung als Folge der Änderung der wirtschaftlichen Umstände diesen neuen Umständen angepasst werden muss. Es ist der Fall der Dauerschuldverhältnisse, der Verträge wie Ratenkauf, Mietvertrag, Leibrentenvertrag, Geldwertschulden, usw.[45]. Die herrschende Mehrheit forderte aber den Nominalismusgrundsatz (Nominalitätsgrundsatz, des Nennwerts des Geldes – fr. *nominalisme monétaire*), also äußerte sich gegen das Recht des Richters, den Vertrag an die neuen wirtschaftlichen Umstände anzupassen.

Die rumänische Rechtslehre gab zu, dass diese Auffassung eine vom französischen Recht[46] beeinflusste, in Europa isolierte Auffassung war. Die meis-

---

43 *M. Almeida Prado*, Le hardship dans le droit du commerce international, Bruylant-FEC Bruxelles, 2003, 129ff. (zitiert von *Pop/Popa/Vidu*, Tratat elementar de drept civil, 155 Fn. 1).

44 Siehe dazu: *I. Albu*, Drept civil. Introducere în studiul obligaţiunilor. (Zivilrecht. Einführung in das Studium der Obligationen). Verlag Dacia. Cluj-Napoca, 1984, 46-47.

45 *G. Giurcă* (I), *G. Beleiu* (II), Teoria impreviziunii – rebus sic stantibus – în dreptul civil (Die Theorie der Imprevision – rebus sic standibus – im Zivilrecht) in Dreptul 10-11/1993, 29-36; B. Diamant/V. Luncean, notă critică la dec. civ. nr. 730/1994 a Curţii de Apel Alba (kritische Anmerkung zum zivilrechtlichen Urteil Nr. 730/1994 des Oberlandesgerichts Alba), in Dreptul 8/1995, 93-95; *L. Pop*, Tratat de drept civil. Obligaţiile. Volumul II. Contractul (Abhandlung des Zivilrechts. Schuldrecht. Band II. Der Vertrag), Verlag Universul Juridic, Bucureşti 2009, 536, aber auch *I. Albu*, Drept civil. Introducere în studiul obligaţiunilor. (Zivilrecht. Einführung in das Studium der Obligationen). 1984, 48.

46 *D. Tallon*, La révision pour imprévision au regard des renseignements récents du droit comparé, in Droit et vie des affaires. Études à la mémoire d'Alain Sayag, Litec, Paris, 1997, 403ff.

ten modernen Rechtssysteme, von denen das deutsche Rechtssystem besonders hervorgehoben wird, erlauben die gerichtliche Überprüfung (Anpassung) der Verträge im Falle von Äquivalenzstörungen zwischen Leistung und Gegenleistung als Folge der Änderung der wirtschaftlichen Umstände. Der rumänische Gesetzgeber von 2009 hat es für sinnvoll gefunden, zum ersten Mal in der Rechtsgeschichte Rumäniens die Folgen der *„Imprévision"*-Theorie in § 1271 ZGB ausdrücklich zu regeln. Als Muster dienten Art. 6.2.1.-6.2.3. der UNIDROIT-Prinzipien, Art. 6.111 PDEC und Art. III.-1-110 DCFR *(Variation by court on a change of circumstances)*.

Im ersten Absatz dieses Artikels wird der Nominalismusgrundsatz bestätigt: „Die Vertragsparteien sind verpflichtet ihre Verpflichtungen zu erfüllen, selbst wenn die Erfüllung entweder durch das Steigen der Erfüllungskosten der eigenen Leistung oder durch die Wertminderung der Gegenleistung, aufwändiger geworden ist" (§ 1271 Abs. 1 neues ZGB).

Als Ausnahme von diesem Grundsatz wird in § 1271 Abs. 2 zum ersten Mal die *„Imprévision"* – die Anpassung des Vertrags im Falle der Äquivalenzstörungen zwischen Leistung und Gegenleistung als Folge der Änderung der wirtschaftlichen Umstände – geregelt.

Falls die Erfüllung der Vertragsverpflichtung, als Folge der außergewöhnlichen Änderung der Umstände für eine Partei äußerst (exzessiv) aufwändig geworden ist, so dass das Zwingen dieser Partei seine Verpflichtung zu erbringen offenkundig ungerecht sei, hat der Richter das Recht folgende Maßnahmen zu treffen:

a. Den Vertrag anzupassen, so dass die Verluste und die Gewinne, die sich aus der Änderung der Umstände ergeben, gerecht verteilt werden.
b. Die Auflösung des Vertrags unter den vom Richter bestimmten Umständen.
   - Für die Anpassung des Vertrags werden aber einige Bedingungen vorgesehen.
   - Die Änderung der Umstände muss nach Vertragsabschluss eingreifen;
   - Der Schuldner soll die Änderung der Umstände zum Zeitpunkt des Vertragsabschlusses nicht üblicherweise voraussehen können (in Betracht nehmen können).
   - Der Schuldner soll nicht das Risiko für die Änderung der Umstände übernommen haben.
   - Der Schulder muss versuchen, binnen einer angemessenen Frist, guten Glaubens die Anpassung des Vertrags mit der Gegenpartei zu verhandeln. Es ist eine Folge der Grundsätze der Redlichkeit (Loyalität) und der Zusammenarbeit der Vertragsparteien während der

Vertragsverhandlungen. Die Rechtslehre[47] hat diese Verpflichtung als eine *Sorgfaltspflicht* (Pflicht auf das angestrebte Ergebnis gewissenhaft hinzuwirken)[48] charakterisiert.

Nur wenn diese Verhandlung scheitern sollte, hat das Gericht das Recht den Vertrag den neuen Umständen anzupassen oder aufzulösen.

Zwei Bemerkungen sind hier zu machen. Erstens wird hier zum ersten Mal von einer Verhandlungspflicht der Vertragsparteien gesprochen. Zweitens finden diese Verhandlungen nicht wie gewöhnlich in der vorvertraglichen Phase statt, sondern es sind neue Verhandlungen, die nach dem Vertragsabschluss stattfinden, diesmal um die Vertragsklauseln an den neuen wirtschaftlichen Umständen, die eine Äquivalenzstörung zwischen Leistung und Gegenleistung zur Folge gehabt haben, anzupassen.

4. Die Eingliederung (Integration) von Musterklauseln in Verträgen

Laut der jüngsten rumänischen Rechtslehre ist die Theorie der rechtsmissbräuchlichen Vertragsklauseln eine Einschränkung der bindenden Wirkung der Verträge, ein Beispiel des Eingriffs (der Intervention) des Richters in den Verträgen[49]. Diese Rechtsfigur ist haupsächlich für die Verbraucherverträge kennzeichnend. In diesem Bereich hat der rumänische Gesetzgeber die Richtlinie 93/13 durch das Gesetz 2000/193 über die missbräuchlichen Vertragsklauseln umgesetzt. Von der französischen Rechtslehre inspiriert[50], haben auch die rumänischen Autoren diese Richtlinie als die wichtigste Maßnahme

---

47 *Pop/Popa/Vidu,* Tratat elementar de drept civil, Obligațiile conform noului Cod civil. (Grundriss des Zivilrechts. Das Schuldrecht im neuen Zivilgesetzbuch). Verlag Universul Juridic, București, 2012,160.

48 Die Sorgfaltspflicht heißt im rumänischen Schuldrecht, nach französischem Vorbild (*„obligation de moyens, obligation de prudence et de diligence"*): *„obligații de mijloace, obligații de prudență și diligență"*.

49 *Pop/Popa/Vidu,* Tratat elementar de drept civil. 160-161.

50 *E. Hondius,* La Directive sur les clauses abusives et les Ètats membres de l'Union Européenne, in *J. Ghestin/M. Fontaine,* La protection de la partie faible dans les rapports contractuels, LGDJ, Paris 1996, 591ff.; *R. Zimmermann,* Le droit comparé et l'europénisation du droit privé, in RTDCiv. 2007, 451ff.; *J. Ghestin/I. Marchessaux,* L'élimination des clauses abusives en droit français à l'épreuve du droit communautaire, in Rev. Eur. dr. cons., 1993, Nr. 2, 68.

zur Harmonisierung des Vertragsrechts in Europa betrachtet, weil die das Wesen des Vertrags betrifft[51].

Das Gesetz 2000/193 muss aber mit anderen Gesetzen, vor allem mit dem „Kodex des Verbrauches" ergänzt werden.

Während des von der Forschungsstelle für Europäische Rechtsentwicklung und Privatrechtreform der Universität Wien vom 22.-23. Oktober 2009 organisierten Symposiums habe ich mehreres über diesen Kodex erläutert[52].

Dieser Begriff scheint beim ersten Eindruck eine Verwirklichung *„avant la lettre"* des Vorschlags für eine Richtlinie des Europäischen Parlaments und des Rates über Rechte der Verbraucher vom 8. Oktober 2008 [KOM (2008) 614 endgültig] im rumänischen Recht[53]. Also noch lange bevor der Verschmelzungsprozess der gemeinschaftlichen Verbraucherschutzvorschriften vollendet wurde, scheint es dem rumänischen Gesetzgeber gelungen zu sein viel mehr als ein vereinheitlichendes Gesetz zu erlassen, und zwar nicht weniger als ein „Gesetzbuch des Verbrauches" *(„Codul consumului")*, welches schon am 1. Juli 2004 verkündet wurde und am 1. Januar 2007 in Kraft getreten ist.

In Wirklichkeit ist dieser „Kodex des Verbrauches" (Gesetz 2004/296)[54] kein regelrechtes Gesetzbuch, sondern es ist ein Rahmengesetz dessen Zweck, wie es die Vorschriften des § 88 eindeutig zeigen, die Eingliederung aller geltenden Vorschriften aus dem Bereich Konsumentenschutz im Körper des Gesetzes oder im Anhang war.[55] Dieses Rahmengesetz, mit 17 Sondergeset-

---

[51] *I. Fl. Popa,* Reprimarea clauzelor abusive (Bekämpfung der rechtsmissbräuchlichen Klauseln), in Pandectele Române 2/2004, 194; *I. Bălan,* Clauzele abuzive din contractele încheiate între comercianți și consumatori (Die rechtsmissbräuchlichen Klauseln in Verträgen zwischen Kaufmännern und Konsumenten), in Dreptul 6/2001, 36ff.; *C. Toader, A. Ciobanu,* Un pas important spre integrarea europeană: Legea nr. 193/2000 privind clauzele abuzive, Ordonanța Guvernului nr. 87/2000 privind răspunderea producătorilor și Ordonanța Guvernului nr. 130/2000 privind contractele la distanță (Ein wichtiger Schritt zur europäischen Integration: Das Gesetz 2000/193 über die rechtsmissbräuchlichen Vertragsklauseln, die Regierungsverordnung 2000/87 über die Haftung der Hersteller und die Regierungsverordnung 2000/130 über den Vertragsabschluss im Fernabsatz) , in Revista de drept comercial 7/2003, 78ff.

[52] *Chr. Alunaru,* Der Konsumentenschutz in Rumänien, in *Welser* (Hrsg.), Konsumentenschutz in Zentral- und Osteuropa, Manz 2010, 13-30.

[53] Rumänien ist nicht der einzige Staat, in dem so ein „Konsumentenschutzgesetzbuch" erlassen wurde. So gibt es z.B. in Frankreich ein *„Code de la consommation"* und in Italien ein „Codice di consummo".

[54] Veröffentlicht im Amtsblatt Rumäniens I. 01.07.2004/593, i.d.F. Amtsblatt Rumäniens I. 24.03.2008/224, mit einer neuen Nummerierung der Paragraphen, auf Grund von § V Buchstabe e. des Gesetzes Nr. 363/2007.

[55] Das ursprüngliche Gesetz 2004/296 wurde zwar öfters novelliert, wie z.B. durch das Gesetz 2005/363 zur Abänderung und Ergänzung einiger Rechtsvorschriften im Bereich

zen im Anhang, wurde als Gesetzessammlung von den wichtigsten Verlagen Rumäniens unter dem Titel „Kodex des Verbrauches mit den dazugehörigen Gesetzen" („*Codul consumului si legile* conexe")[56] herausgegeben.

Der Körper des Gesetzes hat 10 Kapitel mit 89 Paragraphen und einen Anhang mit Definitionen von Begriffen wie: Gewerbetreibender, missbräuchliche Klausel, Verbraucher, Verbrauchervertrag, Hersteller, sicheres Produkt, fehlerhaftes Produkt, Dienstleistung, Garantie, usw.

Vorschriften bezüglich der rechtsmissbräuchlichen Klauseln finden wir im dritten Kapitel über die Rechte der Verbraucher: Unter diesen werden das Recht auf genaue Information, das Recht auf Entschädigung für die durch Mangelhaftigkeit der Produkte oder Dienstleistungen verursachten Schäden, *das Recht auf Weigerung Verträge abzuschließen, die missbräuchliche Klauseln enthalten*, das Recht sich in Verbrauchervereinen zu organisieren, die ihre Rechte und Interessen vertreten sollen, usw. aufgezählt. Das IX. Kapitel „Rechte der Verbraucher beim Vertragsschluss" enthält hauptsächlich allgemeine Bestimmungen bezüglich der missbräuchlichen Klauseln in Verbraucherverträgen.

Andere Gesetze, die Vorschriften bezüglich der rechtsmissbräuchlichen Klauseln enthalten, sind schon erwähnte Gesetze, die die entsprechenden Richtlinien umgesetzt haben, wie das Gesetz 1999/107 über *Pauschalreisen* oder die Regierungsverordnung 2000/130 über den Verbraucherschutz bei *Vertragsabschlüssen im Fernabsatz*, aber auch

– die DringlichkeitsVO 2004/85[57], welche die *Richtlinie über den Fernabsatz*

Verbraucherschutz zwecks Erfüllung der von Rumänien für den Beitritt in die EU übernommenen Pflichten und durch das Gesetz 2006/425. Später wurde „zum Zwecke der Vollendung des Verbrauchergesetzbuches alle Gesetze im Bereich Verbraucherschutz einzugliedern" das Gesetz 2007/363 „bezüglich der Bekämpfung der unlauteren Geschäftspraktiken der Gewerbetreibenden in den Verhältnissen mit den Verbrauchern und der Harmonisierung der Vorschriften mit der Europäischen Rechtsordnung im Bereich Verbraucherschutz" (Veröffentlicht im Amtsblatt Rumäniens I. 28.12.2007/899) verabschiedet (Siehe: Codul consumului si 17 legi uzuale – Der Kodex des Verbrauches und 17 usuelle Gesetze) – Anmerkung zur Auflage, Verlag Hamangiu, Bucuresti 2008, V.). Dieses letzte Gesetz hat die wichtigsten rumänischen Gesetze, die die gemeinschaftlichen Richtlinien im Bereich Verbraucherschutz umgesetzt haben, novelliert, um sie den europäischen Vorschriften anzupassen und deren Wiederverkündung angeordnet.

56 Codul consumului si legile conexe (Der Kodex des Verbrauches mit den dazugehörigen Gesetzen) Verlag C. H. Beck, Bucuresti 2008.

57 Veröffentlicht im Amtsblatt Rumäniens I. 27.08.2004/796, i.d.F. Amtsblatt Rumäniens I. 13.05.2008/365, mit einer neuen Nummerierung der Paragraphen, auf Grund von § V Buchstabe j. des Gesetzes 2007/363 bezüglich der Bekämpfung der unlauteren Geschäftspraktiken der Gewerbetreibenden in den Verhältnissen mit den Verbrauchern und der Harmonisierung der Vorschriften mit der Europäischen Rechtsordnung im Bereich Verbraucherschutz (Amtsblatt Rumäniens I. 28.12.2007/ 899).

von Finanzleistungen (Richtlinie 2002/65/EG des Europäischen Parlaments und des Rates vom 23. September 2002) umgesetzt hat;
- die DringlichkeitsVO 2010/50 über *Kreditverträge für Konsumenten*, welche *die Verbraucherkreditrichtlinie* (Richtlinie des Rates vom 22. Dezember 1986 zur Angleichung der Rechts- und Verwaltungsvorschriften der Mitgliedstaaten über den Verbraucherkredit [87/102/EWG], geändert und ergänzt durch die Richtlinie 90/88/EWG und die Richtlinie 98/7/EG, aufgehoben und ersetzt durch die Richtlinie 2008/48/EG des Europäischen Parlaments und des Rates vom 23. April 2008 über Verbraucherkreditverträge) umgesetzt hat;
- das Gesetz 2007/363 „bezüglich der *Bekämpfung der unlauteren Geschäftspraktiken* der Gewerbetreibenden in den Verhältnissen mit den Verbrauchern und der Harmonisierung der Vorschriften mit der Europäischen Rechtsordnung im Bereich Verbraucherschutz"[58], das die wichtigsten rumänischen Gesetze im Bereich Verbraucherschutz novelliert hat, um sie den europäischen Vorschriften anzupassen und deren Wiederveröffentlichung angeordnet hat.

Leider betrifft die rumänische Regelung bezüglich der rechtsmissbräuchlichen Vertragsklauseln nicht alle Verträge, sondern nur die Verbraucherverträge. Als positives Beispiel wird das deutsche Recht zitiert, wo die Umsetzung der Richtlinie zu einer Reform des BGB geführt hat, so dass §§ 305ff. nicht nur die Verhältnisse zwischen Unternehmern und Verbrauchern sondern auch die Verhältnisse zwischen Unternehmern betreffen[59].

§ 4 Abs. 1 des rumänischen Gesetzes über rechtsmissbräuchliche Klauseln gemäß (Gesetz 2000/193), wird „eine Vertragsklausel, welche nicht direkt mit dem Verbraucher verhandelt wurde, als rechtsmissbräuchlich betrachtet, wenn sie alleine oder zusammen mit anderen Vertragsklauseln ein wesentliches Missverhältnis zwischen den Rechten und Verpflichtungen der Vertragsparteien zu Lasten des Verbrauchers, dem Gebot des guten Glaubens zuwider, verursacht".

Laut dieser Definition hat die rumänische Rechtslehre fünf Kriterien herausgefunden, die den rechtsmissbräuchlichen Charakter einer Vertragsklausel bestimmen:
- Die Abwesenheit der Verhandlungen zwischen den Vertragsparteien;

---

58 Veröffentlicht im Amtsblatt Rumäniens I. 28.12.2007/ 899.

59 Siehe aber auch: Hk-BGB, *Schulte-Nölke*, Vorbemerkung zu §§ 305-310, Rn. 5-7 und § 310 „Anwendungsbereich", Rn. 1-2, wo erläutert wird, dass Unternehmer, juristische Personen des öffentlichen Rechts und öffentlich-rechtliche Sondervermögen nur in geringerem Maße gegen AGB geschützt werden als andere Personen.

- Das Missverhältnis zu Lasten des Verbrauchers;
- Verletzung des Gebotes von Treu und Glauben;
- Die Verwendung einer im Anhang des Gesetzes aufgezählten missbräuchlichen Klausel;
- Andere wesentliche (beachtliche) Umstände, die in § 4.5. des Gesetzes aufgezählt sind.

Die Rechtswirkung der rechtsmissbräuchlichen Klauseln

Das rumänische Gesetz über rechtsmissbräuchliche Klauseln (2000/193) hat die Regeln der europäischen Richtlinie (93/13/CEE) übernommen, also haben die rechtsmissbräuchlichen Klauseln keine Rechtswirkung gegen den Konsumenten, während der restliche Vertrag für beide Vertragsparteien verbindlich bleibt, falls er auch in Abwesenheit der entfernten Klausel weiter bestehen kann. Diese Lösung wurde aber von der rumänischen Rechtslehre kritisiert, weil andere Sanktionen, wie die absolute Nichtigkeit[60] (fr.: *nullité absolue*), oder dass die rechtsmissbräuchlichen Vertragsklauseln als ungeschrieben betrachtet werden[61], für das rumänische Zivilrechtssystem viel passender wären. Als Folge einer reichen Rechtsprechung des EuGH, hat die rumänische Rechtslehre die Sanktion der Nichtigkeit der rechtsmissbräuchlichen Klauseln als die passendste Lösung angenommen.[62]

Die Regeln des Sondergesetzes über rechtsmissbräuchliche Klauseln sind leider nur bei Verbraucherverhältnissen anwendbar. Also ist deren Anwendung bei Rechtsverhältnissen zwischen Unternehmern oder natürlichen Personen, die keine Konsumenten sind, ausgeschlossen. Die Rechtslehre war aber der Meinung, dass rechtsmissbräuchliche Klauseln aus anderen Verträgen als Verbraucherverträgen mittels anderer Rechtsinstitutionen des gemeinen Rechts beseitigt werden können.

Sogar der Gesetzgeber hat in der Begründung des neuen ZGB vorgesehen, dass der Zweck der Regelung der *Musterklauseln* (§ 1.202) und der Unwirksamkeit der *„unüblichen Klauseln"* – § 1203 (vom Vertragspartner unerwartete Musterklauseln zugunsten des Anbieters, wie Haftungsausschluss- oder Haftungsbeschränkungsklauseln, Klauseln die dem Anbieter das einseitige Widerrufsrecht des Vertrags gewähren, usw.) ist, das missbräuchliche Handeln des Vertragspartners mit überlegener, vorteilhafter wirtschaftlicher Lage einzuschränken.

---

60 *C. Toader/A. Ciobanu*, 78ff.; *I. Fl. Popa*, Reprimarea clauzelor abusive (Bekämpfung der rechtsmissbräuchlichen Klauseln), in Pandectele Române 2/2004, 213ff.

61 *J. Goicovici*, Dreptul consumației (Das Verbraucherrecht), Verlag Sfera Juridică, Cluj-Napoca, 2006, 79ff.

62 *Pop/Popa/Vidu*, 169, Fn. 4.

Die Theorie der Willensmängel, wie z.B. die neue Regelung der *laesio enormis* im neuen ZGB, kann auch zur Beseitigung der rechtsmissbräuchlichen Klauseln dienen. Während eines Seminars[63] in Wien über die Rekodifikation des Zivilrechts in Rumänien und Ungarn wurden die Inspirationsquellen der neuen Regelung der *laesio* im neuen rumänischen ZGB untersucht. Es ging hervor, dass §§ 1221 und 1222 des neuen ZGB, welche die *laesio („leziunea")* regeln, durch die Kombinierung der Vorschriften bezüglich des wucherischen Vertrags (§ 879 Abs. 2 Z. 4 ABGB) und der *laesio enormis* (§ 934 ABGB) entstanden sind. Von § 879 Abs. 2 Z. 4 ABGB wurden zwei Voraussetzungen übernommen: 1. ein auffallendes Missverhältnis von Leistung und Gegenleistung; 2. der Bewucherte muss aus gewissen Gründen (wie Leichtsinn, Zwangslage, Unerfahrenheit usw.) verhindert gewesen sein, die „Äquivalenz" aus Eigenem zu wahren. Als Bedingung für die Anfechtungsklage in diesen Fällen (der Vertrag ist nicht nichtig, wie laut § 879 Abs. 2 ABGB!) setzt dann § 1222 ZGB voraus, dass „ein Teil nicht einmal die Hälfte dessen, was er dem anderen gegeben hat, von diesem an dem gemeinen Werte erhalten hat". Das ist aber die Voraussetzung für die „Verkürzung über die Hälfte", *laesio enormis* (§ 934 ABGB), die im österreichischen Recht als Störung der objektiven Äquivalenz zwischen Leistung und Gegenleistung betrachtet wird[64]!

Auch *die Theorie des Vertragszwecks (causa)* kann als Mittel der Bekämpfung rechtsmissbräuchlicher Klauseln dienen. In der Regel führt die Abwesenheit eines zulässigen Vertragszwecks oder dessen Gesetzwidrigkeit zur Nichtigkeit des Vertrags. Das bedeutet, dass auch eine rechtsmisssbräuchliche Klausel, bei der der Vertragszweck nichtig ist, also der Zweck, für welchen sich die Vertragspartei verpflichtet hat, fehlt, beseitigt werden kann.

Das Gebot des guten Glaubens beim Zustandekommen des Vertrags ist ein anderes Mittel des gemeinen Rechts, durch welches die missbräuchlichen Klauseln bekämpft werden können[65].

Die Regeln der Vertragstransparenz (Durchsichtigkeit, Deutlichkeit, Verstehbarkeit) können auch zur Bekämpfung der rechtsmissbräuchlichen Klauseln dienen. Falls eine Vertragsklausel nicht deutlich, nicht verstehbar ist, also ihr wahrer Inhalt nicht durch die gemeinen, in der Sektion über die Interpretation der Verträge vorgesehenen Auslegungsvorschriften erläutert werden können, werden die in § 1269 des neuen ZGB vorgesehenen „subsidiären Auslegungsvorschriften" angewandt. § 1269 Abs. 1 schreibt die Regel *contra proferentem*

---

63 *Alunaru* (Rumänien), *Vékás* (Ungarn), „Die Rekodifikation des Zivilrechts in Rumänien und Ungarn", Seminar an der Wirtschaftsuniversität Wien, 13.9.2010.

64 *Welser*, Bürgerliches Recht[13] II 93.

65 Siehe dazu: Abschnitt 2.2. „Das Zustandekommen des Vertrags im neuen rumänischen ZGB".

(„Der Vertrag wird gegen die Vertragspartei, die sich verpflichtet, interpretiert"), und § 1269 Abs. 2 schreibt eine Sonderregel für Adhäsionsverträge[66] (Formularverträge) – der typische Bereich für rechtsmissbräuchliche Klauseln – vor: *in dubio pro reo* („Die Vertragsklauseln in Adhäsionsverträgen werden gegen die Vertragspartei, die sie vorgeschlagen hat, interpretiert").

Laut der rumänischen Rechtslehre können durch die erwähnten Auslegungsregeln die rechtsmissbräuchlichen Klauseln eigentlich nicht beseitigt werden, sondern sie werden wirkungslos.

5. Die Mäßigung der Vertragsstrafen

Die Vertragsstrafe (Konventionalstrafe, Strafklausel) ist in einem Abschnitt der IV. Sektion, über die „Erfüllungsweise der Verpflichtung durch Ersatzleistung" (rum: *executarea prin echivalent*) zusammen mit dem Angeld (rum: *Arvuna*) geregelt und ist im § 1538 definiert: Es ist eine Klausel, durch welche die Vertragsparteien die Verpflichtung des Schuldners vereinbaren, eine gewisse Leistung zu erbringen, falls die Hauptschuld nicht erfüllt wird. Die Vertragsstrafe ist im rumänischen Zivilrecht keine unbekannte Rechtsfigur. Sie wurde von der rumänischen Rechtsliteratur ähnlich wie in § 1336 Abs. 1 ABGB und wie in der österreichischen Rechtslehre definiert[67]: „Die Vertragsstrafe (Konventionalstrafe) ist die Vereinbarung eines pauschalierten Schadenersatzes für den Fall der Nicherfüllung oder nicht gehörigen Erfüllung des Vertrags."

Die vom neuen ZGB gebrachte Neuheit besteht in der Vorschrift aus § 1541: die Mäßigung (Minderung) der Vertragsstrafen, eine Regel die in § 1336 Abs. 2 ABGB schon lange vorher bekannt war.

Das Gericht kann die im Vertrag vorgesehene Strafklausel nur in bestimmten Fällen mäßigen:

a. falls die Hauptschuld zum Teil erfüllt wurde und diese Erfüllung dem Gläubiger nützlich war.
b. Falls die Vertragsstrafe offenkundig (augenscheinlich) übermäßig im Vergleich zum Schaden ist, welchen die Vertragsparteien zum Zeitpunkt des Vertragsabschlusses voraussehen konnten. Jedenfalls muss in diesem Falle

---

66 Den Ausdruck „Adhäsionsverträge" für die Formularverträge (oder diktierte Verträge, Typenverträge) habe ich bevorzugt, weil er dem französischen *„contrat d´adhésion"* und rumänischen Ausdruck *„contract de adeziune"* ähnlicher ist.

67 *Welser*, Bürgerliches Recht II/13 (2007), 22.

die gemäßigte Vertragsstrafe höher als der Wert der Hauptverpflichtung bleiben.

Jede entgegengesetzte Vertragsbestimmung ist mehr als nichtig, gilt also als ungeschrieben (§ 1.541 Abs. 3 neues ZGB).

Im neuen rumänischen ZGB wurde auf die Anmerkungen der österreichischen Rechtslehre zu § 1336 Abs. 2 ABGB keine Rücksicht genommen. Gemäß der österreichischen Rechtsliteratur und Rechtsprechung sollten bei der Mäßigung u.a. Art und Ausmaß des Verschuldens des Schuldners, die Höhe des entstandenen Schadens und der im Vertragszeitpunkt möglich erscheinende Schaden berücksichtigt werden[68].

6. Der Schadenersatz für immaterielle Schäden

Obwohl in der Begründung des neuen ZGB audrücklich steht, dass zum Zweck des Schutzes des wirtschaftlich schwächeren Subjekts, im neuen ZGB, u.a. auch Vorschriften bezüglich des Schadenersatzes für immaterielle Schäden vorgesehen wurden, finden wir im V. Buch „Über Obligationen" einen einzigen Artikel[69] zu diesem Thema: Art. 1531 Abs. 3: „Der Gläubiger ist berechtigt auch zum Ersatz des immateriellen Schadens". Folglich müssen wir die Vorschriften der deliktischen Haftung, wo der Ersatz des immateriellen Schadens ausführlicher geregelt ist, in Betracht nehmen.

Auch die jüngste rumänische Literatur[70], die diesen Artikel kommentiert hat, ist der Meinung, dass die Vorschriften des neuen ZGB, welche den Ersatz des immateriellen Schadens im Rahmen der deliktischen Haftung regeln, vor allem Art. 1391, auch im Falle der Verletzung der Vertragsverpflichtungen anwendbar sind, weil die deliktische Haftung das gemeine Recht darstellt[71]. Es

---

[68] *Kerschner*, ZAS 1985, 33f., OGH in RdW 1990, 293; *Spitzer*, Pfandverwertung 12ff., OGH in ecolex 2001, zitiert von *Welser*, Bürgerliches Recht II/13 (2007), 23, Fn. 24, 25.

[69] Art. 1531 Abs. 3 des neuen ZGB befindet sich im im V. Buch „Über Obligationen", V. Titel „Erfüllung der Schulden" („Executarea obligațiilor"), II. Kapitel „Die Zwangsvollstreckung der Schulden" („Executarea silită a obligațiilor"), IV. Sektion „Erfüllung der Schulden durch Ersatzleistung" („Executarea prin echivalent").

[70] *Ghinoiu*, in *Baias/Chelaru/Constantinovici/Macavei*, (Hrsg.), Noul Cod civil. Comentariu pe articole (Das neue ZGB. Kommentar paragraphenweise), Verlag C. H. Beck, București 2012, 1620, Rn. 9.

[71] Diese Auffassung, dass die deliktische Haftung das gemeine Recht der zivilrechtlichen Haftung darstellt, stammt aus dem französischen Recht. Wie schon im Abschnitt 2.1. erläutert, war der Begriff „Vertragshaftung" im alten rumänischen Zivilgesetzbuch un-

wird die Rechtsprechung des EuGH zitiert, die im Bereich des Verbraucherschutzes das Recht der Verbraucher auf Ersatz des immateriellen Schadens

---

bekannt. Der Geldersatz, der dem Gläubiger im Falle der Vertragsverletzung gebührt, wurde, nach französischem Vorbild, im Kapitel über „Die Wirkung der Schulden" *(„De l´effet des obligations")*, als eine "Erfüllungsweise der Verpflichtung durch Ersatzleistung", falls die Naturalleistung der Schuld nicht möglich ist *(„Des dommages et intérêts résultant de l´inexécution de l´obligation")*, geregelt.
Diese Struktur des Stoffes im Bereich zivilrechtliche Haftung (die mit der deliktischen Haftung gleichgestellt wurde) wurde auch von der rumänischen Rechtslehre übernommen [*T. R. Popescu/ P. Anca*, Teoria generala a obligaţiilor (Allgemeines Schuldrecht), Editura Ştiintifică (Wissenschaftlicher Verlag), Bucureşti 1968, 320; *C. Stătescu/C. Bîrsan*, Drept civil. Teoria generală a obligaţiilor. Editia a IX-a, revizuită şi adăugită (Zivilrecht. Allgemeines Schuldrecht. IX. Neubearbeitete und ergänzte Auflage), Bucureşti 2008, 330; *I. Dogaru/P.Drăghici*, Bazele dreptului civil. Volumul III. Teoria generală a obligaţiilor (Die Grundlagen des Zivilrechts. Band III. Allgemeines Schuldrecht). Verlag C. H. Beck, Bucureşti, 2009, Cartea a IV-a „Efectele obligaţiilor" (IV-tes Buch „Wirkungen der Schulden"), Titlul I. „Privire generală asupra efectelor obligaţiilor" (Erster Titel „Übersicht über die Wirkungen der Schulden"), Secţiunea a 3-a „Executarea indirectă (prin echivalent) a obligaţiilor civile" (Dritter Abschnitt „Die Erfüllung der Schulden durch Ersatzleistung", 431-469.] Folglich verstand auch die Rechtslehre unter „zivilrechtliche Haftung" nur die deliktische Haftung. Der Schadenersatz für die Verletzung der Vertragsverpflichtungen wurde unter dem Titel „Erfüllungsweise der Verpflichtung durch Ersatzleistung" behandelt. Es gab aber auch Anhänger der Schuldrechtsreform, für welche die zivilrechtliche Haftung ein einheitliches Rechtsinstitut mit zwei Unterarten ist: die deliktische Haftung und die Vertragshaftung. Folglich haben diese Autoren dem Schadenersatz im Falle der Vertragsverletzung ein besonderes Kapitel mit dem Titel „Vertragshaftung" gewidmet. [*L. Pop*, Drept civil, Teoria generală a obligaţiilor (Zivilrecht. Allgemeines Schuldrecht) Verlag Lumina-lex, Bucureşti 1998, Partea a II-a „Răspunderea civilă", Titlul III „Răspunderea civilă contractuală" (Zweiter Teil „Zivilrechtliche Haftung", III. Titel „Vertragshaftung"), 336-359. *Derselbe*, Tratat de drept civil. Obligaţiile, Volumul II Contractul (Abhandlung des Zivilrechts. Schuldrecht Band II. Der Vertrag), Verlag Universul Juridic, Bucureşti 2009, Titlul III „Efectele contractelor", Subtitlul III „Consecinţele neexecutării contractelor", Capitolul I „Răspunderea contractuală" (III. Titel „Wirkungen der Verträge", III. Untertitel „Folgen der Vertragsverletzung", Erstes Kapitel „Vertragshaftung"), 644-707.]
Scheinbar sollte das neue ZGB diese Gliederung des Stoffes im Bereich zivilrechtliche Haftung übernommen haben, als es im Abschnitt bezüglich der allgemeinen Bestimmungen die deliktische Haftung und die Vertragshaftung getrennt, als Zweige der zivilrechtlichen Haftung, definiert (§ 1349 die deliktische Haftung *„răspunderea delictuală"*; § 1350 die Vertragshaftung *„răspunderea contractuală"*).
Leider ist im Kapitel über die zivilrechtliche Haftung wieder nur die deliktische Haftung geregelt. Bezüglich der Vertragshaftung finden wir außer der Definition keinen anderen Paragraphen. Die Vertragshaftung bleibt weiter, wie im alten ZGB, als „Erfüllungsweise der Schuld durch Ersatzleistung", im IV. Abschnitt des Kapitels bezüglich der „Zwangsvollstreckung der Schulden" geregelt.

anerkannt hat.[72] Der Rechtsliteratur gemäß umfasst der immaterielle Schaden die körperlichen und seelischen Schmerzen (*„pain and suffering"*), die Verunstaltungsschäden (*„préjudice estéthique"*) und die Verletzung der Ehre und Reputation.

Im alten Gesetzbuch von 1864 war die Ersetzung des immateriellen Schadens nur auf Grund Interpretierung durch die Rechtslehre und Rechtsprechung der §§ 998-999 ZGB möglich, weil diese Texte keinen Unterschied zwischen dem materiellen und immateriellen Schaden machen. Diese Artikel sahen nämlich die Verpflichtung eines jeden vor, der vorsätzlich (§ 998) oder fahrlässig (§ 999) einem anderen einen Schaden verursacht, diesen zu ersetzen.

Im neuen ZGB von 2009 wird der Grundsatz des Schadenersatzes für immaterielle Schäden zum ersten Mal, in § 1391, ausdrücklich vorgesehen: „Im Falle der Beeinträchtigung der körperlichen Unversehrtheit oder der Gesundheit kann Schadenersatz für die Einschränkung des Familien- und Gesellschaftslebens gewährt werden" (§ 1391 Abs. 1). Für den seelischen Schmerz, der durch den Tod des Opfers verursacht wurde, kann Schadenersatz nicht nur den nahen Verwandten (Aszendenten, Deszendenten, Brüder, Schwestern und Ehegatte), sondern auch jeglicher Person, die einen solchen Schaden beweisen kann, gewährt werden. Das Recht auf Schadenersatz für solche Schäden ist nicht vererblich. Die Erben haben aber das Recht, die vom Opfer noch zu Lebzeiten erhobene Schadenersatzklage weiterzuführen (§ 1391 Abs. 4).

Wie schon erläutert, gibt es nun selbst für die vertragliche Haftung eine ausdrückliche Vorschrift, die den Ersatz des immateriellen Schadens vorsieht, aber leider ist es nur eine Grundsatzvorschrift. Deshalb musste die Rechtslehre hinzufügen, dass die Vorschriften der deliktischen Haftung für immaterielle Schäden anwendbar sind.

Die ausdrückliche Regelung des Schadenersatzes auch für immaterielle Schäden im ZGB ist selbstverständlich lobenswert. In verschiedenen Beiträgen habe ich aber diese neue Regelung kritisiert, weil sie sehr summarisch, sehr kurz im Verhältnis zu den zahlreichen Aspekten, die in den letzten Jahren von der Rechtsprechung und von der Rechtslehre hervorgehoben wurden, ist.[73] Zwar sind alle drei, von der Rechtsliteratur[74] bestimmten Katego-

---

72 CJUE, *Simone Leitner vs. TUI Deutschland GmbH & Co. KG*, C-168/00, Paragraph 34-24 , in European Court reports 2002, I-02631; CJUE, *Axel Walz vs.Clickair SA*, C-63/09, Paragraph 39, auf der Internet-Adresse: *http://eur-lex.europa.eu.*

73 Ausführlich dazu: *Chr. Alunaru*, Erwägungen zum Schmerzensgeldanspruch im geltenden rumänischen Zivilrecht, in Studia Universitatis Babeş-Bolyai series Iurisprudentia Nr. 4/2010, 5-52; *C. Alunaru/L. Bojin*, XXII. Romania, in European Tort Law 2008, Yearbook 2009, Eds. *H. Koziol, B. C. Steininger*, Springer Wien New York, 2009, 542-549.

74 *P. Tercier*, Contribution a l'étude du tort moral et de sa réparation en droit suisse, Editions Universitaires, Fribourg, Suisse, 1971, 68.

rien von immateriellen Schäden vertreten: Verletzungen der *körperlichen Persönlichkeit (Körperschäden)*; Verletzungen *der affektiven Persönlichkeit (der Affektivität)*; Verletzungen *der sozialen Persönlichkeit*.

Leider wurde aber die, wegen dem Wert der verletzten Rechte und der Häufigkeit in der Judikatur, wichtige Kategorie[75] der *Körperschäden* (fr. *„préjudice corporel, dommage corporel"*)[76], wesentlich vereinfacht und eingeschränkt.

Es wird nichts von den Schäden, die aus *körperlichen und seelischen Schmerzen* bestehen *(„pain and suffering")*, die von der französischen Rechtslehre unter der Benennung *pretium doloris*[77] analysiert wurden, erwähnt, obwohl der Ersatz solcher Schäden schon in der Zwischenkriegszeit von der rumänischen Rechtslehre gefördert wurde[78].

Es wird auch nichts vom *Verunstaltungsschaden* erwähnt, dessen Geldersatz in der französischen Literatur *„prix de la beauté"* oder *„pretium pulchritudinis"* genannt wird[79]. Der Schadenersatz für solche immaterielle Schäden wurde schon in den siebziger Jahren, zusammen mit dem Ersatz für den durch

---

75 *I. Albu/ V. Ursa,* Răspunderea civilă pentru daunele morale (Die zivilrechtliche Haftung für immaterielle Schäden), Editura (Verlag) Dacia, Cluj-Napoca, 1979, 79; *Gh. Vintilă,* Daunele morale. Studiu de doctrină și jurisprudență (Die ideellen Schäden. Abhandlung über die Rechtslehre und Rechtsprechung). Ediția a 2-a (Zweite Auflage), Verlag Hamangiu, București 2006, 32.

76 *G. Vinney, B. Marchesinis,*La réparation du dommage corporal. Essai de coparaison des droit anglais et français, Economica, Paris 1985,69, zitiert von *Gh. Vintilă,* in „Daunele morale", 32.

77 *Al. Weill,* Droit civil. Les obligations, Dalloz, Paris, 1971, 614; *G. Ripert,* Le prix de douleur, D.C., 1948, Cron., 1; *M. Dubois,* Le pretium doloris, Disserttion, Lyon, 1935, 32, zitiert von Gh. Vintilă, in „Daunele morale", 32.

78 *D. Alexandresco,* Explicațiunea teoretică și practică a dreptului civil român în comparațiune cu legile vechi și cu principalele legislațiuni străine, tomul al V-lea, (Theoretische und praktische Erläuterung des rumänischen Zivilrechts im Vergleich mit den alten Gesetzen und den wichtigsten ausländischen Gesetzgebungen, Band V.) Iași 1898, 450-451;
M. B. Cantacuzino, Elementele dreptului civil (Die Elemente des Zivilrechts), Editura (Verlag) Cartea românească, București, 1921, 428-434;
C. Hamangiu, Codul civil adnotat (Kommentar zum Zivilgesetzbuch), Band II, București 1925, 476;
I. Rosetti-Bălănescu, Al. Băicoianu, Drept civil român. Studiu de doctrină și de jurisprudență, vol. II. (Rumänisches Zivilrecht. Abhandlung über die Rechtslehre und Rechtsprechung), Band II, București 1943, 88 – 90;
F. Mihăiescu, S. C. Popescu, Jurisprudența Înaltei Curți de Casație, Secțiunea I și Secțiunile Unite, în materie civilă, pe anii 1934-1943 (Die Rechtsprechung des Obersten Gerichtshofes, Erste Sektion und Vereinigte Sektionen, im Bereich Zivilrecht, in den Jahren 1934-1943), București, 152.

79 *Ph. le Tourneau,* La responsabilité civile, Dalloz, Paris, 1972, 141; *J. Carbonnier,* Droit civil, 4, Presses Uniersitaires de France, 1975, 310.

die entgangene Lebensfreude (Beeinträchtigung des Wohlbefindens) verursachten Schaden *(préjudice d´agrément, loss of amenity)* von der rumänischen Rechtslehre[80] anerkannt, trotz der Entscheidung des Obersten Gerichtshofes („Anleitungsbeschluss" Nr. VII vom 29. Dezember 1952), die den Geldersatz für ideelle Schäden untersagt hatte, „weil er den fundamentalen Grundsätzen des sozialistischen Rechtssysthems widerspricht".

Es steht im neuen ZGB auch nichts über den „Verlust der Lebenshoffnung" *(loss of expectation of life)*. Den Begriff „entgangene Lebensfreude" (Beeinträchtigung des Wohlbefindens – *préjudice d´agrément, loss of amenity*), so wie er in verschiedenen Rechtssystemen definiert wird[81], findet man im Ausdruck aus § 1391 „Einschränkung des Familien- und Gesellschaftslebens" wieder.

Die Weglassung dieser Arten von immateriellen Schäden ist schwer zu verstehen, weil sogar die jüngste Rechtsprechung des Obersten Gerichtshofes wenigstens die ersten zwei Arten erwähnt und erläutert.

Zusammenfassend kann man sagen, dass das neue ZGB eine ausdrückliche Regelung des Schadenersatzes für immaterielle Schäden mit sich gebracht hat, was sicher lobenswert ist. Obwohl die Autoren des neuen ZGB in der Gesetzesbegründung behaupten, dass zum Zweck des Schutzes des wirtschaftlich schwächeren Subjekts auch Vorschriften bezüglich des Schadenersatzes für immaterielle Schäden vorgesehen wurden, betrifft leider diese Regelung nur die deliktische Haftung. So wie es aus den vorherigen Erläuterungen hervorgeht, gibt es einen einzigen Artikel für den Schadenersatz des durch die

---

80 *V. Pătulea*, Contribuții la studiul răspunderii civile delictuale în cazul prejudiciilor rezultate din vătămarea integrității corporale (Beiträge zum Studium der deliktischen Haftung im Fall der Körperschäden), in „Revista Română de Drept" (Rumänische Rechtszeitschrift), Nr. 11/1970, 55-57;
M. Eliescu, Răspunderea civilă delictuală. (Die deliktische Haftung – Schadenersatzrecht), Editura Academiei (Verlag der Akademie), București 1972, 105-110;
D. Rizeanu, Câteva propuneri de perfecționare a legislației civile (Einige Vorschläge zur Vervollkommnung der zivilrechtlichen Gesetzgebung), in „Studii și cercetări juridice" (Juristische Studien und Forschungen), Nr. 1/1973, 113;
M. N. Costin, Răspunderea civilă și penală pentru încălcarea regulilor de circulație pe drumurile publice (Die zivilrechtliche und strafrechtliche Haftung für den Verstoß gegen die Verkehrsregeln auf öffentlichen Wegen), Verlag Dacia, Cluj-Napoca, 1978, 210-217;
I. Albu, V. Ursa, Răspunderea civilă pentru daunele morale (Die zivilrechtliche Haftung für immaterielle Schäden), Editura (Verlag) Dacia, Cluj-Napoca, 1979, 170;
C. Stătescu, C. Bîrsan, Tratat de drept civil. Teoria generală a obligațiilor (Abhandlung des Zivilrechts. Allgemeines Schuldrecht), Editura Academiei (Verlag der Akademie), București 1981, 165.

81 Dazu: *M. Boar*, Repararea bănească a daunelor morale în dreptul unor state vest-europene (Der Ausgleich der immateriellen Schäden durch Geldersatz im Rechtssystem einiger westeuropäischer Staaten), in „Dreptul" (Das Recht) Nr. 8/1996, 23ff.

Verletzung der Vertragspflichten verursachten immateriellen Schadens. Deshalb musste wieder die Rechtslehre, so wie in anderen Fällen, die Ungenauigheit des Gesetzestextes durch dessen Interpretierung ersetzen, was für ein völlig neues Gesetzbuch nicht annehmbar ist.

7. Schlussfolgerung

Im Vergleich zum alten rumänischen Zivilgesetzbuch von 1864, enthält das neue ZGB von 2009 (am 1. Oktober 2011 in Kraft getreten) viel mehr Vorschriften, die den Schutz des wirtschaftlich schwächeren Subjekts sichern. Diese Vorschriften betreffen das Zustandekommen des Vertrags, die Eingliederung von Musterklauseln in Verträgen, die Mäßigung der Vertragsstrafen, den Schadenersatz für immaterielle Schäden, wie auch die *„Imprévision" (clausula rebus sic stantibus)*. All diese Vorschriften bilden kein einheitliches Kapitel des V. Buches „Schuldrecht", sondern sind in zwei verschiedenen Titeln dieses Buches enthalten: im II. Titel „Entstehungsgründe der Obligationen", I. Kapitel über den Vertrag, (3. Sektion über das Zustandekommen des Vertrags und 6. Sektion über die Rechtswirkungen des Vertrags) und im IV. Kapitel über die Zivilrechtliche Haftung, wie auch im V. Titel „Erfüllung der Vepflichtungen" (II. Kapitel über „Zwangsvollstreckung der Verpflichtungen").

Zahlreiche Vorschriften sind aber in Sondergesetzen, die die Europäischen Richtlinien im Bereich Verbraucherschutz umgesetzt haben, enthalten. Diese Regelung der Verbrauchervorschriften außerhalb des Zivilgesetzbuches kann ein Vorteil sein, weil der Bereich des Verbraucherschutzes sehr dynamisch ist, sich ständig ändert und dies nicht zu einer ständigen Novellierung des ZGB führen muss. Ein Beispiel dafür ist das jüngste Gesetz, das Vorschriften zum Schutz des schwächeren Rechtssubjekts enthält, und das die Verbraucherrechte-Richtlinie 2011/83/2011 umgesetzt hat.

Zusammenfassung

Der Begründung des neuen, am 1. Oktober 2011 in Kraft getretenen rumänischen ZGB gemäß, wurden zum Zweck des Schutzes des wirtschaftlich schwächeren Subjekts im V. Buch „Schuldrecht" Vorschriften bezüglich des Zustandekommens des Vertrags, der Eingliederung von Musterklauseln in

Verträgen, der Mäßigung der Vertragsstrafen und des Schadenersatzes für immaterielle Schäden vorgesehen. Die Rechtslehre hat aber unter den Vorschriften des neuen ZGB auch andere Mittel zum Schutz des schwächeren Subjekts, wie z.B. die *„Imprévision"* (*clausula rebus sic stantibus)* entdeckt. Dieser Beitrag versucht all diese, vom neuen ZGB, von Sondergesetzen und auch von der Rechtsliteratur erwähnten Mitteln zu erläutern.

Literaturverzeichnis

Albu, Ioan/Ursa, Victor, Răspunderea civilă pentru daunele morale (Die zivilrechtliche Haftung für immaterielle Schäden), Editura (Verlag) Dacia, Cluj-Napoca, 1979;

Albu, Ioan, Drept civil. Introducere în studiul obligațiunilor. (Zivilrecht. Einführung in das Studium der Obligationen). Verlag Dacia. Cluj-Napoca, 1984;

Alexandresco, Dimitrie, Explicațiunea teoretică și practică a dreptului civil român în comparațiune cu legile vechi și cu principalele legislațiuni străine, tomul al V-lea, (Theoretische und praktische Erläuterung des rumänischen Zivilrechts im Vergleich mit den alten Gesetzen und den wichtigsten ausländischen Gesetzgebungen, Band V.), Iași 1898;

Almeida Prado M., Le hardship dans le droit du commerce international, Bruylant-FEC Bruxelles, 2003, 129ff. (zitiert von *Pop/Popa/Vidu,* Tratat elementar de drept civil, 155 Fn. 1);

Alunaru, Christian, Der Konsumentenschutz in Rumänien, in Rudolf Welser (Hrsg.) Konsumentenschutz in Zentral- und Osteuropa, Manzsche Verlags- und Universitätsbuchhandlung, Wien 2010, 13-30.

Alunaru, Christian (Rumänien), *Vékás Lajos* (Ungarn), „Die Rekodifikation des Zivilrechts in Rumänien und Ungarn", Seminar an der Wirtschaftsuniversität Wien, 13.09.2010;

Alunaru, Christian, Erwägungen zum Schmerzensgeldanspruch im geltenden rumänischen Zivilrecht, in Studia Universitatis Babeș-Bolyai series Iurisprudentia Nr. 4/2010, 5-52;

Alunaru, Christian, Haftung für Verschulden beim Vertragsabschluss in Rumänien, in *Welser* (Hrsg.) Haftung aus Verschulden beim Vertragsabschluss in Zentral- und Osteuropa, Manz, Wien, 2012, 13-56;

Alunaru ,Christian/Botos, Lenuta, Das Kaufrecht in Rumänien nach dem neuen ZGB, Nomos – facultas.wuv, Wien, 2013;

Alunaru, Christian/Bojin, Lucian, XXII. Romania, in European Tort Law 2008, Yearbook 2009, Eds. *H. Koziol, B. C. Steininger,* Springer Wien New York, 2009, 542-549;

Baias/Chelaru/Constantinovici/Macavei, (Hrsg.), Noul Cod civil. Comentariu pe articole (Das neue ZGB. Kommentar paragraphenweise), Verlag C. H. Beck, București 2012;

Bălan, Ioan, Clauzele abuzive din contractele încheiate între comercianți și consumatori (Die rechtsmissbräuchlichen Klauseln in Verträgen zwischen Kaufmännern und Konsumenten), in Dreptul 6/2001, 36ff.;

Baur Fritz/Baur Jürgen F./Stürner Rolf, Sachenrecht, 17. Auflage, Beck'sche Verlagsbuchhandlung, München, 1999;

Bistriceanu, Gheorghe/Ana Gheorghe I., Finanțe (Finanzen), Verlag „Editura didactică și pedagogică", București 1993;

Boar, Mircea, Repararea bănească a daunelor morale în dreptul unor state vest-europene (Der Ausgleich der immateriellen Schäden durch Geldersatz im Rechtssystem einiger westeuropäischen Staaten), in „Dreptul" (Das Recht) Nr. 8/1996, 23ff.;

Cantacuzino Matei B., Elementele dreptului civil. (Die Elemente des Zivilrechts), Verlag Cartea româneasca, București, 1921;

Carbonnier J., Droit civil, 4, Presses Uniersitaires de France, 1975;

Chirică, Dan, Tratat de drept civil. Contracte speciale. Volumul I Vânzarea și schimbul (Abhandlung des Zivilrechts. Sonderverträge. Band I Kauf und Tausch) C. H. Beck, București 2008, 284-301;

Codul consumului si 17 legi uzuale – Der Kodex des Verbrauches und 17 usuelle Gesetze) – Anmerkung zur Auflage,Verlag Hamangiu, Bucuresti 2008 ;

Codul consumului si legile conexe (Der Kodex des Verbrauches mit den dazugehörigen Gesetzen) Verlag C. H. Beck, Bucuresti 2008;

Costin, Mircea N., Răspunderea civilă și penală pentru încălcarea regulilor de circulație pe drumurile publice (Die zivilrechtliche und strafrechtliche Haftung für den Verstoß gegen die Verkehrsregeln auf öffentlichen Wegen), Editura (Verlag) Dacia, Cluj-Napoca, 1978;

Diamant, Betinio/ Luncean, Vasile, notă critică la dec. civ. nr. 730/1994 a Curții de Apel Alba (kritische Anmerkung zum zivilrechtlichen Urteil Nr. 730/1994 des Oberlandesgerichts Alba), in Dreptul 8/1995, 93-95;

Dogaru, Ion/Drăghici, Pompil, Bazele Dreptului Civil. Volumul III. Teoria generală a obligațiilor (Die Grundlagen des Zivilrechts. Band III. Allgemeines Schuldrecht), Verlag C. H. Beck, București, 2009;

Dubois M., Le pretium doloris, Thése (Dissertation), Lyon, 1935, 32, zitiert von *Gh. Vintilă,* Daunele Morale, București 2006;

Eliescu, Mihail, Răspunderea civilă delictuală. (Die deliktische Haftung – Schadenersatzrecht), Editura Academiei (Verlag der Akademie), București 1972;

Ghestin J/ Marchessaux I., L´élimination des clauses abusives en droit français à l´épreuve du droit communautaire, in Rev. Eur. dr. cons., 1993, Nr. 2, 68;

Giurcă G./Beleiu G. Teoria impreviziunii – rebus sic stantibus – în dreptul civil (Die Theorie der Imprevision – rebus sic standibus – im Zivilrecht) in Dreptul 10-11/1993, 29-36;

Goicovici Juanita, Dreptul consumației (Das Verbraucherrecht), Verlag Sfera Juridică, Cluj-Napoca, 2006;

Hamangiu C./Georgean N., Codul civil adnotat cu textul articolului corespunzator francez, italian și belgian, cu doctrina franceză și română și jurisprudența comptectă de la 1868-1927. Volumul II , (Kommentar über das Rumänische Zivilgesetzbuch mit dem Text des entsprechenden französischen, italienischen und belgischen Paragraphen, mit der vollständigen französischen und rumänischen Rechtslehre und Rechtsprechung zwischen 1868-1927. Band II.) Verlag Socec & Co, București 1927;

Hamangiu C./Rosetti-Bălănescu I./Băicoianu Al., Tratat de drept civil român. (Abhandlung über das rumänische Zivilrecht) Band II. Verlag „Nationala", București 1929;

Hondius E., La Directive sur les clauses abusives et les Ètats membres de l´Union Européenne, in *J. Ghestin/M. Fontaine,* La protection de la partie faible dans les rapports contractuels, LGDJ, Paris 1996, 591ff.

Kerschner, ZAS 1985, 33f., OGH in RdW 1990, 293, zitiert von *Welser,* Bürgerliches Recht II/13 (2007), 23, Fn. 25;

Koziol Helmut/Welser Rudolf, Bürgerliches Recht[13] I, Manz Wien, 2006;

Larroumet Christian, Droit civil. Les obligations. Le contrat, Economica, Paris, 2003;

Mihăiescu F./Popescu S. C., Jurisprudența Înaltei Curți de Casație, Secțiunea I și Secțiunile Unite, în materie civilă, pe anii 1934-1943 (Die Rechtsprechung des Obersten Gerichtshofes, Erste Sektion und Vereinigte Sektionen, im Bereich Zivilrecht, in den Jahren 1934-1943), București, 1943;

Pătulea Vasile, Contribuții la studiul răspunderii civile delictuale în cazul prejudiciilor rezultate din vătămarea integrității corporale (Beiträge zum Studium der deliktischen Haftung im Fall der Körperschäden) , in „Revista Română de Drept" (Rumänische Rechtszeitschrift), Nr. 11/1970, 55-57;

Pătulea Vasile, Obligația de informare în formarea contractelor (Die Informationspflicht beim Zustandekommen der Verträge), in Revista de Drept Comercial (Zeitschrift für Handelsrecht) Nr. 6/1998, 77ff.;

Pop Liviu, Drept civil român. Teoria generală a obligațiilor (Rumänisches Zivilrecht. Allgemeines Schuldrecht), Verlag Lumina Lex, București 1998;

Pop Liviu, Dreptul de proprietate si dezmembramintele sale (Das Eigentumsrecht und die beschränkten dinglichen Rechte), Verlag Lumina lex, 2001, 46-48;

Pop Liviu, Tratat de drept civil. Obligațiile. Vol. I. Regimul juridic general (Abhandlung über das Zivilrecht. Schuldrecht. Allgemeine rechtliche Regelung), Verlag C. H. Beck, București 2006;

Pop Liviu, Tratat de drept civil. Obligațiile. Volumul II. Contractul (Abhandlung des Zivilrechts. Schuldrecht. Band II. Der Vertrag), Verlag Universul Juridic, București 2009;

Pop Liviu/Popa Ionuț-Florin/Vidu Stelian, Tratat elementar de drept civil. Obligațiile conform noului Cod civil (Grundriss des Zivilrechts. Das Schuldrecht im neuen Zivilgesetzbuch). Verlag Universul Juridic, București, 2012;

Popa Ionuț Florin, Dolul și obligația de informare în contractele sinalagmatice (Die arglistige Täuschung und die Informationspflicht bei den synallagmatischen Verträgen) , in „Dreptul" (Das Recht) Nr. 7/2002, 70-81;

Popa Ionuț Florin, Reprimarea clauzelor abusive (Bekämpfung der rechtsmissbräuchlichen Klauseln), in Pandectele Române 2/2004, 194;

Popescu Tudor R./Anca Petre, Teoria generala a obligațiilor (Allgemeines Schuldrecht), Editura Științifică (Wissenschaftlicher Verlag), București 1968;

Ripert Georges, Le prix de douleur, D.C., 1948, Cron., 1;

Rizeanu D., Câteva propuneri de perfecționare a legislației civile (Einige Vorschläge zur Vervollkommnung der zivilrechtlichen Gesetzgebung), in „Studii și cercetări juridice" (Juristische Studien und Forschungen), Nr. 1/1973, 113;

Rosetti-Bălănescu I./Al. Băicoianu, Drept civil român. Studiu de doctrină și de jurisprudență, vol. II. (Rumänisches Zivilrecht. Abhandlung über die Rechtslehre und Rechtsprechung), Band II, București 1943;

Schulte-Nölke Hans, Bürgerliches Gesetzbuch Handkommentar, 7. Auflage, Nomos, Baden-Baden, 2012;

Stătescu Constantin/Bîrsan Corneliu, Tratat de drept civil. Teoria generală a obligațiilor (Abhandlung des Zivilrechts. Allgemeines Schuldrecht), Editura Academiei (Verlag der Akademie), București 1981;

Stătescu Constantin/Bîrsan Corneliu, Drept civil. Teoria generală a obligațiilor. Ediția a IX-a, revizuită și adăugită (Zivilrecht. Allgemeines Schuldrecht. IX. Neubearbeitete und ergänzte Auflage), București 2008;

Spitzer, Pfandverwertung 12ff., OGH in ecolex 2001, zitiert von *Welser*, Bürgerliches Recht II/13 (2007), 23, Fn. 25;

Tallon D., La révision pour imprévision au regard des renseignements récents du droit comparé, in Droit et vie des affaires. Études à la mémoire d'Alain Sayag, Litec, Paris, 1997, 403ff.;

Toader Camelia/Ciobanu A., Un pas important spre integrarea europeană: Legea nr. 193/2000 privind clauzele abuzive, Ordonanța Guvernului nr. 87/2000 privind răspunderea producătorilor și Ordonanța Guvernului nr. 130/2000 privind contractele la distanță (Ein wichtiger Schritt zur europäischen Integration: Das Gesetz 2000/193 über die rechtsmissbräuchlichen Vertragsklauseln, die Regierungsverordnung 2000/87 über die Haftung der Hersteller und die Regierungsverordnung 2000/130 über den Vertragsabschluss im Fernabsatz) , in Revista de drept comercial 7/2003, 78ff.;

Tercier P., Contribution a l'étude du tort moral et de sa réparation en droit suisse, Editions Universitaires, Fribourg, Suisse, 1971;

Terré François/Simler Phlilippe/Lequette Yves, Droit civil. Les obligations. Dalloz, Paris, 2005;

Tourneau, Philippe le, La responsabilité civile, Dalloz, Paris, 1972;

Vinney G./Marchesinis B.,La réparation du dommage corporal. Essai de coparaison des droit anglais et français, Economica, Paris 1985, 69, zitiert von *Gh. Vintilă*, Daunele morale, București 2006;

Vintilă Gheorghe, Daunele morale. Studiu de doctrină și jurisprudență (Die ideellen Schäden. Abhandlung über die Rechtslehre und Rechtsprechng). Ediția a 2-a (Zweite Auflage), Editura (Verlag) Hamangiu, București 2006, 32;

Weill Alex, Droit civil. Les obligations, Dalloz, Paris, 1971;

Welser Rudolf, Bürgerliches Recht[13] Band II, Manz, Wien, 2007;

Zimmermann Reinhard, Le droit comparé et l'éuropénisation du droit privé, in RTDCiv. 2007, 451 ff.

Kollektiver rechtsschutz im kroatischen Recht

Aleksandra Maganić*

1. Einführung

Das Zivilverfahren wird als ordentlicher Rechtsweg des Rechtsschutzes[1] im Bereich der strittigen zivilrechtlichen Beziehungen durch spezifische Merkmale des individuellen Rechtsschutzes geprägt. Die aktive Verfahrenslegitimation in diesem Sinne hat in der Regel der Kläger, der das Verfahren zum Schutz eigener verletzter oder beeinträchtigter subjektiver Zivilrechte anstrengt; die Entscheidung wirkt in der Regel *inter partes;* im Verfahren wird konkreter Rechtsschutz geboten. Die zahlreichen durch Rechtsentwicklung bedingten Wandlungen, wie die Komplexität der gesellschaftlichen Verhältnisse, das Wachstum der potentiellen Gefahr der Verletzung der Rechte mehrerer Personen sowie die Nachteile des individuellen Rechtsschutzes, fordern neue Formen des Rechtsschutzes. Obwohl die Grundideen des kollektiven Rechtsschutzes schon aus Zeiten des römischen Rechts stammen und an *actio popularis*[2] gebunden werden, wurde in Kroatien erst durch das Verbraucherschutzgesetz[3] das neue verfahrensrechtliche Institut in Form von Verbandsklage als neue Klage zum Schutz kollektiver Interessen und Rechte eingeführt. Anschließend wurde in Kroatien kollektiver Rechtsschutz durch Rechtsquellen geregelt, mit dem Zweck der Regelung spezifischer Bereiche (Diskriminierung) bzw. Regelung der allgemeinen Rahmen zum kollektiven Rechtsschutz als subsidiäre Rechtsquellen.[4]

Es besteht keine Übereinstimmung darüber, ob es sich um eine Art von nomotechnischen modernen Tendenzen handelt, in dessen Rahmen sich die Länder des kontinentaleuropäischen Kreises bemühen die Modelle des

---

* Aleksandra Maganić, Dozentin, Rechtswissenschaftliche Fakultät, Universität Zagreb, Kroatien.

1 TRIVA, S. – DIKA, M.: Građansko parnično procesno pravo [Zivilverfahrensrecht]. Zagreb: Narodne novine, 2004, S. 3, ISBN 953-6053-93-4.

2 Siehe infra Ad. 2.1.

3 Zakon o zaštiti potrošača [Verbraucherschutzgesetz] (Amtsblatt 96/03), im weiteren Text: ZZP 03.

4 Siehe infra Ad. 3.

Rechtsschutzes anzunehmen, die einigermaßen der ursprünglichen Form des Rechtsschutzes – *class action*[5] oder den wahren, echten gesellschaftlichen Erfordernissen ähnlich sind. Unmittelbar nach der Einführung schien die Verbandsklage aus kroatischer Perspektive ein interessantes, effektives und möglicherweise wirksames Instrument des Rechtsschutzes zu sein, obwohl es Befürchtungen über ihre praktische Bedeutung gab. Mittlerweile zeigen bestimmte Entwicklungen in der Region, die sich auf die Probleme der Verbraucherkredite in schweizer Franken beziehen, das Gegenteil. So gelang die Verbandsklage in Kroatien nicht in die Abstellkammer der Rechtsmittel, sondern hat ihre größte und lauteste Promotion gerade im Verbraucherrecht erlebt und zwar durch die Teilnahme des Kroatischen Bundes zum Verbraucherschutz „Potrošač" (Verbraucher) als Kläger am Verfahren des kollektiven Rechtsschutzes gegen acht Banken als Beklagte. Gleichzeitig laufen in Bosnien und Herzegowina und in Serbien die vom individuellen Kläger angestrengten Verfahren in Bezug auf die Verbraucherkredite, die an schweizer Franken gebunden sind. Daher kann die Frage der wahren und potentiellen Beziehung des individuellen und kollektiven Rechtsschutzes von Interesse sein.

2. Modelle des kollektiven Rechtsschutzes

Die unterschiedlichen Modelle des kollektiven Rechtsschutzes sind schwer auf einen gemeinsamen Nenner zu bringen – das universelle Modell gibt es nicht und die nationale Lösung ist vorerst durch die Entstehungszeit, Rechtstradition und die spezifischen gesellschaftlichen und rechtlichen Entwicklungen in einem Land bestimmt. Zum Zweck des vertieften Verstehens des kroatischen Modells des kollektiven Rechtsschutzes werden wir die wichtigsten Modelle des kollektiven Rechtsschutzes präsentieren und zwar der *actio popularis*, Gruppenklage (*class action*), Sammelklage, Verbandsklage und des Musterverfahrens.

2.1 Actio popularis

Die *actio popularis* wurde in Kroatien laut Art. 1047 Abs. 1 des Obligationengesetzes[6] auf die Weise geregelt, dass jeder das Recht hat zu verlangen,

5 Siehe infra Ad. 2.2.

6 Zakon o obveznim odnosima [Obligationengesetz] (Amtsblatt 35/05, 41/08, 125/11), im weiteren Text: ZOO.

dass die bedeutende, ihm oder einem Dritten drohende, Gefahrenquelle beseitigt wird, sowie zu verlangen, dass der Dritte auf die schadhafte Tätigkeit verzichtet, wenn der Schaden oder die Störung durch entsprechende Maßnahmen nicht verhindert werden können. Es handelt sich um kondemnatorische Klagen zur Handlung (wenn verlangt wird, die bedeutende ihm oder einem Dritten drohende Gefahrenquelle zu entfernen), oder zum Unterlassen (wenn verlangt wird auf die Tätigkeit zu verzichten, aus der die Störung oder Schadengefahr hervorgeht), wobei allen[7] die Aktivlegitimation gegeben wird, das Verfahren anzustrengen und die vorbeugenden Charakter hat.[8] Auf Antrag der interessierten Person wird das Gericht das Treffen von entsprechenden Maßnahmen zur Vorbeugung des Schadenens oder der Störung oder zur Beseitigung der Gefahrenquelle auf Kosten des Quellenbesitzers anordnen, wenn diese von ihm allein nicht durchgeführt werden können (Art. 1047 Abs. 2 ZOO).

2.2 Gruppenklage

Gruppenklage ist die Klage, die von einer oder mehreren Personen erhoben wird, im Namen von allen, die den selben Schaden erlitten haben; sie kann auch auf Schadensersatz gerichtet sein. Im Unterschied zur Verbandsklage, die auf Schadensersatz gerichtet ist, mit dem Ziel der Geltendmachung kollektiver Interessen als Ganzes, werden in der Gruppenklage individuelle Interessen gebündelt. Die dritte Variante wäre die Geltendmachung individueller Ansprüche durch das Zusammenschließen in einem Verband. Der Unterschied liegt darin, dass im Falle der Gruppenklage eine Person die Klage erhebt ohne vorheriges Zusammenschließen in einen *ad hoc* entstandenen Verband. Wegen der Vertretung von Geschädigten alleine ist die Gruppenklage keine „altruistische“, „ideale“ kollektive Klage. Andererseits können die Verbände in der Verbandsklage keine Vertreter derjenigen sein, die keine Mitglieder des Verbandes sind.[9]

---

7 Vgl. DIKA, M.: Građansko parnično pravo – Stranke, njihovi zastupnici i treći u parničnom postupku, IV. knjiga.[Zivilverfahrensrecht] Zagreb: Narodne novine, 2008, S. 75, ISBN 978-953-234-106-5.

8 O preventivnoj tužbi za propuštanje [Von der präventiven Klage] siehe DIKA, M.: Građansko parnično pravo – Tužba, VI. Knjiga [Zivilverfahrensrecht-Klage, Buch VI]. Zagreb: Narodne novine, 2009, S. 235, ISBN 978-953-234-139-3.

9 MICHAILIDOU, C.: Prozessuale Fragen des Kollektivrechtsschutzes im europäischen Justizraum. Baden-Baden: Nomos, 2007, S. 165, ISBN 978-3-8329-2549-9.

Historisch gesehen wird die Gruppenklage an das englische *Bill of Peace* aus dem 17. Jahrhundert gebunden, das mehreren Pächtern oder Gemeindemitgliedern ermöglichte vor Gericht als Vertreter des Gruppenmitglieds aufzutreten. Der Zweck der Gruppenklage war es zu verhindern, dass vor Gericht eine Unzahl von Klägern auftritt. Die im Verfahren getroffene Entscheidung wirkte auf alle Gruppenmitglieder. Dabei war die Zahl der Gruppenmitglieder das entscheidende Kriterium der Zulässigkeit der Klage. Einige Autoren sind der Meinung, dass die Gruppenklage schon zur Zeit von Edward I um 1272 enstand. Welche von diesen Theorien richtig ist, hängt davon ab, welche von den Eigenschaften der Gruppenklage als existenzentscheidend betrachtet wird. Die Anhänger der Theorie des früheren Entstehens der Gruppenklage gründen ihre Stellungnahme auf das Prinzip der Vertretung, während die Anhänger der Theorie des späteren Entstehens der Gruppenklage die Existenz der Gruppenklage mit dem Zusammenschließen abwesender Gruppenmitglieder verbinden.[10]

Die *class action* des amerikanischen Rechts wird als „Mutter" der modernen Gruppenklage betrachtet. Laut Regel 23 der Bundesregeln für den Zivilprozess[11] ist die *class action* die Klageart, in der eine oder eine kleinere Anzahl von Personen als Vertreter der Gruppe (class) auftreten ohne ausdrückliche Befugnis der Mitglieder, die durch gleichartige Ansprüche verbunden sind. Sie ermöglicht, dass sich mehrere Personen mit gleichen Interessen zusammenschließen, wobei es nicht notwendig ist, dass sie dazu ernannt werden oder persönlich vor Gericht auftreten. Die entsprechende Entscheidung des Gerichts darüber, ob die Zulässigkeitsvoraussetzungen von *class action* erfüllt sind, ist *certification order*.[12] Das Gruppenmitglied hat mehrere Möglichkeiten – entweder nimmt es an der Gruppenklage teil, nutzt die Vorteile und verzichtet gleichzeitig auf bestimmte Rechte, oder tritt aus der Gruppenklage aus und verwirklicht seine Ansprüche individuell (wenn ein Gruppenmitglied aus der Klage austreten will, wird es nach deren Zulässigkeit nicht frei über

---

10 HOHL, J.: Die US-amerikanische Sammelklage im Wandel. Berlin: Duncker & Humblot, 2008, S. 36-39, ISBN 978-3-428-12753-5.

11 Federal Rules of Civil Procedure; im weiteren Text FRCP, http://www.law.cornell.edu/rules/frcp, v. 11. November 2013. Laut Regel 23 der FRCP können ein oder mehrere Mitglieder der Gruppe klagen oder verklagt werden als Vertreter, die zu Gunsten aller Mitglieder handeln, nur wenn 1. die Anzahl der Gruppenmitglieder, in deren Namen geklagt wird, so groß ist, ((Satz bitte prüfen))dass die Gegnerschaft unpraktisch ist, 2. es sich um Tatsachen oder Rechtsfragen handelt, ((Satz bitte prüfen))die der ganzen Gruppe gemeinsam ist, 3. die Klage der Vertreter typisch für die zu repräsentierende Gruppe ist, 4. die Gruppenvertreter, die die Partei im Verfahren sind, die Interessen der ganzen Gruppe rechtmäßig und entsprechend vertreten.

12 MICHAILIDOU, op. cit. (Notiz 9), S. 168-170.

den Anspruch verfügen können). Das Verfahren kann mit einer Entscheidung oder einem Vergleich, sog. *class action settlement*, abgeschlossen werden. Alle Mitglieder, die nicht ausdrücklich aus der Gruppenklage austreten, sind durch das Ergebnis des abgeschlossenen Verfahrens gebunden.[13]

2.3. Sammelklage

Es ist typisch für die Sammelklage, die auf gleicher oder ähnlicher Tatsachengrundlage gründet, dass sie von jedem Kläger persönlich in seinem Namen erhoben wird und dass damit jeder Kläger sein individuelles Recht schützt. Der mit der Klage zu erreichende Zweck ist ausschließlich kompensatorisch. Es handelt sich hier nämlich um die Kumulierung von Ansprüchen – kumulierte Klage, die in der österreichischen Literatur „Sammelklage österreichischer Prägung" genannt wird.[14] Die Rechtsnatur dieses österreichischen Konstruktes ist unumstritten. Die Stellung überwiegt, dass es sich um Inkassozession handelt. Der Verband erhebt in seinem eigenen Namen Klage zur Geltendmachung des eigenen Anspruchs, er muss aber die angefochtene Anforderung wieder auf den Zedenten, den ehemaligen Befugten, übertragen. Sie ist kein unmittelbares Mittel zur Bündelung der Ansprüche der Mehrheit von Verbrauchern sondern ein Mittel, die verschiedenen Gerichtsurteile in Bezug auf die große Anzahl der einzelnen Ansprüche zu vermeiden. Der Hauptunterschied im Vergleich zu der *class action* liegt darin, dass sich die österreichische Sammelklage nicht auf das Prinzip der Präsentation gründet. Interressanterweise werden die Verfahrenskosten solcher Sammelklagen in Österreich nur unter bestimmten Voraussetzungen durch Privatpersonen getragen: bestimmter Streitwert, aussichtsreiche Prozesse, im Austausch gegen das bestimmte vereinbarte Prozent des realisierten Kapitals als Erfolgsquote. Praktisch wird die Finanzierung der Tätigkeiten des Vereins für Konsumen-

---

13 Cf. ibid., S. 178. Es handelt sich um das sog. opt-out Modell, das keine besondere aktive Tätigkeit benötigt um Gruppenmitglied zu werden. Andererseits wird laut dem opt-in Modell eine Anmeldung benötigt, um am Verfahren teilnehmen zu können. So muss in Schweden im Verfahren des kollektiven Rechtsschutzes die Teilnahme seitens des Verbraucher-Ombudsmans zugelassen werden. Laut diesem Modell müssen in Großbritannien die Kläger aktiv an der Klage teilnehmen. Die Gruppenklage gegen die niederländische Firma Trafigure, der vorgeworfen wurde, dass sie im August 2007 giftigen Abfall an die Republik Côte d'Ivoire geliefert hat, wobei über 4000 Menschen mit dem Abfall in Kontakt kamen. Mindestens 10 Menschen starben daran. Anfang Februar wurde eine Einigung erzielt, dass die Firma 198 Millionen US Dollar an die Republik Côte d'Ivoire bezahlen muss. HOHL op. cit. (Notiz 10), S. 201-202.

14 Deutsch: *Sammelklage österreichischer Prägung*.

teninformation[15] von der Foris AG, der deutschen Firma zur Finanzierung von Verfahrenskosten, geleistet. Auf diese Weise schließen die den Schaden erleidenden Verbraucher den Finanzierungsvertrag direkt mit dem Prozessfinanzierer ab. Wenn der Prozess verloren geht, verpflichtet sich der Finanzierer die Prozesskosten zu übernehmen. Wird der Prozess gewonnen, erhält der Finanzierer für seine Leistung eine bestimmte Beteiligung an der angefochtenen Forderung als Erfolgsquote.[16]

2.4. Verbandsklage

Die Verbandsklage war in Deutschland lange das einzige Instrument des kollektiven Rechtsschutzes. Schon 1986 ermöglichte das Gesetz gegen den unlauteren Wettbewerb[17] den Verbänden, im Gerichtsverfahren ihre Ansprüche, die auf das Verbot unlauterer Werbung gezielt waren, geltend zu machen. Obwohl ihr ursprünglicher Zweck der Schutz von Gewerbetreibenden war, wurde sie inzwischen auf den Schutz allgemeiner öffentlicher Interessen erweitert. Mit der Verbandsklage versuchte man den privatrechtlichen Schutz und die amtliche Rechtsdurchführung zu verknüpfen. Der Verband tritt privatrechtlich auf, wobei eigenen Interessen gefolgt wird. In Deutschland werden die Verbände ausschließlich vom Staat finanziert und in England übernehmen die traditionellen *Behördenklagen* die Funktion der Verbandsklage, die auf diese Weise keine Bedeutung tragen.[18]

Die Kläger bei der Verbandsklage, in der Regel Verbände, sind befugt zu verlangen, unlauterem Verhalten *pro futuro* vorzubeugen, aber auch unlauteres Verhalten, das den Interessen der Gruppe schadet, zu beseitigen. Im Allgemeinen müssen diese Anträge nicht nur zwischen Personen innerhalb eines bestimmten Verhältnisses im Rahmen des Obligationenrechts entstehen sondern auch zwischen Personen, die nicht in diesem Verhältnis stehen. Es handelt sich um abstrakten und indirekten (präventiven und repressiven) Rechtsschutz, der die kollektiven Interessen schützt, die einer Gruppe gemeinsam sind, unabhängig davon, ob es zum Verstoß gegen das subjektive Zivilrecht gekommen ist oder nicht.

---

15 Deutsch: *Verein für Konsumenteninformation* (VKI).

16 MICHAILIDOU, op. cit. (Notiz 9), S. 269-270.

17 Gesetz gegen den unlauteren Wettbewerb i.d.F. v. 03.03.2010 (BGBl. I S. 254), im weiteren Text: UWG.

18 EINHAUS, S.: Kollektiver Rechtsschutz im englischen und deutschen Zivilprozessrecht. Berlin: Duncker & Humblot, 2008, S. 50, ISBN 978-3-428-12766-5.

2.5 Das Musterverfahren

Im November 2004 begann vor dem Landgericht in Frankfurt eines der größten Verfahren zum Schadensersatz in Deutschland. Etwa 15000 Aktionäre erhoben Klage gegen die Deutsche Telekom AG, weil sie sich durch den zweiten und dritten Börsengang des Konzerns betrogen fanden. Streitgegenstand war ein wahrscheinlicher Fehler im Börsenprospekt. Die Höhe des Gesamtschadens betrug 100 Millionen Euro, und die Anleger wurden von 750 Anwälten[19] vertreten. Der deutsche Gesetzgeber versuchte das Problem zu lösen, indem das Gesetz über Musterverfahren in kapitalmarktrechtlichen Streitigkeiten (Kapitalanleger-Musterverfahrensgesetz – KapMuG) [20] erlassen wurde, das im November 2005 in Kraft getreten ist. Das Verfahren laut KapMuG 05 wurde angewendet in Prozessen um den Ersatz von Schaden, der durch Veröffentlichung falscher, irreführender Informationen entstand oder wegen Unterlassung der Informationenerteilung seitens Gesellschaften auf dem Kapitalmarkt sowie wegen Verfahrungsweisen zur Erfüllung von Verträgen, die durch das Angebot zur Übernahme laut Wertpapiererwerbs- und Übernahmegesetz[21] (§ 1 Abs. 1 Nummer 1 und 2) abgeschlossen wurden.

Das Gesetz ermöglichte die Geltendmachung der Interessen der Anleger, Gerichte und der verklagten Unternehmer durch schnelle und einfache Lösung von Streitigkeiten auf dem Kapitalmarkt.

Die Rechts- und Tatbestandsfragen, die in mindestens zehn individuellen Schadensersatzverfahren besprochen werden sollten, wurden im Musterverfahren verknüpft und auf einmal vor dem Oberlandesgericht mit bindender Wirkung für alle Kläger gelöst. Dadurch wurde nicht nur die Geltendmachung des Rechtsschutzes für individuelle Anleger, sondern auch die Wirksamkeit des Gerichtsverfahrens verbessert. Um alle Verfahren einem örtlich zuständigen Gericht zuzuweisen, wurde die ausschließliche Zuständigkeit des Gerichts am Sitz des Unternehmers bestimmt. Das KapMuG 05 wurde fünf Jahre lang angewendet und das Justizministerium hat die Bewertung seiner Wirksamkeit durchgeführt um eventuell die Regelungen des Massenverfahrens[22] in die Zivilprozessordnung [23] zu übernehmen. Zur Übernahme der

---

[19] HOHL, op. cit. (Notiz 10), S. 195.

[20] Gesetz über Musterverfahren in kapitalmarktrechtlichen Streitigkeiten (Kapitalanleger-Musterverfahrensgesetz – KapMuG) v. 16.08.2005 (BGBl. I S. 2347), im weiteren Text: KapMuG.

[21] Wertpapiererwerbs- und Übernahmegesetz (BGBl. I S. 3822), im weiteren Text: WpUG.

[22] http://web.archive.org/web/20100323174455/http:77www.bmj.bund.de/kapmug, vom 14. November 2013.

[23] Gesetz über Musterverfahren in kapitalmarktrechtlichen Streitigkeiten v. 19.10.2012 (BGBl. I S. 2182), im weiteren Text: KapMuG 12.

Regelungen über kollektiven Rechtsschutz in die ZPO kam es jedoch nicht; es wurde notwendig, die Anwendung des KapMuG 05 auf weitere zwei Jahre zu verlängern.

Das neue KapMuG wurde im Oktober 2012 erlassen.[24] Laut Expertenbeurteilung handelt es sich hier um eine wenig ambitionierte Verbesserung, die dazu führen wird, dass Investoren auch weiterhin ihr Recht in New York und Amsterdam suchen werden.[25] Es wird betont, dass das Gesetz in seiner zweiten Version anderen Staaten beim kollektiven Rechtsschutz deutlich hinterherhängt. Der neuen Version wird vorgeworfen, dass die Ausweitung auf weitere Rechtsgebiete nicht erfolgte, bzw. dass sie weiterhin an die Streitigkeiten in Bezug auf den Kapitalmarkt gebunden ist. Außerdem wird auch gemeint, dass man die Gelegenheit. das *opt-out* oder *opt-in* Modell umzugestalten versäumt hat, und der Gesetzgeber die Anwendung des Gesetzes wiederum auf acht Jahre begrenzt (§ 28 KapMuG 12).[26] Die Neuigkeit darin ist der *opt-out Vergleich*. Der Kläger und der Beklagte im Musterverfahren können einen Vergleich bestimmten Inhaltes vorschlagen, der vom Gericht geprüft und zugelassen wird. Die Teilnehmer erhalten die Möglichkeit von den Vergleichsverhandlungen abzutreten, wenn sie mit den Ergebnissen des Vergleichs nicht zufrieden sind. Damit der Vergleich vom Gericht zugelassen wird, sollten weniger als 30% der Teilnehmer aussagen, dass sie vom Vergleich abtreten (§ 17 Abs. 1 Satz 4 KapMuG 12). Obwohl diese Lösung in den Niederlanden übernommen wurde, ist die Wirkung des Vergleichs begrenzt auf die Teilnehmer, die die Klage wegen Schadensersatz erhoben haben. Im Unterschied dazu wirkt ein Vergleich in den Niederlanden für alle geschädigten Anleger. Ungeachtet dessen bringt das KapMuG 12 einige Verbesserungen – so ist das Oberlandesgericht befugt, über die Erweiterung des Gegenstandes zu entscheiden, um eine unnötige Aktenrotation zwischen dem Oberlandesgericht und dem Landgericht zu vermeiden. Die Frist zur Anmeldung der Ansprüche wird auf sechs Monate nach der ersten Verkündung des Antrags des Musterverfahrens (*Soll-Bearbeitungsfrist*) festgesetzt, damit die Praxis der Verzögerung einzelner Gerichte verhindert wird. Die Anwälte des Klägers berichten, dass die Gerichte die Anträge nicht bearbeiten, denn sie akzeptieren ungern die Einleitung der komplexen Musterverfahren, wenn dieses nicht bei der internen Verteilung der Gerichtsakten registriert wird und wenn sie dafür nicht entsprechend entgeltet werden.[27]

---

24 Zivilprozessordnung (BGBl. I S. 3202, 431, 1751), im weiteren Text: ZPO.

25 HALFMEIER AXEL in Legal Tribune online, http://www.lto.de/recht/hintergruende/h/das-neue-kapmug-kleinteilige-bastelei-am-kollektiven-rechtsschutz-Schadensersatz-anleger/, vom 14. November 2013.

26 Ibid.

27 Ibid.

3. Rechtsquellen des kollektiven Rechtsschutzes in Kroatien

Der kollektive Rechtsschutz in Kroatien ist durch wenige Rechtsquellen im Bereich des Verbraucherschutzes[28] und der Diskriminierungsbekämpfung geregelt.[29] Die subsidiäre Quelle für alle Verfahren des Rechtsschutzes in Kroatien ist die Zivilprozessordnung[30], die die Klage zum Schutz kollektiver Interessen und des Rechts regelt (Art. 502a-502h). Hinsichtlich der zahlreichen Änderungen von ZZP und des gewissen „Suchen und Irren" im Bereich des kollektiven Verbraucherschutzes ist es notwendig, diese Entwicklung in Kroatien kurz darzustellen.

3.1. ZZP 03

Das Verbraucherschutzgesetz 03 brachte in das kroatische Rechtssystem zum ersten Mal eine bedeutende Neuheit, gezielt auf die Überschreitung von Grenzen des individuellen Rechtsschutzes und auf die Erhöhung ihrer Wirksamkeit durch die Anwendung der Verbandsklage als Institut des kollektiven Rechtsschutzes der abstrakten Verbraucherrechte. Die Verbandsklage ist die Klage, mit der ein Verband, eine nicht profitorientierte juristische Person, die gegründet wurde zur Verwirklichung gewisser gesellschaftlich erlaubter Ziele[31], das Verfahren anstrengt zur Leistung (in der Regel) des abstrakten Rechtsschutzes gewisser Rechte und Interessen seiner Mitglieder, bzw. der Angehörigen bestimmter Gesellschaftsgruppen; sie ist eines derjenigen Instrumente des Gerichtsschutzes der sog. Gruppen-, Klassen-, Kollektiv-, und difusen Rechte und Interessen.[32] Laut ZZP 2003 waren die Verbraucherschutz-

---

[28] Zakon o zaštiti potrošača [Verbraucherschutzgesetz] (Amtsblatt 79/97, 125/07, 89/09, 133/09, 78/12, 56/13), im weiteren Text: ZZP 13; kollektiver Rechtsschutz ist geregelt laut Art. 131-141b.

[29] Zakon o suzbijanju diskriminacije [Gesetz zur Diskriminierungsbekämpfung] (Amtsblatt 85/08, 112/12), im weiteren Text: ZSD; kollektiver Rechtsschutz ist geregelt laut Art. 24.

[30] Zakon o parničnom postupku [Zivilprozessordnung] (Amtsblatt 53/91, 91/92, 112/99, 88/01, 117/03, 88/05, 2/07 – USRH 123/08-ispr., 57/11, 148/11 – gereinigter Text, 25/13), im weiteren Text: ZPP.

[31] Art. 2 Zakona o udrugama [Gesetz über Verbände] (Amtsblatt 88/01, 11/02), im weiteren Text: ZU

[32] TRIVA-DIKA, op. cit. (Notiz 1), S. 824.

verbände[33] befugt bei dem Gericht die Verbandsklage zu erheben, die im Verfahren gegen den bestimmten Händler oder Betreiber der Mittel zur Fernkommunikation beim Gericht die **Unterlassung** der im Gegensatz zu den Verordnungen des Kapitels VII Teil II des ZZP stehenden Geschäftspraxis beantragen konnten[34], weiterhin dass dem bestimmten Händler oder einer Händlergruppe aus demselben Wirtschaftsbereich oder ihren Interessenverbänden **verboten** wird, die unlauteren Vertragsbestimmungen in Standardverträgen zu verwenden und/oder dass die **Einstellung** von irreführender bzw. unlauterer Vergleichswerbung **beantragt** wird oder dass die Veröffentlichung von noch unveröffentlichter irreführender bzw. unlauter vergleichender Werbung **verboten** wird (Art. 102 Abs. 1 ZZP 03). Es handelt sich um ganz bestimmte kondemnatorische Ansprüche neben denen, die zur Anstrengung des Verfahrens zum Schutz der kollektiven Interessen befugten Personen in der Regel nicht befugt wären andere (deklaratorische, kondemnatorische oder konstitutive) Ansprüche zu betonen mit dem Ziel des Schutzes von Verbraucherinteressen. Es wird angenommen, dass damit den Verbraucherschutzverbänden das Recht auf Initiierung der abstrakten Kontrolle der genannten Praxen und Verträge anerkannt wird, abstrakt in dem Sinne, dass die Anstrengungsbefugnis der Verbände nicht davon abhängig gemacht wird, ob durch bestimmte Praxen oder Verträge *in concreto* die Rechte einzelner Verbraucher verletzt oder beeinträchtigt sind. Solch eine abstrakte Kontrolle hat ihre repressive und präventive Wirkung – repressiv in dem Sinne, dass durch diese Kontrolle aktuell rechtswidrige Praxis und Verträge bekämpft werden, die die Verbraucherrechte verletzen oder gefährden, und präventiv in dem Sinne, dass dadurch die Verbraucherrechte *pro futuro*[35] geschützt werden. Obwohl das Gesetz die Frage der Wirkung solcher Entscheidungen in diesen Rechtsstreitigkeiten nicht regelt, wird angenommen, dass das verurteilende Judikat in erweiterten Grenzen der Rechtskräftigkeit wirken sollte bzw. dass sich sowohl Verbraucherschutzverbände, die keine Partei im Verfahren waren, als auch Verbraucher (die sog. erweiterten Wirkungsgrenzen des rechtskräftigen

---

33 ZZP 03 definierte den Verbraucherverband als Verband, den die Verbraucher gründen, um ihre Rechte zu fördern und schützen und der Bund der Verbraucherverbände als die Organisationsform, in die sich alle Verbraucherverbände in der Republik Kroatien verbinden können, um die Verbraucherschutzpolitik durchzuführen, sich gegenseitig zu unterstützen und die Interessen der Verbraucherverbände auf der nationalen und internationalen Ebene geltend zu machen (Art. 107, Abs. 1 und 2 ZZP 03).

34 Kapitel VII – Der Fernvertrag (Art. 35-55 ZZP 03).

35 DIKA, M.: Udružna tužba kao instrument apstraktne zaštite potrošača. [Verbandsklage als Instrument des abstrakten Verbraucherschutzes], Zbornik radova, Opatija, 3.-4. Februar 2005, Međunarodna konferencija „Consumer Protection in European and Croatian Law-Challenges of Global Sales and Capital Market", S. 7.

kondemnatorischen Urteils) auf die Wirkungen dieser Urteile berufen können müssen.[36]

3.2. Verbraucherschutzgesetz 2007[37]

Das Verbraucherschutzgesetz 07 hat allgemein große Umwandlung in den verfahrensrechtlichen Verbraucherschutz gebracht und damit auch in den kollektiven Rechtsschutz. Der duale Rechtsschutzweg (gerichts- und verwaltungsmäßig) war offen, die Liste der zur Anstrengung des Verfahrens zum kollektiven Schutz Befugten sowie der Wirkungsbereich des Gesetzes für andere Vorschriften wurde erweitert.[38] Kollektiver Rechtsschutz konnte durch Gericht nur geltend gemacht werden, wenn im Verfahren verlangt wurde, die unlauteren Vertragsbestimmungen zu verbieten (Art. 103-106 ZZP 07), und in anderen Fällen durch das Verwaltungsverfahren vor dem staatlichen Inspektorat. Die zur Antragstellung auf die Leistung des kollektiven Rechtsschutzes Befugten waren Verbraucherschutzverbände, staatliche Organe, die für Verbraucherschutz zuständig sind sowie Kammer- und Interessenverbände der Händler (Art. 132 Abs. 1 ZZP 07). Die Verordnungen der Regierung der Republik Kroatien[39] bestimmen auch andere Personen, die berechtigtes Interesse an dem kollektiven Verbraucherschutz haben können – die Kroatische Handelskammer, die Kroatische Gewerbekammer, der Kroatische Arbeitgeberverband, der Kroatische Bankenverband, das Kroatische Versicherungsbüro, „Potrošač"/Verbraucher – der Kroatische Bund der Verbraucherschutzverbände und der Bund der Verbraucherschutzverbände Kroatiens. Das ZZP 07 wird jedoch durch die Diskontinuität des kollektiven Rechtsschutzes geprägt bzw. durch das Verschieben der Anwendung der Gesetzesbestimmungen

36 Cf. ibid., S. 13.

37 Zakon o zaštiti potrošača [Verbraucherschutzgesetz] (Amtsblatt 79/97), im weiteren Text: ZZP 07.

38 Art. 400-429 (Verantwortung für materielle Mängel, Sachen und Garantie) und Art. 881-903 (Vertrag über die Reiseorganisation) des Obligationengesetzes (Amtsblatt 35/05) sowie Verordnung über Werbung und Informationen über Arzneimittel, homöopathische und medizinische Produkte (Amtsblatt 62/05).

39 Uredba o određivanju pravnih osoba ovlaštenih za pokretanje postupaka radi zaštite zajedničkih interesa potrošača [Verordnung über die Bestimmung von juristischen Personen, die befugt sind zur Anstrengung des Verfahrens für den Schutz gemeinsamer Verbraucherinteressen] sowie Uredba o određivanju pravnih osoba ovlaštenih za podnošenje tužbe u vezi sa zabranom korištenja nepoštenih ugovornih odredaba u potrošačkim ugovorima [Verordnung über die Bestimmung von juristischen Personen, die befugt sind, die Klage bezüglich des Verbots der unlauteren Vertragsbestimmungen in Verbraucherverträgen zu erheben] (Amtsblatt 41/08).

über kollektiven Rechtsschutz bis zum Beitritt Kroatiens zur Europäischen Union. Dieser verwirrende „Fehler" des Gesetzgebers war völlig unklar. Der kollektive Rechtsschutz wird nämlich nicht nur in den Ländern der Europäischen Union geboten, und damit ist die Verknüpfung der Anwendung der Bestimmungen über kollektiven Rechtsschutz an den Beitritt Kroatiens zur Europäischen Union völlig unberechtigt. Dieses legislative Manöver wirkt noch merkwürdiger, wenn man bedenkt, dass laut ZZP 03 kollektiver Schutz ohne jegliche zusätzliche Begrenzungen geschaffen wurde.[40]

3.3. Novelle des Verbraucherschutzgesetzes 2009[41]

Mit der Novelle des ZZP 2009 wollte man die Nachteile der früheren Systeme beseitigen – vor allem wollte man ermöglichen, dass die Regel über den kollektiven Rechtsschutz allgemein angewendet wird. Aus diesem Grund wurde die Bestimmung über die Aufschiebung der Regel über den kollektiven Rechtsschutz bis zum Beitritt Kroatiens zur Europäischen Union außer Kraft gesetzt. Der ausschließlich gerichtliche Schutz von kollektiven Interessen und Verbraucherrechten und die sachliche Zuständigkeit der Handelsgerichte wurden bestimmt (Art. 132c Abs. 1 ZZP 09). Das dem Anstrengen des Gerichtsverfahrens vorausgehende Verfahren wurde eingeführt, demnach ist die Person, die befugt ist das Verfahren zum Schutz der kollektiven Verbraucherinteressen anzustrengen, verpflichtet den Händler oder den Dritten vor der Einleitung des Verfahrens darüber schriftlich zu benachrichtigen, im Falle dass das unlautere Verhalten nicht unterlassen wird (Art. 132a ZZP 09). Die zur Einleitung des Verfahrens zum Schutz der kollektiven Interessen der Verbraucher (Art. 131 und 132 ZZP 09) befugten Personen wurden bestimmt. Der Inhalt der Entscheidung, mit der das Gericht die Zulässigkeit der Klage feststellt (Art. 136 ZZP 09) wurde bestimmt. Das Gericht wird 1) die Verletzung der Vorschriften über den Verbraucherschutz durch deklaratorische Entscheidung feststellen und definieren, 2) dem Beklagten die Unterlassung des dem Verbraucherschutz widrigen Verhaltens und das Maßnahmenergreifen zur Beseitigung von schädlichen Folgen seines rechtswidrigen Verhaltens durch kondemnatorische Entscheidung anordnen, und 3) solches sowie ähnliches Verhalten in Zukunft verbieten. Letztendlich bestimmt das ZZP 09 die Erweiterung der subjektiven Grenzen der Rechtskräftigkeit. Solch verurteilende

40 Ausführlicher siehe MAGANIĆ, A.: Procesnopravna zaštita potrošača u Republici Hrvatskoj. Kragujevac: Pravni fakultet Kragujevac, 2009, S. 419-446. ISBN 978-86-7623-000-6.

41 Zakon o izmjenama i dopunama Zakona o zaštiti potrošača [Gesetz zu Änderungen und Ergänzungen des Verbraucherschutzgesetzes], (Amtsblatt 79/09).

Entscheidung, mit der das Gericht das Bestehen der Verletzung der Verbraucherschutzvorschrift feststellt, ist verbindlich für andere Gerichte in einem Verfahren, das der Verbraucher persönlich anstrengt zum Ersatz des durch das Verhalten des Beklagten entstandenen Schadens (Art. 138a ZZP 09). Diese Regel bestimmt die Rechtsnatur des kollektiven Rechtsschutzes. Das Recht auf entsprechenden Schadensersatz wird geltend gemacht im Verfahren des individuellen Rechtsschutzes, das der Verbraucher angestrengt hat, indem er sich auf den Inhalt der Entscheidung über den kollektiven Rechtsschutz beruft. Daraus geht hervor, dass kollektiver Rechtsschutz in Kroatien keinen kompensatorischen Charakter hat. Er wird realisiert im konkreten individuellen Verfahren, das der Verbraucher initiiert, der durch die Verletzung der Verbraucherschutzvorschriften einen Schaden erlitten hat.

3.4. Novelle des Verbraucherschutzgesetzes 2013[42]

Durch die Änderungen des ZZP 13 wurde das kroatische verfahrensrechtliche System an die Richtlinie 2009/22/EZ des Europäischen Parlaments und des Rates vom 23. April 2009 über Unterlassungsklagen zum Schutz der Verbraucherinteressen[43] in dem Teil angeglichen, der sich auf die Aufstellung der Vorschriften zur Einleitung des Verfahrens zum Schutz der kollektiven Verbraucherinteressen bezieht. In Einklang damit wurde Art. 131 Abs. 1 geändert, nach dem jede befugte Person das Recht hat, das Verfahren zum Schutz der kollektiven Verbraucherinteressen gegen die Person anzustrengen, deren Verhaltensweisen im Widerspruch zu den Bestimmungen des Art. 30 bis 70 stehen, sowie Art. 87 bis 115 dieses Gesetzes, den Bestimmungen des Art. 400 bis 429 (Sachmängelhaftung und Gewährleistung) sowie Art. 881 bis 903 (Reiseverträge) des Obligationengesetzes, den Bestimmungen des Gesetzes über den elektronischen Geschäftsverkehr,[44] den Bestimmungen des Art. 11 bis 49 (auditive und visuelle Mediendienstleistungen, Mediendienstleistung des Fernsehens und Rundfunks auf Abruf) des Gesetzes über elektronische

[42] Zakon o izmjenama Zakona o zaštiti potrošača [Novelle des Verbraucherschutzgesetzes] (Amtsblatt 56/13), im weiteren Text: ZZP 13.

[43] Direktiva 2009/22/EZ Europskog parlamenta i Vijeća od 23. travnja 2009. o sudskim nalozima za zaštitu interesa potrošača [Die Richtlinie 2009/22/EC des Europäischen Parlaments und des Rates vom 23. April 2009 über Unterlassungsklagen zum Schutz der Verbraucherinteressen], (Amtsblatt der Europäischen Union L 110/30 vom 1. Mai 2009).

[44] Zakon o elektroničkoj trgovini [Gesetz über den elektronischen Geschäftsverkehr] (Amtsblatt 173/03, 67/08, 36/09, 130/11).

Medien[45], den Bestimmungen des Gesetzes über Verbraucherkredite,[46] den Bestimmungen des Gesetzes über Dienstleistungen,[47] den Bestimmungen des Arzneimittelgesetzes[48] außer Art. 4 bis 10 sowie den Bestimmungen der Verordnung über die Werbung von Arzneimitteln und homöopathischen Mitteln.[49] Die Aufstellung der Vorschriften, deren Verletzung die Verbraucher zur Einleitung des Verfahrens zum Schutz der kollektiven Verbraucherinteressen befugt, wurde erweitert in Bezug auf die vorhergegangene Regelung durch das Gesetz über Verbraucherkredite, das Gesetz über Dienstleistungen und das Arzneimittelgesetz.

3.5. ZSD

Das ZSD schreibt vor, dass die aktive Prozesslegitimation für Verbandsklagen zum Diskriminierungsschutz den Verbänden, Organen und Institutionen und anderen Organisationen zusteht, die im Einklang mit dem Gesetz gegründet wurden und ein berechtigtes Interesse am Schutz der Kollektivinteressen bestimmter Gruppen haben oder die sich im Rahmen ihrer Tätigkeit mit dem Schutz des Rechts auf Gleichbehandlung befassen, wenn es wahrscheinlich wird, dass durch die Verhaltensweise des Beklagten das Recht auf Gleichbehandlung mehrerer Personen verletzt wurde, die überwiegend der Gruppe angehören, deren Rechte der Kläger schützt (Art. 24 Abs. 1). Folgende Gerichte sind elektiv zuständig: 1. das Gespanschaftsgericht der allgemeinen örtlichen Zuständigkeit für den Beklagten, 2. das Gespanschaftsgericht im Ort, wo die Diskriminierung stattfand, 3. das Gespanschaftsgericht in Zagreb (Art. 24 Abs. 3 ZSD). Die Klage kann sowohl den deklaratorischen Anspruch auf Feststellung hervorheben, dass die Verhaltensweise des Beklagten das Recht auf Gleichbehandlung in Bezug auf Gruppenmitglieder verletzt, als auch den kondemnatorischen Anspruch auf ein Verbot von Handlungen, die das Recht auf Gleichbehandlung verletzen oder verletzen können, bzw. dass die Handlungen durchgeführt werden, die die Diskriminierung oder ihre Folgen auf die Gruppenmitglieder beheben und dass das die Verletzung des Rechts auf

---

45 Zakon o elektroničkim medijima [Gesetz über elektronische Medien] (Amtsblatt 153/09, 84/11, 94/13).

46 Zakon o potrošačkom kreditiranju [Gesetz über Verbraucherkredite] (Amtsblatt 75/09, 112/12).

47 Zakon o uslugama [Gesetz über Dienstleistungen] (Amtsblatt 80/11).

48 Zakon o lijekovima [Gesetz über Arzneimittel] (Amtsblatt 76/13).

49 Pravilnik o načinu oglašavanja o lijekovima i homeopatskim proizvodima [Verordnung über die Werbung von Arzneimitteln und homöopathischen Mitteln], (Amtsblatt 62/05, 118/09, 140/09).

Gleichbehandlung feststellende Urteil zu Kosten des Beklagten in den Medien veröffentlicht wird. Es handelt sich um eine Klage, mit der der abstrakte Rechtsschutz unmittelbar gefordert wird. Die Frage bleibt offen, ob sich die geschädigten Personen auf den Inhalt der Urteilsfeststellung im Falle von *secundum eventum litis* berufen könnten. Aus diesem Grund sollte *de lege ferenda* vorgeschrieben werden, dass sich die durch den Verstoß geschädigten Personen auf den Inhalt dieser Feststellung berufen können.[50]

Als der kollektive Schutz der Verbraucherrechte bis zum Beitritt Kroatiens zur EU (2007-2009) verschoben wurde, war die Verbandsklage zur Diskriminierungsbekämpfung die einzig mögliche Form des Rechtsschutzes der Kollektivinteressen in Kroatien. Die großen Möglichkeiten der Anwendung dieser Klage im Falle der Verletzung des Rechts auf Gleichbehandlung stellen in der kroatischen prozessrechtlichen Doktrine die Frage , ob sie auch verwendet werden kann im Falle von Verbraucherdiskriminierung, was auch in der vergleichenden Gesetzgebung argumentiert werden kann.[51]

---

50 Vgl. DIKA, M.: Sudska zaštita u diskriminacijskim stvarima u Primjena anitidiskriminacijskog zakonodavstva u praksi [Rechtsschutz in Sachen der Diskriminierung, in Anwendung der Gesetzgebung zur Diskriminierungsbekämpfung] Zagreb: Centar za mirovne studije, 2011, S. 88-89, ISBN 978-953-7729-06-6.

51 Zakon o zaštiti potrošača Republike Srbije iz 2005 [Das Verbraucherschutzgesetz der Republik Serbien 2005] (Amtsblatt RS 79/05) schrieb vor, dass die Produkte und Dienstleistungen den Verbrauchern unter gleichen Bedingungen angeboten werden (Art. 12 Abs. 1) und dass außserdem verboten ist, die Verbraucher zu diskriminieren in Bezug auf die Art, Qualität, Preis der Produkte und Dienstleistungen oder Produktmenge, ((Satz bitte prüfen!))als Lieferungsbedingung des bestimmten Produktes, bzw. das Absehen von der Dienstleistung (Art. 16 Nummer 3). Das deutsche Allgemeine Gleichbehandlungsgesetz v. 14.08.2006, BGBl. I S. 1897, 1910 (im weiteren Text: AGG), widmet dem Schutz vor Benachteiligung im Zivilrechtsverkehr einen ganzen Abschnitt in dessen Rahmen es vorschreibt, dass die Benachteiligung bei der Begründung, Durchführung und Beendigung zivilrechtlicher Schuldverhältnisse verboten ist, die typischerweise ohne Ansehen der Person zu vergleichbaren Bedingungen in einer Vielzahl von Fällen zustande kommen (Massengeschäfte) und privaten Versicherungsverträgen sowie anderen Schuldverhältnissen, bei der Benachteiligung aus Gründen der Rasse oder wegen der ethnischen Herkunft im Sinne des § 2 Nummer 5-8 AGG (((zu dieser Klammer auf fehlt die Klammer zu))Sozialschutz, einschließlich der sozialen Sicherheit und der Gesundheitsdienste, die sozialen Vergünstigungen, die Bildung, den Zugang zu und die Versorgung mit Gütern und Dienstleistungen, die der Öffentlichkeit zur Verfügung stehen, einschließlich von Wohnraum (§ 19 Abs.1 und 2 AGG). Siehe MAGANIĆ, op. cit. (Notiz 40).

3.6. ZPP

Die Novelle des ZPP 2011[52] regelt die Klage zum Schutz von Kollektivinteressen und Rechten (Art. 502a-502h), der die Regelung der Verbandsklage zum Schutz der Verbraucherinteressen und der Verbandsklage zum Schutz vor Diskriminierung vorausgingen.[53] Laut Art. 502a Abs. 1 ZPP kann die Klage zum Schutz von Kollektivinteressen erhoben werden von den Verbänden, Organen, Institutionen oder anderen Organisationen, die sich im Rahmen ihrer registrierten oder durch Vorschrift bestimmten Tätigkeit mit dem Schutz der Kollektivinteressen und Rechte der Bürger befassen, wenn diese Bevollmächtigung ausdrücklich gesetzlich vorgesehen ist.. Da die Regeln über die Klage zum Schutz von Kollektivinteressen nur angewendet werden, wenn die aktive gesetzliche Legitimation zur Anforderung des bestimmten Rechtsschutzes ausdrücklich gesetzlich vorgeschrieben ist, dienen die Bestimmungen des ZPP nur als subsidiäre gesetzliche Grundlage zur Durchführung des Verfahrens bezüglich der Verbandsklage der Verbraucher zur Diskriminierungsbekämpfung und anderer zugelassener Initiativen zum Schutz von Kollektivinteressen und Rechten.[54]

4. Gerichtsurteile in bezug auf die Kreditverträge in schweizer Franken – Kroatien, Bosnien und Herzegowina, Serbien

In Kroatien gibt es zur Zeit Wohnkredite in Höhe von etwa 56 Milliarden Kuna (7,8 Milliarden Euro) und 40% davon, die von mehr als 100 000 Bürgern genutzt werden, sind an schweizer Franken gebunden. Der dramatische Aufstieg des schweizer Franken von mehr als 70% beeinflusste den Kreditaufstieg von 35% bis 100%.[55] Es handelt sich hier um ein komplexes wirtschaftliches, soziales und politisches Problem, das wegen massenhafter exis-

---

52 Zakon o izmjenama i dopunama Zakona o parničnom postupku [das Gesetz über die Änderungen und Ergänzungen der Zivilprozessordnung] (Amtsblatt 57/11), im weiteren Text: Novelle ZPP 2011.

53 Siehe Ad. 3.1-3.5.

54 DIKA, M.: Nova procedura za zaštitu kolektivnih interesa i prava. [Neues Verfahren zum Schutz von Kollektivinteressen und Rechten] Zagreb: Organizator, 2011, S. 141.

55 http://balkans.aljazeera.net/vijesti/dogovor-o-smanjenju-kredita-u-aferi-franak, v. 21. November 2013.

tenzieller Beeinträchtigung der Bürger sowie des Bedarfes an Leistung von entsprechendem Rechtsschutz eine neue Lösung fordert. Aus diesem Grund hat der Kroatische Bund der Verbraucherschutzverbände Potrošač am 4. April 2012 Verbandsklage zum Schutz der Kollektivinteressen der Verbraucher gegen acht Banken [56] erhoben. Am 4. Juli 2013 hat das Handelsgericht in Zagreb das Urteil[57] gefällt, mit dem: 1. festgestellt wurde, dass die Beklagten die Kollektivinteressen und Rechte der Verbraucher durch Abschluss von Kreditverträgen mit nichtigen und unlauteren Vertragsbestimmungen über Verbraucherkredite verletzt haben, da sie von den Banken (und auch von den Händlern) nicht vollständig informiert wurden über alle Parameter, die zum Treffen der richtigen Entscheidung wichtig waren, was wiederum zum Ungleichgewicht der Rechte und Pflichten der Vertragsparteien führte, es wurde 2. den Beklagten angeordnet, das Verhalten zu unterlassen und innerhalb 60 Tage die Änderung der Vertragsbestimmung anzubieten, indem das Kapital in Kuna ausgedrückt wird, in Höhe des Betrages, der während der Kreditnutzung ausgezahlt wurde und mit entsprechendem Zinssatz sowie 3. den Beklagten wurde jegliches Verhalten solcher Art in Zukunft verboten und es wurde 4. ihnen angeordnet die Verfahrenskosten zu begleichen. Das Urteil ist nicht rechtskräftig und alle acht Banken legten Berufung ein.

Dieses Urteil verursachte eine Reihe von Diskussionen sowohl in der Gesellschaft als auch in der Politik. Sie ist auch juristisch gesehen sehr interessant. Eins von den Problemen bezieht sich auf die zeitliche Gültigkeit der Regel des ZZP. Bezüglich der materiellen und prozessuellen Bedeutung dieser Regel kam es zur Spaltung der Regel des ZZP, die im materiell-rechtlichen und prozessrechtlichen Sinne angewendet wird. Kurz gefasst wird in der Urteilsbegründung angeführt, dass auf die materiell-rechtlichen Verhältnisse die Bestimmungen des ZZP angewendet werden, die zu der Zeit galten, als die Rechte der Verbraucher verletzt wurden sowie, dass die Verfahrensregeln nach dem zur Zeit der Handlung (*tempus regit actum*) geltenden Gesetz ermessen werden. In Einklang damit wurden in materiell-rechtlichem Sinne die Bestimmungen des ZZP 03 und ZZP 07 und in prozess-rechtlichem Sinne die Bestimmungen des ZZP 09 angewendet. Aktivlegitimation zur Erhebung der Klagen zum Schutz der Kollektivinteressen ist durch die Anwendung des Art. 131 des ZZP 09 und nicht der Regel des ZPP über Klagen zum Schutz von Kollektivinteressen (Art. 502a-502h) bestimmt, deren Anwendung bis zum Beitritt Kroatiens zur Europäischen Union (Art. 54, Novelle des ZPP 11) verschoben wurde.

---

[56] Zagrebačka banka d.d., Privredna banka Zagreb d.d., Erste & Steiermarkische Bank, Raiffeisenbank Austria, Hypo Alpe-Adria-Bank, OTP banka Hrvatska, Societe generale-Splitska banka, Sberbank (früher Volksbank).

[57] 26.P-1401/2012.

Das zweite Problem bezieht sich auf die Anwendung der Währungsklausel. In der Urteilsbegründung wird angeführt, dass die Währungsklausel laut Art. 22 ZOO in Kroatien zugelassen ist aber nicht die einseitige Währungsklausel, die die Bank zu eigenen Gunsten vereinbaren würde. Beim Anführen der Urteile aus den Streitgegenständen P-20133/2000 und P-3650/2000 wurde hervorgehoben, dass unter Anwendung solcher einseitiger Klauseln der Obligationsgegenstand unbestimmt bleibt, bzw., dass es nicht bekannt sei, welcher Betrag den erteilten Kreditbetrag darstelle. Aus diesem Grund sollte nicht der ganze Vertrag als nichtig betrachtet werden, sondern nur die angeführte Klausel; der Vertrag gilt als üblicher Kreditvertrag in einheimischer Währung, d.h. ohne Währungsklausel.

Die größte Aufmerksamkeit in der Öffentlichkeit wurde nicht nur von dem Teil des Urteils erregt, in dem angeordnet wurde, das Verhalten zu unterlassen, sondern von dem Teil, in dem die Banken angewiesen wurden, innerhalb von 60 Tagen den Verbrauchern das Angebot zur Änderung der Vertragsbestimmung zu machen, in der angegeben wird, dass der Betrag des Kreditkapitals an den schweizer Franken gebunden und der Zinssatz variabel ist; so wird der Kapitalbetrag in Kuna festgesetzt; es wurde in der Zeit der Kreditnutzung ausgezahlt mit dem festen Zinssatz, und im Prozentsatz, der im abgeschlossenen Verbrauchervertrag ausdrücklich als gültiger Satz des regulären Zinses am Tag des Vertragsabschlusses angeführt war. Wenn das nicht der Fall ist, wird ihr Angebot durch das Urteil ersetzt.

Der Anhaltspunkt für diese gerichtliche Anordnung findet sich in Art. 136 des ZZP 09, der bestimmt, dass nach der Feststellung der Begründetheit der Klage das Gericht dem Beklagten durch Urteil anordnen kann, das den Vorschriften des Verbraucherschutzgesetzes widersprechende Verhalten zu unterlassen, und wenn möglich, die Maßnahmen zu treffen, um den durch sein widerrechtliches Verhalten entstandenen Schaden zu beheben. Aus der Tatsache, dass das Gericht dem Beklagten anordnen kann, die notwendigen Maßnahmen zur Behebung des Schadens zu treffen, könnte die Schlussfolgerung gezogen werden, dass die Verbandsklage eine bestimmte kompensatorische Wirkung hat, mit der nicht der einzelne Verbraucher kompensiert werden kann, sondern auf der Ebene des abstrakten Rechtsschutzes eine bestimmte Handlung des Beklagten verlangt werden kann (in diesem Fall der Banken, die den Schaden mit dem Änderungsangebot der Bestimmungen des Kreditvertrages beheben sollten). Andererseits ist man auch der Meinung, dass das Gericht nicht zuständig wäre, die Änderung der Bestimmung des Kreditvertrages anzuordnen, da es sich im Falle des abstrakten und in der Regel nichtkompensatorischen Charakters der Verbandsklage um die Überschreitung der Klagebefugnisse handeln würde. Außerdem ist es zweifelhaft, ob der Verband überhaupt bevollmächtigt war, solchen Rechtsschutz anzufordern.

Dem obengenannten Urteil des Handelsgerichts in Zagreb ging das Urteil des Gemeindegerichts in Mostar vom 17. Juni 2013[58] voraus, mit dem die Klage der Klägerin gegen die Hypo-Alpe-Adria Bank zugelassen wurde, und das 1. die Nichtigkeit der Bestimmungen des Kreditvertrages festgestellt hat, 2. die Nichtigkeit der Bestimmungen des Hypothekenvertrages festgestellt hat und 3. dem Beklagten die Entrichtung des Betrages im Namen der unbegründet entrichteten Kreditverpflichtung anordnet sowie 4. die Entrichtung der Verfahrenskosten. Obwohl sich dieses nicht rechtskräftige Urteil in Bosnien und Herzegowina auf den Einzelfall, bzw. den individuellen Rechtsschutz[59] bezieht, ist es zweifelhaft, ob die Ereignisse in der Region, die sich auf ähnliche Fälle beziehen, und denen gemeinsam ist, dass sie sich auf Kreditverträge beziehen, die unter Anwendung der Währungsklausel in schweizer Franken abgeschlossen waren, den Verfahrensverlauf sowie das Beurteilen der kollektiven und individuellen Streitigkeit zum Verbraucherschutz (Kreditnutzer) beeinflussen könnten. Dazu ist noch zu erwähnen, dass neulich das Höhere Gericht in Negotin in Serbien das Urteil des Erstinstanzlichen Gerichts in Belgrad bestätigte, mit dem festgestellt wurde, dass der variable Zinssatz als solcher vereinbart wurde, aber dass die Bank unbegründet den Zins durch Änderung der Marge abgerechnet hat und auf diese Weise unbegründet 1.325,00 schweizer Franken mehr in Rechnung stellte. Das ist das erste rechtskräftige Urteil im Fall der „schweizer Franken" in Serbien.[60]

---

58 58 0 P 101947 11 P vom 17.06.2013.

59 Die Klage wurde am 02.12.2011 erhoben, und der mit der Währungsklausel an schweizer Franken gebundene Kreditvertrag wurde am 09.07.2007 abgeschlossen. Die Höhe der Kreditrate war nicht umstritten, sondern die Frage, ob der Vertrag mit der Währungsklausel überhaupt abgeschlossen werden konnte und ob die Änderungen des Zinssatzes in Einklang mit dem Vertrag berechnet wurden. Laut Urteilsbegründung konnte zur Zeit des Vertragsabschlusses keine Währungsklausel abgeschlossen werden, da sie nicht zulässig war. Da zur Zeit des Vertragsabschlusses durch das gültige Gesetz über Fremdwährungsverkehr die Währungsklausel nicht ausdrücklich vorgesehen und nicht erlaubt war, sollte Art. 395 des Obligationengesetzes von Bosnien und Herzegowina angewendet werden (Amtsblatt BiH 2/92), und dieser lautet: „Wenn die Geldforderung im Gegensatz zu besonderem Gesetz auf die Zahlung in Gold oder einer Fremdwährung lautet, kann die Zahlung nur in Nationalwährung erfolgen zum am Tag der Entstehung der Verpflichtung geltenden Wechselkurs," Das Gericht stellte weiterhin fest: „die strittigen Bestimmungen des Vertrages im Ganzen betrachtend, handelt es sich hier um eine Kombination der anuitäten Zahlung mit der Währungsklausel und einem variablen Zinssatz auf zwei Grundlagen, so dass diese Kombination das toxische Bankkreditprodukt ergibt, das geplant und erdacht wurde." Aus diesem Grund hat das Gericht wie im Urteilsspruch entschieden.

60 Die Klägerin hat im November 2008 mit der KBC Bank den Wohnkredit in Höhe von 89.955,87 CHF auf 203 Monate abgeschlossen. Mit dem Vertrag wurde der variable Zinssatz bestimmt, der den sechsmonatigen Libor darstellt und 1% Marge. Die Bank

Die Ereignisse in Kroatien in Bezug auf die Kredite in schweizer Franken verlieren seit langer Zeit nichts an ihrer Aktualität. So hat die Regierung in den Kroatischen Sabor zum endgültigen Gesetz über Änderungen und Ergänzungen des Gesetzes über Verbraucherkredite den Abänderungsantrag eingebracht, mit dem sie vom 1. Januar 2014 an den Zinssatz von 3,23% für die Kredite in schweizer Franken vorschlägt. Nachdem die Regierung von der Kroatischen Nationalbank den Bericht über den Zinssatz auf Wohnkredite in schweizer Franken von 4,62% im 13-jährigen Zeitraum erhalten hat, wird auf diesen Zinssatz der Diskont (von 30%) angewendet, so dass der Zinssatz für alle Nutzer und Kredite in schweizer Franken 3,23% beträgt. Derartige Bedingungen gelten für alle Kredite, bzw. für jeden einzelnen Vertrag, solange die Aufwertung des Franken im Vergleich zum Tag des Vertragsabschlusses 20% beträgt. Der kroatische Bankenverband sah von jeder Auslegung der Verfassungsmäßigkeit und Retroaktivität ab. Es wird angenommen, dass die Regierung auf diese Weise sozial empfindlich handelte und bewies, dass eine gesetzliche Regelung die Marktelemente beeinflussen kann, wenn es um die Hilfe für die gefährdesten Bürgerschichten geht.[61]

Ähnliche Schritte wurden in der Republik Serbien unternommen, wo die Nationalbank von Serbien zwei Empfehlungen erlassen hat, in denen den Banken vorgeschlagen wurde, die Streitigkeiten mit den Klienten durch Vergleich im Außerstreitverfahren zu schlichten, weil sie andererseits laut aktueller Entwicklungen erwarten können, dass ihre Klienten die angestrengten Verfahren gewinnen und sie dann die Verfahrenskosten tragen müssen.[62]

---

hat jedoch seit September 2009 bis Dezember 2011 die Marge in Höhe von 3,5% berechnet. Obwohl die Klägerin die Bank sofort auf die Anwendung von vereinbarten Bestimmungen des Kreditvertrages aufmerksam machte, erwiderte die Bank, sie habe das Recht, den Zinssatz in Einklang mit den Akten der Geschäftspolitik unter dem Einfluss der Finanzkrise und des Vertrauensverlusts der Öffentlichkeit in die Bank zu ändern.
http://efektiva.rs/aktuelnosti-krediti/banka-joj-vraca-novac, v. 21. November 2013.

61 http://www.hrt.hr/index.php?id=radio-clanak&tx_ttnews%5Btt_news%5D=226964&tx_tt news%5BbackPid%5D=884&cHash=f557ca9431, v. 21. November 2013.

62 Die Empfehlung BAN 001 bezog sich auf den schweizer Franken und die Empfehlung BAN 002 auf die Verschuldung in anderen Währungen. Den Banken wurde empfohlen, den Zinsbetrag auszurechnen, der überbezahlt war aufgrund der Anwendung der unbestimmten Elemente des Zinssatzes zur Zeit des Inkrafttretens des Gesetzes über den Schutz der Nutzer der Finanzdienstleistungen. Diese Beträge sollten von dem Betrag des Kreditkapitals ohne jegliche Kosten für den Klienten abgezogen werden. Nicht alle Banken folgten der Empfehlung, sondern nur jene, die die meisten Kredite platzierten und gegen die die meisten Klagen vor dem Gericht in Belgrad erhoben wurden. Die Geltendmachung der Ergebnisse gilt nicht für alle Bürger. Diejenigen, die ihre Rechte durch den Verband von Bankkunden namens Efektiva geltend gemacht haben, haben

5. Die Beziehung zwischen dem individuellen und kollektiven Rechtsschutz

Als Folge der dargestellten Ereignisse in Bezug auf die Kreditverträge in schweizer Franken in Kroatien, Bosnien und Herzegowina und Serbien sollten die Schlussfolgerungen für den individuellen und kollektiven Rechtsschutz gezogen werden. Im Vergleich zu den anderen zwei Ländern ist Kroatien das einzige Land, in dem bezüglich des dargestellten Problems die Klage zum Schutz der Kollektivinteressen der Verbraucher erhoben wurde. Natürlich gab es keine Hindernisse für die Bürger, dass sie das Verfahren einzeln anstrengen, aber es ist zu erwarten, dass ihre Anträge mit einer verurteilenden rechtskräftigen Entscheidung im Verfahren des kollektiven Rechtsschutzes leichter geltend gemacht werden können. Aus diesem Grund können wir von der gegenseitigen Verbindung des kollektiven und individuellen Rechtsschutzes reden, bzw. in Kroatien von dem vorerst kollektiven abstrakten Rechtsschutz durch das Prisma der Verbandsklage zum Verbraucherschutz und dann des individuellen konkreten kompensatorischen Schutzes, der durch die Klage des Bürgers (Verbrauchers) individuell geltend gemacht wird, und der bevollmächtigt ist, sich auf den verurteilenden Inhalt des Urteils zu berufen. Daher sollte der Grund ihrer Forderungen nicht fraglich sein, denn im Rahmen des individellen Verfahrens wird erst über Einzelheiten des konkreten Falles diskutiert. Es ist jedoch zweifelhaft, ob das Recht, sich auf den Inhalt der verurteilenden Entscheidung zu berufen, für alle Verbraucher oder nur für diejenigen geltend gemacht werden kann, die im Verbraucherverband (als Teil des Verbraucherbundes, der bevollmächtigt ist, die Verbandsklage zu erheben) verbunden sind. Die Antwort darauf sollte in den Bestimmungen des Art. 132 ZZP 09 gesucht werden, der vorschreibt, dass das Verfahren zum Schutz kollektiver Interessen der Verbraucher laut Art. 131 Abs. 1. dieses Gesetzes angestrengt werden kann von bevollmächtigten Personen, die ein berechtigtes Interesse am kollektiven Schutz der Verbraucher haben, wie z.B. die Verbraucherschutzverbände, sowie von den für den Verbraucherschutz zuständigen

---

ihre Forderungen, Verzugszinsen und Verfahrenskosten ausbezahlt bekommen. Denjenigen, die gegen die Banken keine Klage erhoben, wurde vom Hauptverschulden ein bestimmter Betrag ohne klare Abrechnung abgezogen. Die Empfehlung der Nationalbank nahmen 19 von 31 Banken an. Es handelt sich meistens um Banken, die die Verminderungen (wenn es sich um kleinere Beträge handelt) einmalig durchgeführt haben oder (wenn es um höhere Beträge geht) in mehreren Raten. 12 Banken sagten aus, dass sie solche Kredite nicht angeboten haben und dass für sie die Empfehlungen nicht verbindlich sind. http://efektiva.rs/aktuelnosti-krediti/banke-vracaju-preplacene-kamate, v. 21. November 2013.

Staatsorganen. Daraus lässt sich schließen, dass sich alle Verbraucher auf das verurteilende Urteil zu Gunsten des Verbrauchers berufen können müssen, ungeachtet dessen, ob sie Mitglieder des Verbandes sind oder nicht.

In Bosnien und Herzegowina wurden die Angelegenheiten in Bezug auf Kredite in schweizer Franken in individuellen Verfahren gelöst, obwohl laut Bestimmungen des Verbraucherschutzgesetzes den Verbrauchern der kollektive Rechtsschutz zur Verfügung steht.[63] In diesem Zusammenhang könnte auch erläutert werden, ob die Entscheidung, die im individuellen Verfahren gemacht wurde, für nachträgliche individuelle Verfahren geltend gemacht werden kann, die auf derselben Tatsachen- und Rechtsgrundlage gründen. Es ist unumstritten, dass das im individuellen Verfahren gefällte Urteil *inter partes* wirkt, im konkreten Fall zwischen der Klägerin und der Hypo-Alpe-Adria Bank. Im Falle des erneuten Verfahrens, das auf derselben Tatsachen- und Rechtsgrundlage gründet, sollte dem Kläger jedoch zugelassen werden, sich auf das verurteilende Urteil zu berufen, das im vorhergegangenen Verfahren gefällt wurde. In diesem Falle handelt es sich um die präjudizielle Wirkung des vorher gefällten Urteils auf das laufende Verfahren. Im weiteren Zusammenhang hätte das im vorhergegangenen Verfahren gefällte Urteil eine präjudizielle Wirkung für alle zukünftigen Verfahren, die die Mitglieder bestimmter Gruppen (Verbraucher) einleiten. Auf diese Weise könnte der individuelle Rechtsschutz auf die Geltendmachung der Interessen der Gruppenmitglieder bzw. auf den kollektiven Rechtsschutz Einfluss ausüben.

Die Situation in Serbien ist spezifisch, weil die Regel über den kollektiven Rechtsschutz mit dem Urteil des Verfassungsgerichts Serbiens abgeschafft wurden[64], so dass die Verbraucher ihre Rechte nicht im Verfahren des kollektiven Rechtsschutzes geltend machen können.

Die obige Darstellung deutet auf die Schlussfolgerung der gegenseitigen Verbundenheit und Wechselbeziehung des kollektiven und individuellen Rechtsschutzes und auf die Notwendigkeit beider Arten des Rechtsschutzes

---

[63] Zakon o zaštiti potrošača Federacije Bosne i Hercegovine [Gesetz über den Verbraucherschutz der Föderation Bosnien und Herzegowina] (Amtsblatt BiH 181/2006), im weiteren Text: ZZP BiH. Art. 98-116 regelt die Träger des Verbraucherschutzes und Art. 120-124 den Rechtsschutz der Verbraucher.

[64] Mit dem Urteil des Verfassungsgerichts Serbiens IUz-51/2012 v. 23. Mai 2013 wurden die Bestimmungen der Art. 495-505 der Zivilprozessordnung der Republik Serbien (Amtsblatt RS 72/11) als verfassungswidrig abgeschafft. In der Begründung werden ernsthafte Vorwürfe in Bezug auf den Inhalt der Bestimmungen angeführt, ((Satz bitte prüfen!))die als ungenügend klar, präzise und zugänglich den durchschnittlichen Bürgern nicht ermöglichen, die Verfahren zu verstehen, um welche Verfahren handelt es sich (welche Verfahren zum Schutz von Kollektivinteressen sind das) und wer sind die Personen, die bevollmächtigt sind, diese Verfahren anzustrengen.

hin. Der kollektive Rechtsschutz, der die Nachteile des individuellen Rechtsschutzes überwinden sollte, der dazu beiträgt, dass die Klage für eine kleinere Anzahl der Verfahren erhoben wird, die sich einzeln nicht lohnen, und damit auch dazu beiträgt, die Händler oder Diskriminatoren an zukünftigen Verletzungen zu hindern, bringt zahlreiche Vorteile, wie z.B. die einzigartige Art der Lösung einer Anzahl der Fälle sowie die Erhöhung des Rechtssicherheitsgrades. Die Regelung der Verbandsklage im kontinentalen Recht hat meistens keine kompensatorische Funktion, so dass der Schadensersatz nur durch einzelne individuelle Verfahren geltend gemacht werden kann. Da nach Abschluss des Verfahrens des kollektiven Rechtsschutzes eine größere Zahl der individuellen Verfahren erwartet wird, ist die bestehende Regelung des Kollektivschutzes nicht makellos, sie weist auf die Notwendigkeit neuer prozessrechtlicher Mechanismen hin. Obwohl es Ähnlichkeiten und Unterschiede zwischen dem individuellen und kollektiven Rechtsschutz gibt, ist ihr Ziel gemeinsam, denn beide sind auf die Geltendmachung des wirksameren, wirkungsvolleren und sichereren Systems des Rechtsschutzes gerichtet.

Schlussfolgerung

Die Massenverletzungen, die als Folge der modernen gesellschaftlichen Entwicklung entstehen können, verlangen eine rechtliche Regelung des kollektiven Rechtsschutzes. Die dargestellten Vergleiche zeigen, dass es kein einzigartiges Modell des Rechtsschutzes gibt – es ist die Abspiegelung der Rechtstradition, ausgesuchter Modelle und gesellschaftlicher Erwartungen. Die Geltendmachung des kollektiven Rechtsschutzes im Bereich des Verbraucherschutzes, der Diskriminierungsbekämpfung, des Naturschutzes und Kapitalmarktes deuten auf die starke Verbundenheit und Wechselbeziehung des kollektiven und individuellen Rechtsschutzes hin.

Protecting the Weaker Party in a Marriage and in a Cohabitation (in Slovenia)

Viktorija Žnidaršič Skubic

Abstract: In article the authoress deals with some family and inheritance law elements of protection of weaker party in cohabitation in Slovenia. Slovenian law regulation of cohabitation is quite specific since cohabiting partners are, almost on all areas of life and work, equalized in their rights and duties with spouses. Cohabitation is formed informally, by a will of both partners, when the conditions for its recognition are met. Authoress detected, based on her analyses of legal practice, propositions for future legal regulations and by studying theoretical views on the development of this field in the future, the tendency of convergence of legal consequences of cohabitation to those from a marriage. She found out that the approximation would most probably take place on some key points of relationship among partners, especially on those where the interests of weaker party are normally at stake (breakup of cohabitation, alimony and similar) also in the future.

Key words: marriage, cohabitation, weaker party, protection of weaker party, family law, inheritance law.

1. Introduction

The title of my article is quite extensive and I shall therefore need to be considerately restricted for the purposes of this publication. This is why I have decided that I will mainly focus on some individual family law and inheritance law elements of protection of weaker party in the case of regulating cohabitation in Slovenia. I will compare them to the existing regulation of marriage relationships and try to point out what the crucial differences between the two regulations are. I will also present a historical and a comparative law perspective and critical view on Slovenian present and possible *de lege ferenda* legislation. I will try to highlight the basic development trends on the area and, hopefully, offer some useful conclusions.

2. Regulating cohabitation in the republic of Slovenia

Compared to other countries, regulation of cohabitation in Slovenia is quite specific in the sense that it equalizes the rights and obligations of cohabiting partners with those of spouses in almost all areas of life and work.[1] This trend started with the passing of the Marriage and Family Relations Act (1976)[2] and continued after that in more intensive way with the definition of cohabitation as a constitutional category in 1991.[3]

2.1. Family Law

The Marriage and Family Relations Act defines cohabitation as a longer lasting committed relationship between a woman and a man who did not enter into marriage, but there exist no reasons why a marriage between them could be declared invalid. Regarding the legal consequences among the partners, the act equalizes cohabitation with marriage.

Slovenian legislation does not contain a concept of a registered cohabitation: such a union is created informally according to the will of the partners when the conditions for its legal recognition are met. In order to ascertain whether the cohabitation exists, it is first necessary to prove it was created, that is to show the existence of a longer lasting committed relationship between cohabiting partners.[4] Issues regarding the existence of cohabitation can also arise upon its termination, as the exact moment when it ceased to exist is difficult to prove because of its informal status.[5]

---

1 For more details see: Žnidaršič Skubic V., Cohabitation – Some (Actual) Problems (*Zunajzakonska skupnost – nekateri (aktualni) problemi*), Podjetje in delo, No. 1 (2007), p. 204-211, ISSN 0353-6521.

2 See Official Journal of the Socialist Republic of Slovenia, No. 15/1976, 30/1986, 1/1989,14/1989; Official Journal of the Republic of Slovenia 13/1994, 82/1994, 29/1995, 26/1999, 60/1999, 70/2000, 64/2001, 110/2002, 42/2003, 16/2004, 69/2004, 101/2007, 122/2007, 90/2011, 84/2012.

3 The Constitution of the Republic of Slovenia in the 2nd paragraph of 53rd article provides that legal relationships in cohabitation are regulated by law. See the Constitution of the Republic of Slovenia, Official Journal of the Socialist Republic of Slovenia, No. 33/91, 42/97, 66/00, 24/03, 69/04, 68/2006, 47/2013, 47/2013, 47/2013, 47/2013.

4 See Zupančič K., Family Law, (*Družinsko pravo*), Ljubljana, Uradni list RS, 1999, p. 103, ISBN 961-204-205-5.

5 See Wedam Lukić D., Procedural Problems of Establishing a Cohabitation (*Procesni problemi ugotavljanja izvenzakonske skupnosti*), Pravnik, 1987, Year 42, No. 8-10, p. 410 – 411, ISSN 0032-6976.

2.2. Other Legal Areas of Equalization

As already mentioned, cohabitation in Slovenia has legal consequences in various other legal areas as well, but only if a specific act explicitly states so (there are a total of 19 such acts currently in existence).[6] I will now focus on inheritance law, which is also the area of my legal research and beside that, because of a recent Constitutional Court decisions on inheritance in same-sex partnerships,[7] the area has become one of the most topical in Slovenia.

2.2.1. Inheritance in Cohabitation

Slovenian inheritance law states that an unmarried man and woman living together in a longer-lasting committed relationship inherit one by another the same way as a married couple, provided that no reasons exist why a marriage between them would be declared invalid.[8]

This effectively means that a cohabiting partner has the same rights as a spouse in intestate succession: the partner can inherit the same share as the deceased's children (first order of inheritance) or inherit one half of the estate in the second order of inheritance, together with the deceased's parents and/or their offspring.[9] The partner can furthermore also inherit on the basis of a will, if stipulated so by the testator.

Law theory and case law moreover see the cohabiting partner as the testator's forced heir, even though this is not explicitly stated in law.[10] In accordance with a *ratio legis* interpretation, the cohabiting partner is entitled to a legal bequest in the form of household appliances, which is also not explicitly defined.[11]

---

6 See Zupančič K., Commentary of the 4th article (*Komentar 4. člena*), in: Family Code (*Družinski zakonik* (DZ)), Draft, Ljubljana, 2004, p. 228.

7 See the two decisions of the Constitutional Court of Slovenia: No. U-I-425/06, Official Journal of the Republic of Slovenia No. 55/2009 and No. U-I-212/10, Official Journal of the Republic of Slovenia, No. 31/2013.

8 See 2nd paragraph of article 10 of Inheritance Act, Official Journal of the Socialist Republic of Slovenia, No. 15/76, 23/1978 and Official Journal of the Republic of Slovenia, No. 17I/1991, 13/1994, 40/1994, 82/1994, 117/2000, 67/2001, 83/2001, 31/2013.

9 See Kramberger Škerl J., Vlahek A., Property and Trust Law, Slovenia, in: Blanpain R. (ed), International Encyclopaedia of Laws, Wolters Kluwer, Netherlands, 2010, p. 131, ISBN: 978-90-411-0759-6.

10 See Zupančič K., Žnidaršič Skubic V., Inheritance Law (*Dedno pravo*), Uradni list RS, Ljubljana, 2009, p. 95, ISBN 978-961-204-428-2.

11 See *ibidem*, p. 55-56.

The separate Inheritance of Agricultural Holdings Act,[12] which regulates the inheritance of sc. protected farms (medium-size farms), specifically stipulates that the status of spouses and cohabiting partners is equal regarding the inheritance of such holdings.

3. History

A historical overview of the development of the concept of cohabitation shows that committed relationship between partners who have not entered into marriage had no legal consequences in the past. This has been gradually and very hesitatingly changing on a country-by-country basis with case law (followed by legislation) slowly granting some of the rights of spouses to cohabiting partners as well.[13]

Historically as well as in the present, the main *ratio legis* for regulating cohabitation has been the will to protect the weaker party in such a relationship from being exploited by the other party.[14] Since case law often showed that applying general civil law principles in cases of cohabitation, especially in solving disputes regarding property issues, has proved to be inadequate and (as viewed by the majority of people) unjust, specific rules began to be formulated for cohabitants.[15]

4. Comparative law

The overview of the today's state of legislation in comparative law shows that the solutions, adopted by individual states (even those, who lie close to each other or use similar legal systems), vary greatly.[16] The scope ranges from

---

12 See Official Journal of the Republic of Slovenia, No. 70/95, 54/1999, 30/2013.

13 See Žnidaršič Skubic V., Cohabitation – Some (Actual) Problems (*Zunajzakonska skupnost – nekateri (aktualni) problemi*), Podjetje in delo, No. 1 (2007), p. 211, ISSN: 0353-6521.

14 Compare with Ryrstedt E., Legal Status of Cohabitants in Sweden, in: Scherpe M., Yassari N., *Die Rechtsstellung nichtehelicher Lebensgemeinschaften*, Mohr Siebeck, Tübingen, 2005, p. 436, ISBN 3-16-148705-2.

15 Žnidaršič Skubic V., Cohabitation – Some (Actual) Problems (*Zunajzakonska skupnost – nekateri (aktualni) problemi*), Podjetje in delo, No. 1 (2007), p. 211-212, ISSN: 0353-6521.

16 *Ibidem*. See also Waaldijk K., More or less together: Levels of legal consequences of mar-

almost no recognition of legal consequences for cohabitation (England, Germany), to very limited recognition of legal consequences in various ways, but not through specific regulation (Norway), to countries that do legally regulate such unions but grant them only very limited legal consequences (different in scope in individual countries: Sweden, Austria, Croatia). On the other side there are regulations which grant such unions almost the same legal status as they do to married couples and provide extensive legal protection, regardless of whether they make it possible for cohabitation to be registered (the Netherlands) or not (Slovenia).[17]

5. Development trends

Despite the abovementioned differences, we can discern some common development trends in this area. My studies of comparative law, case law, future regulation proposals and theoretical developments in this area have shown that the trend is moving slowly towards equalizing or at least approximating of the legal consequences of cohabitation to those from marriage. These trends are primarily seen in some of the key areas of partnerships, where the interests of the weaker party could be especially undermined. These include various relations after the break-up of cohabitation, including property relations, alimony and the like.

Countries that grant almost no legal consequences to cohabitation or do not plan to do so in the future are currently in the minority (Germany).[18] This comes as no surprise if we consider the statistics, which show cohabitations in today's modern society is on the rise and marriages in decline.[19] Moreover, the

riage, cohabitation and registered partnership for different-sex and same-sex partners – A comparative study of nine European countries, http://www.ined.fr/fichier/t_publication/1034/publi_pdf1_document_de_travail_125.pdf, 11. 11. 2013.

17 See Žnidaršič Skubic V., Cohabitation – Some (Actual) Problems (*Zunajzakonska skupnost – nekateri (aktualni) problemi*), Podjetje in delo, No. 1 (2007), p. 194-211, ISSN: 0353-6521.

18 Gottwald P. et al., Family and Succession Law in Germany, Kluwer Law International, The Hague, 2001, p. 67-68. ISBN 90 411 1632 X. See also Dethloff N., The Registered Partnership Act of 2001, in: The International Survey of Family Law, Jordan Publishing, Bristol, 2002, p. 171-172, ISBN 0853087679.

19 According to data collected between 2001 and 2003, about 50% of all children were born in extramarital unions in Sweden, an estimated 17% of all people lived in extramarital unions in Norway, 22% in Denmark and 25% in England. See Ryrstedt E., Legal Status of Cohabitants in Sweden, in: Scherpe M., Yassari N., *Die Rechtsstellung nichtehelicher Leb-*

state is, for legally-political reasons and by the nature of things themselves, interested in regulating issues that affect a significant number of people. Apart from that, issues connected with such unions (mainly upon their breakup) do not always affect the weaker party only but also the state, more specifically its budget. Namely, the state could be at the end the one who will be faced with the burden of supporting the party that is incapable of gaining.

6. A critical view of Slovenian regulation

Such findings raise an issue that has often been debated in Slovenia, also at the time of adopting the Marriage and Family Relations Act in 1976, when the equalization was accepted in family law field. The question is whether, at the point of acceptance of a new Family Code in Slovenia,[20] it would make sense to take a step backwards, towards the deregulation of the field or should our regulation be seen as visionary and kept as such also in the future. If I approach the issue in a slightly more abstract manner, I would say that the question today is which values or an individual's rights in this area should be primarily protected. Should we emphasise an individual's right to make autonomous decisions regarding his or her civil law (personal and property) relationships while the state refrains from regulating these areas of its citizens' private lives, or is it more important to protect the weaker party, especially when and if problems in such relationships arise.

Slovenian family law theoreticians have been warning for some time that the country's current legislation, which almost completely equalizes cohabitation and marriage, shows that the legislature intended to create a new institutional framework for a union between a man and a woman besides marriage.[21] This is, however, not in accordance with the main purpose of regulating the area, which is mainly protecting the weaker party.

---

ensgemeinschaften, Mohr Siebeck, Tübingen, 2005, p. 416, ISBN 3-16-148705-2; Ryrstedt E., Legal Status of Cohabitants in Norway, in: Scherpe M., Yassari N., *Die Rechtsstellung nichtehelicher Lebensgemeinschaften*, Mohr Siebeck, Tübingen, 2005, p. 440, ISBN 3-16-148705-2; Lund – Andersen I., Legal Status of Cohabitants in Denmark., in: Scherpe M., Yassari N., *Die Rechtsstellung nichtehelicher Lebensgemeinschaften*, Mohr Siebeck, Tübingen, 2005, p. 457, ISBN 3-16-148705-2; Diduck A., Kaganas F., Family Law, Gender and the State, 2nd ed., Hart Publishing, Oxford, 2006, p. 64, ISBN 978-1-84113-419-2.

20 See http://www.mddsz.gov.si/, 10. 11. 2013.

21 See Zupančič K., Family Law (*Družinsko pravo)*, Uradni list RS, Ljubljana, 1999, p. 97, ISBN 961-204-205-5.

Theory and case law point to the fact that this legitimate goal can be achieved through less intrusive means, such as equalizing the status of individuals in cohabitation and marriage in selected, specific family law areas or maybe through inheritance law.[22]

Some believe that equalizing the rights between partners regarding children (for example the acceptance of presumption of paternity) would make more sense than equalizing the rights between partners.[23] However, the legislature has not decided to do so, despite the child is always seen as a weaker party.

Others warn that the existing legislation could even raise serious constitutional-law concerns: namely, cohabitation is created informally (with the criteria for its creation being open, fluid and subject to interpretation), but its legal consequences are practically the same as for married couples, despite the marriage being concluded in front of a state official who also informs the spouses of its legal consequences. This situation can cause uncertainty and confusion between the partners as they never exactly know when it began or ended.[24] Another issue should be mentioned: constitutionally questionable could also be the interference with the guaranteed freedom of action (Article 35 of the Constitution of the Republic of Slovenia), for the current legislation imposes legal consequences on partners that might not desire or even reject them, otherwise they could have entered into a marriage.[25]

All this gives rise to a perfectly legitimate question on whether the state can impose legal consequences of a marriage on a citizen who is capable of discernment and has not entered into marriage by using an excuse that it is acting for his or her benefit (or the benefit of the potentially weaker party in the future). The doctrine of *parens patriae,* which sees the state as a guardian of those whom it believes are weak and unable to protect their own rights and interests, is largely incompatible with the idea of a free and responsible individual, who makes independent choices regarding his or her (personal and private) life and should therefore also be held responsible for them. The state would do most in this regard if it used various measures and policies to try and create the biggest possible social and economic equality between

22 See Žnidaršič Skubic V., Cohabitation – Some (Actual) Problems (*Zunajzakonska skupnost – nekateri (aktualni) problemi*), Podjetje in delo, No. 1 (2007), p. 212-213, ISSN: 0353-6521.

23 See Zobec J., Affirmative concurring opinion (*Pritrdilno ločeno mnenje*), the decision of Constitutional Court of the Republic of Slovenia, No. U-I-212/10, http://www.us-rs.si/, 11.11.2013.

24 See *ibidem.*

25 See *ibidem and* Žnidaršič Skubic V., Cohabitation – Some (Actual) Problems (*Zunajzakonska skupnost – nekateri (aktualni) problemi*), Podjetje in delo, No. 1 (2007), p. 212-213, ISSN: 0353-6521.

partners. It should foster conditions that would guarantee equality between sexes and provide them with the same opportunities, thereby allowing them to make free choices about their personal lives as free and equal individuals.

Unfortunately, the current situation in Slovenia and, I believe, in many other countries as well, is far from the situation where we could talk about equal positions of men and women in society and, consequently, on their completely free decisions on the field.

Moreover, the statistical data are quite inexorable: they show that cohabitations in Slovenia have become quite numerous and that their number keeps rising by the year. Currently more than half of all children are born to unmarried parents, while cohabitations in Slovenia account for a total of 10.8% of all families.[26] This situation has been surely, at least to a certain extent, influenced by the current legislation. I believe that a lot of partners do not get married because they are entitled to almost the same legal consequences by living in cohabitation. Naturally, there exists a certain number of cohabiting partners who do not get married because the cohabitation's informality allows them to fraudulently conceal their real status and consequently receive certain benefits. These mainly include various social payments by the state to single parents, kindergarten subsidies, child allowances and other benefits that married couples do not enjoy or enjoy to a much lower extent.[27] The reasons for not entering into marriage are therefore numerous and listing all of them would greatly surpass the scope of this article and of my knowledge. But I am convinced that the cases where only the explicit wishes of partners for this kind of relationship are decisive for it are in minority.

7. Conclusion

I believe that the above stated shows that it would currently make no sense for Slovenia to debate on a question of deregulation of cohabitation in the future. This issue could have been better (more gradually) regulated almost 40 years ago when the currently valid legislation was adopted. But at that time, undoubtedly influenced by the socialist ideology and the desire to strengthen the social state, the position that prevailed was that a citizen cannot forego

---

26 This data is from year 2012 and places Slovenia on the question in the summit of the states of EU. See http://www.stat.si/novica_prikazi.aspx?id=4686, 11. 11. 2013.

27 Žnidaršič Skubic V., Cohabitation – Some (Actual) Problems (*Zunajzakonska skupnost – nekateri (aktualni) problemi*), Podjetje in delo, No. 1 (2007), p. 218-220, ISSN: 0353-6521.

legal protection in case of his or her existential legal issues and that the state has a duty to protect the weak.

I believe that, despite the presented deficiencies of the current legislation, it would make no sense to adopt a substantially different law *de lege ferenda*. Regulation that would considerably change the currently valid one or revoke or substantially restrict family law, inheritance law and other important legal consequences for such unions would have certainly been seen as a major encroachment on individual rights.

Legal tradition and continuity, especially in areas such as family and inheritance law, is, in my opinion, a very important element that should not be disregarded. The fact that many Slovenians nowadays believe (although incorrectly and from a laymen's point of view) that cohabitations carry the same legal consequences as marriage in all fields of law, shows us that reducing the scope of rights would run contrary to the people's legal feeling.

Bibliography

a) Books, articles:

1. Dethloff N., The Registered Partnership Act of 2001, in: The International Survey of Family Law, Jordan Publishing, Bristol, 2002, ISBN 0853087679;
2. Diduck A., Kaganas F., Family Law, Gender and the State, 2nd ed., Hart Publishing, Oxford, 2006, ISBN 978-1-84113-419-2;
3. Gottwald P. et al., Family and Succession Law in Germany, Kluwer Law International, The Hague, 2001, ISBN 90 411 1632 X;
4. Kramberger Škerl J., Vlahek A., Property and Trust Law, Slovenia, in: Blanpain R. (ed), International Encyclopaedia of Laws, Wolters Kluwer, Netherlands, 2010, ISBN: 978-90-411-0759-6;
5. Lund – Andersen I., Legal Status of Cohabitants in Denmark., in: Scherpe M., Yassari N., *Die Rechtsstellung nichtehelicher Lebensgemeinschaften*, Mohr Siebeck, Tübingen, 2005, ISBN 3-16-148705-2;
6. Ryrstedt E., Legal Status of Cohabitants in Norway, in: Scherpe M., Yassari N., *Die Rechtsstellung nichtehelicher Lebensgemeinschaften*, Mohr Siebeck, Tübingen, 2005, ISBN 3-16-148705-2;
7. Ryrstedt E., Legal Status of Cohabitants in Sweden, in: Scherpe M., Yassari N., *Die Rechtsstellung nichtehelicher Lebensgemeinschaften*, Mohr Siebeck, Tübingen, 2005, ISBN 3-16-148705-2.
8. Waaldijk K., More or less together: Levels of legal consequences of marriage, cohabitation and registered partnership for different-sex and same-sex partners – A comparative study of nine European countries, http://www.ined.fr/fichier/t_publication/1034/publi_pdf1_document_de_travail_125.pdf, 11. 11. 2013;

9. Wedam Lukić D., Procedural Problems of Establishing a Cohabitation (*Procesni problemi ugotavljanja izvenzakonske skupnosti*), Pravnik, Ljubljana, 1987, Year 42, No. 8-10, p. 410 and the fallowing, ISSN: 0032-6976;
10. Zobec J., Affirmative concurring opinion (*Pritrdilno ločeno mnenje*), the decision of Constitutional Court of the Republic of Slovenia, No. U-I-212/10, http://www.us-rs.si/, 11.11.2013;
11. Zupančič K., Commentary of the 4th article (*Komentar 4. člena*), in: Family Code (*Družinski zakonik* (DZ)), Draft, Ljubljana, 2004;
12. Zupančič K., Family Law, (*Družinsko pravo*), Uradni list RS, Ljubljana,1999, ISBN 961-204-205-5;
13. Zupančič K., Žnidaršič Skubic V., Inheritance Law (*Dedno pravo*), Uradni list RS, Ljubljana, 2009, ISBN 978-961-204-428-2;
14. Žnidaršič Skubic V., Cohabitation – Some (Actual) Problems (*Zunajzakonska skupnost – nekateri (aktualni) problemi*), Podjetje in delo, Ljubljana, No. 1 (2007), p. 192 and the fallowing, ISSN: 0353-6521;

b) Legislation:

1. Constitution of the Republic of Slovenia, Official Journal of the Socialist Republic of Slovenia, No. 33/91, 42/97, 66/00, 24/03, 69/04, 68/2006, 47/2013, 47/2013, 47/2013, 47/2013;
2. Inheritance Act, Official Journal of the Socialist Republic of Slovenia, No. 15/76, 23/1978 and Official Journal of the Republic of Slovenia, No. 17I/1991, 13/1994, 40/1994, 82/1994, 117/2000, 67/2001, 83/2001, 31/2013;
3. Inheritance of Agricultural Holdings Act, Official Journal of the Republic of Slovenia, No. 70/95, 54/1999, 30/2013;
4. Marriage and Family Relations Act, Official Journal of the Socialist Republic of Slovenia, No. 15/1976, 30/1986, 1/1989,14/1989; Official Journal of the Republic of Slovenia 13/1994, 82/1994, 29/1995, 26/1999, 60/1999, 70/2000, 64/2001, 110/2002, 42/2003, 16/2004, 69/2004, 101/2007, 122/2007, 90/2011, 84/2012;

c) Jurisprudence:

1. The decision of the Constitutional Court of Slovenia: No. U-I-425/06, Official Journal of the Republic of Slovenia No. 55/2009;
2. The decision of the Constitutional Court of Slovenia: No. U-I-212/10, Official Journal of the Republic of Slovenia, No. 31/2013;

d) Internet:

1. Family Code, http://www.mddsz.gov.si/, 10. 11. 2013;
2. Statistic data, http://www.stat.si/novica_prikazi.aspx?id=4686, 11. 11. 2013.

Protection of the rights and freedoms of the person and family

Martin Dilong

Abstract: Legal certainty of inviolability of institution of marriage and family is subjected to change under the influence of modernization of human rights issues. Rights and freedoms of every individual is closely related to the status of the family in the value chain of the society. The definition content yet stable, legally relevant terms, such as marriage between a man and a woman, gender, sex, family members. under the influence of new development trends changes also in the Slovak Republic. In this article the author discusses several views of experts on this issue, illustrates hidden negatives legislative changes and wonders whether the trend mentioned in Slovak law is justified and what are the risks. The conclusion considers the constitutional solution that would enhance the protection of the institution of marriage as the stable union between a man and a woman.

Key words: marriage, family, rights of child, freedom of expression, human rights, discrimination, sexual orientation.

Introduction

Marriage and family is considered as the basic unit of society. The institutions of marriage and family are essential for the development of individuals, sharing of values and knowledge between generations. Today, we see that in the name of modernization of the legal order, the privileged rights for persons with different sexual orientation are on the rise. This is also a matter that has a broader global context. Estonian Kirsti Joamets writes in more details on these changes[1]. How to deal with legal situations, when a new, privileged rights for persons with different sexual orientation are in conflict with other interests protected by law?

---

1 JOAMETS, K.: *Marriage capacity, social values and law-making process,* International and comparative law review, 2012, vol. 12, No. 1, Olomouc, p. 104, ISSN 1212-8770

Several experts have pointed out that at present there is a shift to new applications of human rights for persons with different sexual orientation. On the one hand, this trend can be considered as a new, positive development in the field of human rights. On the other hand, this phenomenon may be perceived negatively, as a process where human rights are beginning to consider those rights that were completely unknown to authors and signatories of the most important human rights agreements of the 20th century.

Under the term of privileged rights for persons with different sexual orientation I understand an inappropriate legal advantage, which is granted to persons with different sexual orientation just because of their sexual orientation. At the same time, other legitimate and objective reasons that would justify the creation of privileged rights are missing. German sociologist Gabriele Kuby elaborates on the issue of privileges for LGBTI persons in a detailed way[2]. This article further uses of the term „privileged rights for persons with different sexual orientation" and shorter abbreviation „privileged rights for LGBTI[3]".

1. Legal institution of marriage

Universal Declaration of Human Rights contains the basic definition of marriage. This definition includes marriage, as understood for centuries the laws of other states, including the Roman law. As the legal union of one man and one woman[4]. Similar understanding of marriage as a union of man and woman have many international treaties on human rights[5]. The importance of protecting marriage as a constitutional right is also granted in Article 41of the

2 KUBY, G.. *Globálna sexuálna revolúcia,* Lúč, 2013, Bratislava, p. 108, ISBN 978-80-7114-922-4.

3 The rights of lesbian, gay, bisexual, transgender and intersex persons.

4 Universal Declaration of Human Rights, Article 16:
(1) Men and women of full age, without any limitation due to race, nationality or religion, have the right to marry and to found a family. They are entitled to equal rights as to marriage, during marriage and at its dissolution.
(2) Marriage shall be entered into only with the free and full consent of the intending spouses.
(3) The family is the natural and fundamental group unit of society and is entitled to protection by society and the State.

5 For example: Article 12 Convention on the Protection of Fundamental rights and freedoms, Article 23 section. International Covenant on Civic and Political Rights.

Slovak Constitution[6]. Slovak family law, Law no. 36/2005 Z. z. as amended. hereinafter referred to as. The Family Act.). defines marriage in. 1 paragraph in very similar way as the mentioned international treaties for the protection of human rights and freedoms[7].

As seen from the above examples of important international treaties concerning human rights, of the Slovak Constitution and also of the Family Act, the marriage is conceptually defined as the permanent union of one man and one woman. Those (examples) respect long proven historical fact that the basic unit of society is marriage and family that can grow from it.. I consider proper, that the institute of marriage will not be. modernized. in a way that would be against this historically and socially proven experience of mankind .

European Court of Human Rights (hereinafter referred to as. ECHR.) has long kept to the concept of marriage as a permanent union of man and woman. The institution of marriage has been defined as traditional marriage between persons of the opposite sex[8]. The right to marry did not belong to gay or transgender persons[9]. As the authors Kmec. Kosar. Kratochvil, Bobek note:"in case of Christie Goodwin v. the United Kingdom[10]. however, the Grand Chamber of the ECHR this interpretation abandoned. It stated that preventing post -operative transsexuals to marry the person of the opposite sex .... undermines the very essence of the right to marry.[11]"

ECHR decision in Goodwin case gave up the long time practiced principle of respecting a number of precedents in this area. The court contributed in some extent to uncertainty of conceptual definition of marriage, which in long practice of the court was always seen as a permanent union between a man and a woman. Let me express the opinion that it would be desirable that the court would revise and returne to the conceptual understanding of marriage, as evidenced by many legal case in this area.

In another case[12], the ECHR maintained that the right to marry the same-sex person in this case is not guaranteed by Article 12 of the Convention for

---

6 „Marriage, parenthood and family are protected by law. The special protection of children and adolescents is guaranteed. "

7 „Marriage is the union of a man and women, formed the basis of their voluntary and free choice to marry after the conditions stipulated by this Act".

8 See: Rees v United Kingdom. Sheffield and Horsham v. the United Kingdom, judgment of the Grand Chamber on 30th July, 1998, no. 22985/93 and 23390/94.

9 Cossey v. the United Kingdom, judgment of plenary on 27th September, 1990, no. 10843/84, and Sheffield and Horsham v. the United Kingdom.

10 Christe Goodwin v. United Kingdom, judgment on 11th July, 2003, no. 28957/95.

11 Kmec, Kosar, Kratochvil, Bobek. *Evropská úmluva o lidských právech*, CH Beck Publishing House, 2012, Praha, p. 1180-1181, ISBN 978-80-7400-365-3.

12 Schalk and Kopf v. Austria, judgment on 21st June, 2010, no. 30141/2010.

the Protection of Human Rights and Fundamental Freedoms (hereinafter referred to as „the Convention"). The court, however, by a narrow majority,. judges for and. against, acknowledged that there had been a violation of the rights of a same-sex couple under Article. of the Convention (right to family life) and Article 14 (prohibition of discrimination).

Although the Court held that the right of same-sex couple to marry under Article 12 of the Convention cannot be derived from Article 12 of the Convention, at the same time admitted that for homosexuals the right to marry is possible, if allowed by national legislation of the competent State. For this reason, it seems to me important to maintain the current concept of marriage as a union between a man and a woman in Slovak Republic, as defined in the Family Act and also in a number of international treaties on human rights. In order to provide legal stability for the institution of marriage, it will be useful to reinforce it directly in the Constitution. The Constitution should contain a definition of marriage as a union of man and woman. I am elaborating this thought more at the end of this article.

2. Privileged rights LGBTI and the issues of freedom of expression

In the following section I attempt to elaborate, what are the legal consequences of conflict between the privileged rights of LGBTI persons with the right of freedom of expression. French member of parliament Christian Vanneste in 2005, said in the French parliament following sentences: „ Homosexual behavior endangers the survival of humanity. and. heterosexuality is morally superior to homosexuality. . For this, the complaint was lodged by three homosexual organizations. In January 2006, the first instance court in Lille recognized member of parliament guilty under the new law on homophobia adoped on 30th December 2004. He was granted a fine totaling. 12,000[13]. Later this judgment was confirmed by the Court of Appeal.

I dare to say that such decisions of French courts are in contrary to the freedom of expression under Article 10 of the Convention for the Protection of Human Rights and Fundamental Freedoms (hereinafter referred to as „the Convention"). European Court of Human Rights (hereinafter referred to as „ECHR") considers that freedom of expression is very important human

[13] COLEMAN, P. B.: *Censored*. Wien. Kairos Publications, 2012 p. 49, ISBN 978-3-950 3055-6-2.

right. Freedom of expression is in the legal cases of the ECHR interpreted very broadly. In general, there is a presumption that Article 10 of the Convention covers all forms of expression, regardless of the medium through which it is transmitted and regardless of the content. According to the current jurisprudence of the ECHR covered by the Article 10 of the Convention, it is clear that freedom of expression includes also expressive speeches. Only expressive speeches which promotes revisionism. anti-Semitism and National Socialism, are excluded from the protection. Court repeatedly, however, took the view that Article 10 of the Convention in certain circumstances protects the highly expressive forms of expression. The court considered protected expressive expression against breeding of foxes manifested by disrupting hunting with hunting horns complainants who turned away the attention of dogs[14].

In connection with the decision of two French courts I take the liberty to express the view that the member of parliament's right of freedom of expression should be guaranteed. This right may be restricted only in very exceptional cases, when there is precisely specified and legitimate reason. for example open promotion of fascism, or approval of the Holocaust. In the case of a MP Venesta, I am missing this specific and legitimate reason. Freedom to express opinions in parliament is an essential attribute of parliamentary immunity. Without respect for this right, the member of parliament cannot exercise his or her mandate. Member of parliament represents voters who put him in the election mandate. To exercise the parliamentary mandate freely, I consider as the one of the fundamental principles of the legal state. If freedom of speech in parliament is not guaranteed, it is questionable whether a member of parliament, can freely exercise his or her mandate, which voters delegate to him or her. However, if the freedom of expression of MP is not guaranteed, how can be guaranteed the freedom of expression of the ordinary citizen?

The right to freedom of expression is the litmus test of true democracy. From history we know that the dictators of the 20th century. who represented the ideology of fascism or communism, as came to the power, very quickly "confiscated" the freedom of expression. I recognize the fact that the statements of Christiana Vanesteho, can be unacceptable for the certain group. On the other hand, the essence of democratic debate in parliament is often producing views which one group of people can also see as the provocation. However, is it right to interfere in free debate in parliament in such cases? Did courts tried by such rulings to interfere with the autonomy of the legislature? In other words. 12 000 EUR is quite high fine for a single person which MP Va-

---

14 Steel and Others v. United Kingdom, judgment on 23rd September, 1998. no. 67/1997/851/1058, Hashman and Harrup v United Kingdom, judgment of 25th November, 1999. no. 25594 /94.

neste was. Did courts try among other things to discourage other members of the parliament from expressing their critical views on the issue of homosexual behavior? If it is so. can we still talk about respecting the classical principle of separation of powers between parliament (legislature). government (executive) and the courts. judiciary) when the freedom of speech in parliament is constrained with no real legitimate reason?

Finally, the Court of Cassation in November 2008, cancelled the previous two judgments, arguing that the lower courts did not consider adequately the freedom of the press and freedom of expression[15]. The Court of Cassation in France who acts in the role of the Supreme Court in this country finally acknowledged that freedom of speech in parliament is an essential attribute of democratic debate without which Parliament can not meet its basic constitutional functions and operate for the benefit of the citizens who elected in elections their representatives. members of the parliament. Finally, I would like to ask one more question. Was not the period from 2005 to November 2008 too long to confirm, that in the French parliament, which has a long democratic tradition and experience, is the right to freedom of expression guaranteed also in the case of expressive proclamations concerning the homosexual behavior?

3. Privileged rights for LGBTI persons in the Slovak Republic

I will provide few examples where in my opinion, persons with different sexual orientation are given privileged rights in the Slovak Republic, based only on the ground of their sexual orientation.

1.3. Privileged institution

On 3rd October 2012 the Government approved the Committee on the Rights of lesbian, gay, bisexual. transgender and intersex persons. hereinafter referred to as. the Committee LGBTI.). Justification under the governmental material which was the base for the creation of the Committee LGBTI is worth to be noticed.. ... As the best solution seems to be to establish a special committee of the Council named as Committee on the Rights of lesbian, gay, bisexual. transgender and intersex persons who will pay attention to this issue from

[15] COLEMAN. P. B.. *Censored*. Wien, Kairos Publications, 2012 p. 49. ISBN 978. 3-950 3055-6-2.

a broad perspective and will help the Government of the Slovak Republic to respond to international commitments and recommendations[16]."

Which international commitments are we talking about? This is however not specified in this document. The fact is that the Government Council for Human Rights. National Minorities and Gender Equality (hereinafter referred to as. the Government Council for Human Rights.), under which the Committee LGBTI belongs, at the time of creation of the Committee LGBT, had seven other human rights committees. One of them is the Committee for the prevention and elimination of racism. xenophobia. anti-Semitism and other forms of intolerance[17], which covered also the issues of persons with different sexual orientation. Also the Government Council for Human Rights established the Working Group on the rights of non-heterosexual people[18]. Was it necessary to create another institution? Regarding our international obligations arising from international agreements, none of them requires creation of a Committee LGBTI. However, in the governmental document submitted by Ministry of Foreign and European Affairs of the Slovak Republic, the establishment of the Committee LGBTI is supported by the necessity to respond to the Slovak ´s international obligations. All the major international treaties on human rights. which the Slovak Republic is bound. require compliance with the prohibition of discrimination on different grounds.

The prohibition of discrimination is not a separate human right. but just the right accessorial. This means that first there must be the concrete right, which is recognized by the law. Purely in relation to such specific right can we talk about discrimination. This view is also supported by the jurisprudence of the ECHR in cases concerning infringement of Article 14 of the Convention (prohibition of discrimination). In conection with prohibition of discrimination, it is necessary to connect the violation of the concrete right or rights, which are protected by the Convention[19]. The EU law and in accordance also the Slovak legislation grants the LGBTI persons the protection against discrimination in the labor area. as an area related to the four fundamental freedoms. The LGBTI community can therefore claim its interests, but not rights in the legal sense, because it has no legal rights in other areas and therefore logically cannot be discriminated in other areas. In this regard, I would like point out that

16 http://www.rokovania.sk/Rokovanie.aspx/BodRokovaniaDetail?idMaterial=21557

17 Established by the Government on the basis of Government Resolution no. 158 on 2nd March 2011.More info: http://www.minv.sk/?VRAX

18 http://www.radavladylp.gov.sk/pracovna-skupina-rady-pre-prava-osob-s-nehetero-sexualnou-orientaciou/

19 For example:. and Others v. Austria. judgment of the Grand Chamber on 19th February 2013. no. 19010 /07.

also jurisprudence of the European Court of Justice is in favor of the rational arguments in disputes[20] relating to discrimination in the field of employment.

2.3. Changes to the Criminal Code

The amendment to the Criminal Code (the „Amendment"), effective from 1st August 2013[21] introduces specific motive (aggravating circumstances) hatred for sexual orientation[22]. The official statement of the Ministry of Justice follows: „particular attention is devoted in this change of law also to persons with non-heterosexual orientation.[23]"

The special motive was sufficiently defined by the Criminal Code. The special motive, before adoption of the Amendment, was defined sufficiently in the Criminal Code[24].

If it will be necessary to amend the. 140 of the Criminal Code. which defines a specific motive, in more general manner. that covers many specific situations, as an appropriate way seems to me, to adopt a more general definition. Such wording of this definition was submitted to the Slovak Parliament with intention to corrected the legal. extravagance „" which this Amendment has brought,. but has not found a support of the parliamentarymajority[25].

The legislature should not create two categories of citizens. One that has a special, privileged rights and second which has not. I think it is reasonably

---

20 For example: 116. (Kiiski), the ECJ judgment of 20. 2007 .. For more details see: DILONGOVÁ, Ľ.: *Ochrana tehotných žien a matiek, Judikatúra súdneho dvora EÚ*, 2012, Sprint Ltd. Bratislava. p.. , ISBN 978-80-89393-81-7.

21 Law no. 204/2013 Coll. amending and supplementing Law no. 300/2005 Coll., Criminal Code as amended, and amending and supplementing others laws.

22 In. 140 letter.) reads as follows: "National, ethnic or racial hatred. hatred based on skin color. sexual orientation hatred for. or "

23 http://www.justice.gov.sk/Stranky/aktualitadetail.aspx?announcementID=1715

24 § 140 The special motive
Under specific motive is understand, if the crimes is committed :
a) upon the order,
b. out of revenge ,
c. to cover up or facilitate another offense ,
d. intend to publicly incite to violence or hatred directed against a group of persons or individuals because of their affiliation to any race, nation. nationality. color. ethnic group. gender or origin of their religion. if it is a pretext for threatening the preceding reasons, e. intends to commit a crime of terrorism, and some forms of involvement in terrorism under. 419, f. national, ethnic or racial hatred. or hatred based on skin color. org. sexual motive.

25 In. 140 letter.) From the hatred, because of belonging to the particular social group. or. . Parliamentary papers No. 604, Fifth term of Slovak Parliament.

understandable when the Criminal Code considers certain crimes committed against particular categories of citizens. eg. public officials. police officers on duty. ,or children. or the elderly more dangerous and grants for such crimes heavier penalties. In the case of. hatred based on sexual orientation. however, the law privileges certain relatively small group of persons without a legitimate, rational reason. This is creating conditions for the practical application of selective justice. Equality before the law is a fundamental principle of law, which should be especially reflected by the criminal law. In my opinion, persons with different sexual orientation should have the same rights and duties as other citizens. Sexual orientation itself, does not constitute a legitimate reason to justify different treatment for persons with homosexual and heterosexual orientation. In this context, I would like to note the decision of the President of the Slovak Republic, who applied his constitutional right of veto and returned the Amendment of the Criminal Code back to the parliament[26]. The President clearly expressed reasons, why he does not consider the Amendment to be right[27].

5. The risks for human rights

What are the real risks for human rights in promoting privileged rights for persons with different sexual orientation? Let me further elaborate two main issues in this area.

Moving away from the jus naturale concept of human rights

The concept of human rights includes the famous words in which human rights are interrelated, interdependent and indivisible.. State undertakes to respect these rights. Fundamental human rights and freedoms are not dependent on the agreement of the parliamentary majority, but belong to the le-

26 See. http://www.prezident.sk/?spravy-tlacoveho-oddelenia&news_id=17544

27 From the reasons of the President, I quote. "....... highlighting the protection of a particular social group and its members can not cause disproportionately lack of protection of other social groups and their members. whether it's because of committing a hate crime. for example, to a particular religion. belief. family of origin. which were not committed publicly. For that reason, I do not consider broadening the definition of specific motivation under Article twenty-second section. 140 letter. f. of the approved law justified for the protection of one of the many social groups and its members."

gal entity of a specific human being. We are witnessing a paradox whenever parliaments adopt the political definition of human rights. which is in strict contrast to the jus natural concept of human rights as defined in the

Universal Declaration of Human Rights, or in other important conventions relating to the protection of fundamental human rights and freedoms[28]. Some examples of political understanding of human rights, which is contrary to jus naturale concept of the human rights, are some of the resolutions of the European Parliament[29]. The real law should stands above the politics[30]. The law should be a tribute to personal dignity of other persons.

Redefinition of marriage and family

In promoting privileged rights for persons with different sexual orientation, we are faced with the fact, that the final goal of these changes is to allow same. sex couples to get "married" and the right to adopt children.

I consider as one of the most serious consequences of such changes relativism of values, particularly relativism of values of marriage and family based upon marriage, which is according to my opinion the best environment for healthy and moral development of children. The legal order can not be value-neutral in regards of protection of the basic unit of society. family. Therefore, I consider more effective protection of marriage as a permanent union between one man and one woman as very important task for the constitutional law, also from the point of view of category of the common good for people of Slovakia.

---

28 Convention for the Protection of Human Rights and Freedoms. the Covenant on Civil and Political Rights. the Covenant on Economic and Social Rights, the Convention on the Elimination of All Forms of Discrimination, the Convention on the Elimination of All Forms of Discrimination against Women. the Convention on the Rights of the Child, and others.

29 Proposal for a European Parliament Resolution on sexual and reproductive rights on 26th September, 2013. http://www.europarl.europa.eu/sides/getDoc.do?type=REPORT&reference=A7-2013-0306&language=EN

30 Barancová, H. et al: *Základné práva a slobody v pracovnom práve*, Publishers and editors Aleš Čeněk Ltd., 2012, Plzeň, p. 70, ISBN 978-80-7380-422-0.

6. Strengthening of the constitutional protection of marriage

The Slovak Constitution in Article 41 section. contains a provision that protects marriage, parenthood and family. However, in the Constitution the marriage is not defined. The Constitution refers to the lex specialis. which is the Family Act. This law fairly accurately and precisely defines the marriage in accordance with jus naturale concept of human rights. Strengthening the constitutional protection of marriage directly in the Constitution would be of great advantage. The Constitution should clearly define marriage.

The Change of the Constitution requires the consent of three fifths of all Members of the parliament, exactly 90 Members. The law needs for approval just a simple majority from the present majority of all MPs. In terms of legal stability of the institution of marriage as a permanent union of man and woman in the future, considering the fact of the „modern trends. granting privileged rights to homosexuals, such solution would be appropriate.

What could strengthen the constitutional protection of the institute of marriage? My aim is not to try define a new version of Article 41 in the Constitution, but rather to encourage legal debate on the constitutional definition of marriage as a union of man and woman in the Constitution.

The constitutional amendment should be based on the following principles:

1. Marriage should be defined in the Constitution as a permanent union between one man and one woman concluded under applicable law.
2. The Constitution should clearly declares, that marriage is from the point of view of the state and society more important than other relationships.

Conclusion

The marriage-based family is the basic unit of the society. It is described not only in Article 16 of the Universal Declaration of Human Rights, but it also proven by the human experience verified by centuries. Nowadays, when we so often talk about crisis, it is necessary to look for new opportunities, ideas and solutions, in order to protect the values guaranteed by the Constitution and laws and to ensure better conditions for the promotion of the common good. By a more precise adjustment of marriage as a union of man and woman directly in the Constitution, it is possible not only to strengthen the constitutional importance of the legal institute of marriage, but also contribute to the stability and continuity of the law regarding this significant and important legal institution. We will avoid many legal and interpretative misunderstandings in the future. Through the promotion of the marriage and from it originating family, it is possible to contribute to better overall stability and development of the society in the future.

Bibliography

BARANCOVÁ, H. et al: *Základné práva a slobody v pracovnom práve,* Publishers and editors Aleš Čeněk Ltd., 2012, Plzeň, ISBN 978-80-7380-422-0.

DILONGOVA, L.: *Ochrana tehotných žien a matiek, Judikatúra súdneho dvora EÚ,* 2012, Sprint Ltd, Bratislava, ISBN 978-80-89393-81-7.

COLEMAN, P. B.: *Censored.* Wien, Kairos Publications, 2012, ISBN 978. 3-950 3055-6-2,

JOAMETS, K.: *Marriage capacity, social values and law-making process, International and Comparative Law Review,* 2012, vol. 12, no. 1, Olomouc, ISSN 1212-8770.

KMEC, KOSAŘ, KRATOCHVÍL, BOBEK. *Evropská úmluva o lidských právech,* 2012, Praha, ISBN 978-80-7400-365-3.

KUBY G.: *Globálna sexuálna revolúcia,* Lúč, 2013, Bratislava, ISBN 978-80-7114. 922-4.

Consumer protection in Slovenia

Ana Vlahek

Abstract: The article analyzes the current legislative framework of consumer protection in the Republic of Slovenia. It examines to what extent European consumer directives have been implemented in Slovenian legislation. It focuses on the provisions of the Consumer Protection Act and highlights the issues of consumer legislation that will be of utmost importance to contractual parties.

Key words: consumer protection in Slovenia, implementation of consumer directives in Slovenia

I. Metamorphosis of Slovenian contract law

The main legal act regulating consumer protection in Slovenia is the **Consumer Protection Act of 1998 (CPA)** which came into force in March 1998.[1] Until then, *business to consumer* contracts (B2C contracts) were not specifically regulated in Slovenian law.[2] General rules of obligations applied. These were set out in the **Yugoslav Federal Obligations Act of 1978 (OA)**[3]

1 Sl. *Zakon o varstvu potrošnikov (ZVPot)*, Official Gazette RS, No. 20/1998, with further amendments. The CPA entered into force on 28 March 1998.

2 Already in the fifties, consumer councils were formed in Yugoslavia aiming to foster public control in the commerce, but were later abandoned due to their ineffectiveness. Later, the consumers were protected by specific legislation on stadardisation and commerce. See KNEZ, R.: *Vpliv politike varstva potrošnikov v EU na slovensko pravo doslej in v prihodnosti* [The Influence of EU Consumer Politics on Slovenian current and future law], Podjetje in delo 7/2004, GV Založba, pp, 1353-1364.

3 Sl. *Zakon o obligacijskih razmerjih (ZOR)*, Official Gazette SFRJ, No. 29/1978, with further amendments. The OA entered into force on 1 October 1978 and was in force until 1 January 2002 when the new Slovene CO came into force (some parts of the OA (e.g. on bank guarantees, safe deposit box contracts, credit contracts), however, still apply). Prior to 1978, (mainly) Austrian legislation applied on the Slovenian territory. With regard to certain contracts and other issues of the law of obligations that were not regulated in the

which was in force also after Slovenian independence in 1991,[4] up until 2002 when the new **Slovenian Code of Obligations of 2001 (CO)** entered into force.[5]

In principle, both Yugoslav Obligations Act and Slovenian Code of Obligations (the latter being almost in its entirety a copy of the Yugoslav Law) regulate contracts irrespective of who the parties to the contracts are. If any, only the **difference in regulation of civil contracts on one hand, and commercial contracts on the other,** is implemented in the codes, and is manifested in a way that certain concepts are regulated differently for commercial contracts, i.e. *business to business* contracts, B2B contracts).[6] **To name a few**: regulation of statute of limitations for contractual claims;[7] regulation of interest;[8] regulation of assignment of claims;[9] regulation of suretyship;[10] relevance of business customs, usages and practice;[11] relevance of the price determination for the

Yugoslav OA (e.g. donation, commodatum, societas etc. – according to the separation of legislative competences between the Yugoslav federation and the republics, these were to be regulated by the latter, but the republich had not enacted such laws) ABGB applied even up until the enforcement of Slovenian CO in 2002. For further details on the evolution of civil and commercial law in Slovenia, see KRAMBERGER ŠKERL, J. – VLAHEK, A.: *Slovenia* (International encyclopaedia of laws, Property and trust law, suppl. 11), Alphen aan den Rijn, Kluwer Law International, 2010. 200 pp., ISBN 978-90-411-0759-6, pp. 19-20; JUHART, M.: *Pomen avstrijskega Občnega državljanskega zakonika (ODZ) za razvoj slovenskega civilnega prava* [The Importance of the Austrian ABGB for the Evolution of Slovenian Private Law], In: POLAJNAR PAVČNIK, A. (Ed.): *Izročilo Občnega državljanskega zakonika* [ABGB Tradition], Pravna obzorja, no. 46, GV Založba, Ljubljana, 2013, 422 pp., ISBN 978-961-247-240-5, pp. 55-71; MOŽINA, D.: *Uvodna pojasnila* [Introductory Notes], In: *Obligacijski zakonik (OZ)* [Code of Obligations (CO)], GV Založba, Ljubljana 2013, 464 pp., ISBN 978-961-247-254-2, pp. 62-68.

4 The majority of the OA's provisions were in line with the new Slovenian constitutional order. Despite being a Yugoslav law, the OA was modern and could be easily applied after 1991. MOŽINA, D.: *Uvodna pojasnila* [Introductory Notes], In: *Obligacijski zakonik (OZ)* [Code of Obligations (CO)], GV Založba, Ljubljana 2013, 464 pp. ISBN 978-961-247-254-2, p. 64.

5 Sl. *Obligacijski zakonik (OZ)*, Official Gazette RS, No. 83/2001, with further amendments. The CO entered into force on 1 January 2002.

6 The era of monism in Slovenian contract law started by the enactment of the Yugoslav OA in 1978. The definition of commercial contracts is provided in Article 13 CO.

7 Article 349 CO in comparison to Article 346 CO.

8 Articles 377 CO. See also the new Slovenian Act on prevention of late payments (Sl. *Zakon o preprečevanju zamud pri plačilih (ZPreZP-1)*) implementing Directive 2011/7/EU on combating late payment in commercial transactions.

9 Article 417 CO.

10 Article 1019 CO.

11 Article 12 CO.

validity of the sales contract;[12] regulation of timelimits for notifying the seller of the defected goods;[13] etc.

Specific regulation of B2C contracts, on the other hand, is not provided in these two acts. Despite being focal acts regulating the law of obligations, the notions of »consumer«, »undertaking« and »consumer contract« have not been defined there. Instead, the legislator decided to define the first two in the Consumer Protection Act, while the definition of consumer contracts still has not been provided, but can be deducted from the definitions of the parties to the contract.

Some of the more general concepts of the Yugoslav Law on Obligations and of the Slovenian Code of Obligations, are nevertheless in particularly **aimed at protecting the consumers. Here are some examples:** regulation of usurious contracts and *laesio enormis*;[14] producers' strict liability for damage caused by dangerous products;[15] protection when general contractual terms are used;[16] nullity of a contractual limitation or exclusion of liabilty for defects in case the seller abused her position and imposed such limitation or exclusion on the buyer;[17] a general compulsory 1-year warranty for conformity of goods coexisting with the general scheme of remedies for non-performance of the sales contract;[18] etc.

In the last decade or so, however, the monism of Slovenian contract law coupled with partial dualism of civil and commercial contracts,[19] has morphed into the **triade of civil (*consumer to consumer*, C2C) – commercial (B2B) and consumer (B2C) contracts**, whereby consumer contracts are set out in special legislation that deviates to a great extent from the general scheme of the Code of Obligations. As in other parts of Europe and elsewhere, in Slovenia, too, the *laissez faire* and *caveat emptor* doctrines have been relativized by realizing that insistance on the inviolable principle of autonomy of the parties is particularly unfair in B2C relationships, where one party is economically stronger, more experienced and in a privileged barganing position from the outset, all this enabling it to abuse its power at the expense of the weaker consumer. The evolution of consumer protection in Slovenia has been most intense in the last

---

12 Article 442 CO.

13 Articles 461-462 CO.

14 Articles 118-119 CO.

15 Article 155 CO.

16 Articles 120-121 CO.

17 Article 466 CO.

18 Articles 481-487 CO.

19 See ŽNIDARŠIČ SKUBIC: *Uvod* [Introduction], in: JUHART, M. – MOŽINA, D. – NOVAK, B. – POLAJNAR PAVČNIK, A. – ŽNIDARŠIČ SKUBIC, V.: *Uvod v civilno pravo* [Introduction to Private Law], Uradni list, 2011, ISBN 978-961-204-467-1, p. 32.

ten to fifteen years. It went hand-in-hand with the evolution from communist to capitalist regime and was additionally motivated by the activities of Slovenia to allign its legislation to the European consumer acquis.

II. Legislative framework of consumer protection

The **focal piece of legislation in the field of consumer protection in Slovenia is the Consumer Protection Act of 1998 (CPA)**. Its provisions are mandatory, the parties can therefore not derogate from them (at least not to the detriment of the consumer).[20] With regard to those questions that are not covered by the CPA, the Code of Obligations of 2001 applies. Surprisingly, Slovenian courts often apply CO instead of CPA in B2C and other relationships regulated in the CPA.[21]

So far, **the CPA has been amended five times** in 2002, 2004, 2007, 2009 and in 2011. The majority of the amendments have implemented the EU consumers' directives. The most extensive amendment was made in 2002 before Slovenia had joined the EU in 2004. The Slovenian Constitutional Court has also assessed constitutionality of one of the CPA's provisions in 2006 regarding the duty to communicate with the consumers also in Italian and Hungarian language in the territories of Italian and Hungarian minorities.[22]

To date, **the following EU directives** have been (more or less adequately) implemented in the CPA:[23]

1. Directive 85/374/EEC on the approximation of the laws, regulations and administrative provisions of the Member States concerning liability for defective products, as amended by Directive 1999/34/EC[24]

---

20 Article 1(22) of the CPA states that the rights granted to consumers under the CPA may not be contractually limited or excluded.

21 See, for example, judgment of High Court of Ljubljana no. VSL II Cp 2207/2011 of 30 November 2011. See also MOŽINA, D.: Kaj je narobe z Zakonom o varstvu potrošnikov? [What is Wrong with the Consumer Protection Act?], in: Dnevi slovenskih pravnikov 2012, 11. in 12. oktobra, Portorož, (Podjetje in delo, y. 38, no 6/7), GV Založba, Ljubljana, 2012, pp. 1437-1449.

22 Decision of the Constitutional Court of RS, no. U-I-218/04-8 of 20 April 2006, Official Gazette RS, no. 46/2006.

23 Apart from these directives, the legislator has added two further directives in the Article 1a CPA list of directives implemented in the CPA (Directive 94/19/EC on deposit-guarantee schemes and Directive 97/9/EC on investor-compensation schemes) although it is not clear where in the CPA they have been omplemented.

24 Implemented in Chapter II of the CPA (Articles 4-11.a).

2. Directive 85/577/EEC to protect the consumer in respect of contracts negotiated away from business premises[25]
3. Directive 90/314/EEC on package travel, package holidays and package tours[26]
4. Directive 93/13/EEC on unfair terms in consumer contracts[27]
5. Directive 2008/122/EC on the protection of consumers in respect of certain aspects of timeshare, long-term holiday product, resale and exchange contracts[28]
6. Directive 97/7/EC on the protection of consumers in respect of distance contracts as amended by Directive 2007/64/EC[29]
7. Directive 97/55/EC amending Directive 84/450/EEC concerning misleading advertising so as to include comparative advertising[30]
8. Directive 98/6/EC on consumer protection in the indication of the prices of products offered to consumers[31]
9. Directive 98/27/EC on injunctions for the protection of consumers' interests, as amended by Directive 2005/29/EC[32]
10. Directive 1999/44/EC on certain aspects of the sale of consumer goods and associated guarantees[33]
11. Directive 2000/31/EC on certain legal aspects of information society services, in particular electronic commerce, in the Internal Market[34]
12. Directive 2002/65/EC concerning the distance marketing of consumer financial services, as amended by Directive 2007/64/EC[35]

Currently, another amendment is being drafted by the Ministry of Justice. It encompasses the implementation of the new **Directive 2011/83/EU** which

---

25 Implemented in Chapter VI of the CPA (Articles 46-46.c CPA).

26 Implemented in Chapter VI of the CPA (Articles 57-58 CPA).

27 Implemented in Chapter V of the CPA (Articles 22-24 CPA).

28 Implemented in Chapter V of the CPA (Articles 59-60.g CPA).

29 Implemented in Chapter VI of the CPA (Articles 43-45 CPA).

30 Implemented in Chapter III of the CPA (Articles 12-15.a CPA).

31 Implemented in Chapter VI of the CPA (Article 26 CPA).

32 Implemented in Chapter X of the CPA (Articles 74-75 CPA).

33 Implemented in Chapter VI of the CPA (Articles 37-37.č CPA). See also MOŽINA, D.: *Harmonisation of private law in Europe and the development of private law in Slovenia*, in: VARUL, P. (Ed.): *European initiatives (CFR) and reform of civil law in new member states : international conference dedicated to the 375th anniversary of the University of Tartu, 15-16 November 2007*, Juridica international, vol. 14, no. 1, 2008, Tartu: Iuridicum Foundation, 2008, pp. 173-180.

34 Implemented in various chapters of the CPA (Articles 1(10-11), 2(4), 15.a, 26(4), 43.b(2) CPA).

35 Implemented in Chapter VI of the CPA (Articles 43.b(6-8) and 43.c(3-4) CPA).

amends Directive 93/13/EEC on **unfair terms in consumer contracts** and Directive 1999/447EC on **certain aspects of the sale of consumer goods and associated guarantees,** and derogates in the entirety Directive 85/577/EEC on **doorstep selling** and Directive 97/7/EC on distance selling, and is due on 13 December 2013. The proposal of the amendment[36] presuposses that the amendments will enter into force on 13 June 2014 as requested by the Directive. The proposed amendments to the CPA are in line with the new directive. Apart from implementation of the novelties set out in Directive 2011/83,[37] the proposal provides also for an improved implementation of Directive 2002/65/EC on distance marketing of financial services[38] as well as for some other amendments of the CPA.[39]

Apart from the CPA, further specific consumer legislation was enacted in order to implement two other EU consumers' directives: **Directive 2005/29/EC on unfair commercial practices** was implemented by the enactment of the Act of 2007 on Consumer Protection against Unfair Commercial Practices,[40] while **Directive 2008/48/EC on consumer credit agreements** has been implemented by the enactment of the Consumer Credit Act of 2010.[41] The consumers are also in focus of the **Protection of Buyers of Apartments and Single Occupan-**

---

36 Available (in Slovene) at: http://www.mgrt.gov.si/si/zakonodaja_in_dokumenti/notranji_trg/predlogi_predpisov/sektor_za_varstvo_potrosnikov_in_konkurenece/ (19.11.2013).

37 New definitions of sales contract, services contracts, distance contract, off-premises contract, goods, business premises, digital content and public auction have been inserted into Article 1.a CPA; Article 18 on delivery will be implemented anew in Article 25.a CPA; Article 19 on the fees for the use of means of payment in Article 27.a(3) CPA; Article 20 on the passing of risk in Article 25.c CPA; Article 5 on the information requirements for contracts other than distance or off-premises contracts in Article 25.b CPA; Article 22 on additional payments in Article 25.d CPA; chapters on distance selling and off-premises contract have been rewritten accordingly (Articles 43-43.j, 44, 45 CPA); Article 45.a CPA has been amended to correspond to Article 21 of the directive on the communication by telephone.

38 It adds a new chapter regulating these services (Articles 46-46.e CPA).

39 For example, Article 27.a(2) CPA prohibiting the undertakings to charge for late payment notices more than the amount of actual costs of preparing and sending the notices (which must not exceed the default interest) has been changed so that the charge may not exceed 1 euro.

40 Sl. *Zakon o varstvu potrošnikov pred nepoštenimi poslovnimi praksami (ZVPNPP),* Official Gazette RS, no. 53/2007.

41 Sl. *Zakon o potrošniških kreditih (ZPotK-1),* Official Gazette RS, no. 59/2010, with further amendments. The previous Slovenian Consumer Credit Act was enacted already in 2000 (ZPotK) but was replaced by a new Consumer Credit Act (ZPotK-1)in 2010 in order to implement the EU directive.

cy Buildings Act of 2004[42] that applies irrespective of the type of relationship but is in fact aimed at protecting weaker parties, in particular the consumers.

Although being more or less modern in substance, **the current regime of consumer contracts in Slovenia is schizophrenic, and should undoubtedly be made more conscise, clear and user-friendly**. As the law stands now, it is far from a complete and coherent system of consumer protection. First, **there are at least two sets of laws regulating B2C contracts**: CPA as *lex specialis* and CO as *lex generalis;* some of the concepts are regulated in only one of these acts, some in both, of which some are regulated similarly, and some differently. Provisions on warranty, product liability and general contractual terms as well as on sales, services contracts and package travel can, for example, be found in both acts, and it is sometimes -despite the *lex specialis derogat legi generali* doctrine- not clear which of the provisions are to be applied. This is in particularly so where the regulation of the CPA is incomplete. A more synchronized and coordinated approach to regulating consumer contracts should be applied when the CPA was drafted. In my view, it would be more appropriate if the substance of the CPA and other consumer legislation was inserted into the CO. Further, **some of the chapters of the CPA** (i.e. chapters on warranty, on liability for damage caused by dangerous products, and on advertising of the goods and services) **apply not only to B2C contracts**, but also to B2B and C2C contracts.[43] Thirdly: as the CPA is basically a result of EU directives' implementation, **its provisions are to be read together with the directives and their interpretation by the CJEU**; this is at times difficult as some of the concepts set out in the CPA are regulated differently from the directives. In these cases, it is often not clear whether such difference is a result of impropper implementation or, for example, of the intention of the Slovenian legislator to guarantee higher protection for consumers as set out in Article 8 of the directive.[44] The CPA's inappropriate structure, language inconsistencies and substantive flaws also call for a reform of Slovenian consumer legislation.[45]

---

42 Sl. *Zakon o varstvu kupcev stanovanj in enostanovanjskih stavb (ZVKSES)*, Official gazette of RS, no. 18/2004.

43 See Articles 11.a and 21.č CPA.

44 See, for example, Article 37.c CPA which does not set out a hierarchy of consumers' remedies as anticipated by Directive 1999/44. As the directive enables Member States to grant higher protection to consumers as the one set out in the diretive, it is not clear whether in case of Article 37.c the Slovenian legislator has in fact opted for that or it has merely overlooked Article 3 of the directive.

45 See also MOŽINA, D.: *Kaj je narobe z Zakonom o varstvu potrošnikov?* [What is Wrong with the Consumer Protection Act?], in: *Dnevi slovenskih pravnikov 2012, 11. in 12. oktobra, Portorož*, (Podjetje in delo, y. 38, no 6/7), GV Založba, Ljubljana, 2012, pp. 1437-1449.

III. Analysis of Consumer Protection Act

Scanning through the provisions of the CPA,[46] one can see that it covers mostly the substance set out in EU consumer directives. As in-depth analysis of the CPA's provisions cannot be provided in this paper, only some of the focal and CPA-unique issues of consumer protection will be presented.[47]

a) *ratione personae* of the CPA

As has already been mentioned, the majority, but not all, of the provisions of the CPA apply to B2C contracts. Namely, some chapters (for example Chapter 2 on liability for dangerous products, Chapter 3 on advertising of the goods and services, and Chapter 4 on the warranty) apply irrespectively of the type of relationship, they therefore apply also to C2C and to B2B contracts.

The CPA does not define what a B2C contract (a consumer contract) is.[48] Instead, it provides for a notion of a consumer and an undertaking. A consumer is a natural person who obtains or uses goods and services for the purposes outside her professional or profitmaking activity,[49] while an undertaking is a legal or natural person performing a profit-making activity irrespective of her legal organizational or ownership status.[50] Other institutions and persons

---

46 The CPA consist of the following chapters: I General provisions; II Liability for dangerous products; III Advertising of goods and services; IV Warranty; V Contractual terms; VI Sale of goods and performance of services (1. General rules; 2. Rules on the characteristics of goods; 3. Pre-payment; 4. Specific types of contracts (a. Delivery of goods to the consumers; b. Distance selling; c. Doorstep selling); 5. Installment sale; 6. Package travel; 7. Time-share); VII Agencies for the protection of consumers; VIII National Programme of consumer protection; IX Inspection control and administrative measures; X Private enforcement; XI Provisions on misdemeanor; XII Final provisions.

47 For details on other issues of implementation of EU consumer acquis, see GRILC, Peter – MEŽNAR, Špela – MOŽINA, Damjan – VLAHEK, Ana – KRAMBERGER ŠKERL, Jerca in: SCHULTE-NÖLKE, Hans (Ed.) – TWIGG-FLESNER, Christian (Ed.) – EBERS, Martin (Ed.): *EC consumer law compendium: the Consumer Acquis and its transposition in the Member State[s]*, Sellier, European law publishers, Munich, 2008, XXVI, 529 pp., ISBN 978-3-86653-063-8.

48 In Article 1(1), the CPA merely states that it regulates the rights of consumers when goods and services are being offered or sold or otherwise advertised to them by undertakings, and that it regulates the obligations of state and other institutionsthat are to grant these rights.

49 Article 1(2) CPA.

50 Article 1(3) CPA.

providing goods and services to consumers, also have the same obligations towards the consumers.[51] It can be seen that the definitions mirror those currently set out in EU law.[52] The proposal CPA amendment implementing Directive 2011/83 sets out also definitions of consumer sales and services contract.

b) liability for dangerous products

Chapter 2 of the CPA regulates liability for dangerous products and extends beyond B2C sales contracts. It implements the EU directive on product liabiility. The treshold for the 10 years' liability for damages on other buyers' products is 400 euros while the Directive sets out the 500 euro treshold. In this regard the CPA therefore provides a higher level of protection to consumers than the directive.

c) sale of goods and performance of services

Slovenian system of remedies available to parties to sales and services contracts is complex and at times extremely incomprehensible.

In case of B2C contracts, Slovenian CPA (implementing Directive 1999/44/EC) sets out a **uniform two years' liability of the seller and (inspired by Directive 1999/44/EC) also of the services provider for non-conformity of the goods or services**. Non-conformity must arise in two years after the goods or services were delivered to the consumer (in case of used goods, this period is one year),[53] and must be notified to the other party in two months after it was noticed.[54] It is deemed that the defect existed at the time of delivery if it arises in six months after the delivery.[55] The claim must then be filed with the court in two years after the other party was notified of the defect.[56] With regard to all other questions as to the scope of liability not covered by the CPA, CO applies.

In B2B and C2C relationships, on the other hand, **the CO sets out different rules for sales contracts on one hand,[57] and for services contracts on the**

---

51 Article 1(4) CPA.

52 See TERTNIK, S.: Kdo je potrošnik: pojem potrošnika v pravu Evropske unije [Who is the Consumer: the Notion of Consumer in EU Law], Podjetje in delo, 5 /2012, GV Založba, Ljubljana, pp. 910-922.

53 Articles 37.b and 38(2) CPA.

54 Article 37.a CPA.

55 Article 37.b(3) CPA.

56 Article 37.c(3) CPA.

57 Articles 435-527 CO.

other,[58] whereby both differ from the previously presented system set out in the CPA for B2C contracts irrespective of the type of contract (be it sales or services). The default rule of the CO sets out a short six months' period of liability of the seller for hidden defects of the goods.[59] Once the defect is noticed (at the inspection in case of obvious defects or within the six months' period in case of hidden defects), the buyer in a C2C relationship has only eight days to inform the seller of it, while the buyer in B2B relationship must do that immediately, otherwise she looses her remedies.[60] If both parties are present at the inspection, the notification must always be made immediately.[61] The claim must then be filed with the court in one year after the other party was notified of the defect.[62] In case of services contracts, the work must be inspected as soon as possible under the circumstances and the service provider must be immediately informed of the defects noticed at the inspection.[63] The services provider is liable for hidden defects for two years after the service has been performed[64] while the clients of services providers must notify her of such defects in one month after they are noticed.[65] As with sales, the claim must then be filed with the court in one year after the other party was notified of the

---

58 Contract for work is regulated in Articles 619-648 CO, while specific rules on construction contract are set out in Articles 649-665 CO, rules on transport services in Articles 666-703 CO, etc.

59 Article 462(2) CO. The seller is, of course, liable for the defects existent at the time the risk passes (i.e. when the goods are delivered to the buyer), and for those defects that arise afterwards but their cause was present already when the risk had passed, irrespective of whether the seller knew of the defects or not (Article 458 CO). The seller will, however, not be liable for those defects that were known or could not have been unknown to the buyer at the time of consluding the contract, unless the seller had declared that the goods are flawless or had guaranteed that the goods have specific attributes or qualities (Article 460 CO). If, however, the seller knew of the defects, the buyer will not lose her remedies even if she disregards the time-limits for notification of defects, and even if the periods of the seller's liability and for the buyer's filing of a claim have already expired (Article 465 CO; a similar provision in set out in Article 636 CO for contracts for work). Strangely, according to Article 458(3) CO, a minor defect does not qualify as defect providing the buyer with the remedies for non-performance.

60 Articles 461-462 CO.

61 Article 461(2) CO.

62 Article 480 CO. The buyer may nevertheless object to the provider's claim for payment also after the expiriy of the one year period by requesting a reduction of the price and/or reimbursement of damages. The same rule is set out in Article 635 CO regulating contract for work.

63 Article 633 CO.

64 Article 634(2) CO.

65 Article 634(1) CO.

defect.[66] It is obvious that in this regard the consumers are incomparably more protected by the CPA than other buyers and clients are by the CO.

With regard to the substance of the remedies for non-conformity, it is important to note that under Slovenian law, the consumers have, in principle, right to choose from any of the remedies available, i.e. repair, replacement, pricereduction, they may also avoid the contract (whereby the CPA does even not set out that avoidance is available only after giving the other party reasonable time to perform the contract).[67] In contrast to Article 3 of Directive 1999/44/EC as interpreted by the CJEU in *Weber&Putz*,[68] under Slovenian CPA, there is no clear hierarchy between the remedies and no option for the seller or the services provider to refer to disproportionality.[69] However, as has been emphasized in some older Slovenian judgments, the seller / services provider may invoke at least the general principle of prohibition of abuse of right in order to deny their customer to choose a remedy which does not correspond fairly to the circumstances of the case. Under the CO, however, the objection of disproportionality is available to the services provider,[70] but not to the seller.[71] Slovenian legislator has obviously not put enough effort into making the system of remedies coherent and clear.[72]

d) IKEA clause

Apart from what has already been said with regard to the system of remedies for non-conformity in B2C relationships, another flaw may be detected in Chapter 6 of the CPA: namely, **it does not implement the »IKEA clause« (nor other provisions of Article 2(5) of Directive 1999/44/EC acording to which** any

66 Article 635 CO.

67 Article 37.c CPA.

68 Joined cases C-65/09 and C-87/09 *Gebr. Weber GmbH v Jürgen Wittmer* and *Ingrid Putz v Medianess Electronics GmbH*, judgment of 16 June 2011.

69 The CPA does not implement implement Article 4 of Directive 1999/44 providing for the right of redress of the final seller against other persons in the contractual chain.

70 Articles 637-640 CO.

71 Articles 468-480 CO.

72 For further details, see VLAHEK, A.: *Časovne predpostavke in vsebina zahtevkov naročnika v primeru nepravilne izpolnitve podjemne in gradbene pogodbe v slovenski ureditvi* [Time Limits and Content of Remedies for Non-Performance under Construction or Service Contracts in Slovenian Law], Pravni letopis 2012, Inštitut za primerjalno pravo pri Pravni fakulteti v Ljubljani, ISSN: 1855-5861, pp. 69-83, 232-233; MOŽINA, D.: Pravice kupca na podlagi stvarne napake pri prodajni pogodbi [The Remedies of the Buyer in Case of Material Defects of the Goods Sold], Pravni letopis 2012, Inštitut za primerjalno pravo pri Pravni fakulteti v Ljubljani, ISSN: 1855-5861, pp. 85-104, 234-235.

lack of conformity resulting from incorrect installation of the consumer goods shall be deemed to be equivalent to lack of conformity of the goods if installation forms part of the contract of sale of the goods and the goods were installed by the seller or under his responsibility). However, the provisions of the CPA (Article 37) may be interpreted consistent to Article 2(5) of Directive 1999/44/EC and the consumers may therefore possibly efficiently claim that also a defect in instructions manual resulting in defected goods is a basis for the buyers' claims.

e) warranty

Another important empasis is to be made with regard to waranty that is set out in Chapter 4 of the CPA. Namely, under Slovenian law (and the same was true for the Yugoslav legal regime at the time) a **compulsory one-year warranty for new technical goods**, and a **compulsory one-month warranty for used technical goods**, is provided next to the voluntary warranty that is known to other legal systems.[73] Slovenia is one of the rare countries where compulsory warranty is prescribed by the law in addition to the system of remedies for non-conformity. The compulsory warranty is deemed a relict of the former Yugoslav regime where it represented a form of protection of buyers of goods against the undertakings operating in central planning economy.[74]

The consumers in Slovenia are therefore currently protected by the law on two different grounds and have two different sets of remedies available in case of defected technical goods: the system of one-year warranty (where the producer / the seller guarantees that the goods will be repaired if the defect arises in the warranty period) and the system of two-years' liability for non-conformity of goods (where the seller is liable for the defects if the defect or the reason for its occurence was present at the time of delivery of the goods). Unfortunately, the consumers in Slovenia are poorly informed of the substance of the remedies available to them under both sets of rules. This is why the sellers in Slovenia often tend to mislead the consumers to believe that warranty is the only and the most advantegeous instrument of their protection in case of defected goods. The reason for this lies in the regulation of remedies available to buyers under the CPA warranty scheme acording to

[73] Articles 15.b-21.č CPA.

[74] For details on the evolution of the system of warranty in Yugoslavia, see ILEŠIČ, Marko: *Garancija za trajno kakovost proizvoda* [Warranty for Permanent Quality of the Product] Združeno delo, y. 36, no. 6 (1981) pp. 905-915. See also MOŽINA, D.: *Obvezna garancija za brezhibno delovanje in varstvo kupca v evropskem pravu* [Compulsory Warranty for Flawless Operation and the Protection of Buyers in European Law], Podjetje in delo, 1/2011, GV Založba, Ljubljana 2011, pp. 38-48.

which the primary remedy for the lack of conformity is repair. Only if after 45 days the goods are not repaired, the buyer may request delivery of substitute goods.[75] If this, too, is not provided, the buyer may reduce the price or avoid the contract.[76]

In recent years, ideas on the abolition of compulsory warranty in Slovenia have intensified stating that the regime restricts the fundamental freedoms guaranteed in the EU internal market, and that the competition itself would guarantee for the quality of the goods.[77] In 2011, the first proposal of the 2011 CPA amendments provided for the abolition of compulsory warranty, but the idea was later abandoned under pressure of the consumers' organizations fearing that without the compulsory warranty the buyers' rights would be too restricted.

As has already been emphasized, the CPA's chapter on warranty applies to all sales contracts, not only to B2C contracts as one might rightfully anticipate. It covers both the compulsory and the optional warranty,[78] while another set of rules on the optional warranty is regulated in the CO[79] making the Slovenian system of warranty additionally ambigious. The warranty scheme is more important in B2B and C2C relationships as there the default rule of the CO sets out a short six months' liability of the seller for hidden defects of the goods.

f) cooling-off

Slovenia has propperly implemented the **distance selling** and **selling off-premises** directives. The CPA sets out a 14-day cooling-off period in these cases.[80] In cases of impropper information of the consumers, the cooling-off period is prolonged to three months, but this will soon be amended to twelve months

---

75 The claim must be filed with the court in two years after the buyer had requested performance (Article 21.b(4) CPA).

76 Article 21.b CPA.

77 For a critique of compulsory warranty in Slovenia, see MOŽINA, D.: *Obvezna garancija za brezhibno delovanje in varstvo kupca v evropskem pravu* [Compulsory Warranty for Flawless Operation and the Protection of Buyers in European Law], Podjetje in delo, 1/2011, GV Založba, Ljubljana 2011, pp. 38-48; and KOVAČ, M.: Garancija za brezhibno delovanje: obvezna in/ali prostovoljna, Pravni letopis 2012, Inštitut za primerjalno pravo pri Pravni fakulteti v Ljubljani, ISSN: 1855-5861, pp. 105-118, 236-237. For a proponent view, see PINTAR, B.: *Potrošnik in garancija za brezhibno delovanje stvari: tudi po (zdaj že umaknjenem) predlogu ZVPot-E* [Consumer and Compulsory Warranty according to the CPA amendment proposal], Pravna praksa, 1/2011, GV Založba, ISSN: 0352-0730, pp. II-VII.

78 Some of the CPA's provisions apply to compulsory warranty, some to the voluntary.

79 Articles 481-487 CO.

80 Articles 43.č and CPA. In insurance contracts the cooling-off period is 30 days.

as reqired by the new Directive 2011/38. Same goes for the period in which the trader must return the payments made by the consumer as well as for the period in which the consumer is to return the goods – after the implementation of the new directive, these periods will be shortened from 30 to 14 days. In accordance with Directive 2008/48/EC on **consumer credit agreements**, a 14–day cooling-off period is set out also in the Consumer Credit Act.[81]

g) package travel

With regard to **package travel** and the ***Leitner v. TUI* case**,[82] it is interesting to note that it is currently unclear whether under Slovenian law, the loss of enjoyment of holidays can be legally recognized as recoverable non-pecuniary loss. Slovenian courts have tackled with this question in a case of all-inclusive package travel where guests were accommodated in a hotel whose surroundings and beaches were still under construction. In its decision of 12 September 2012[83] confirming the first instance judgment, High Court of Maribor stated that the loss of enjoyment of holidays cannot be recovered under Slovenian law unless it can be qualified as one of the types of non-material losses listed in Articles 132 and 179-182 CO.[84] According to High Court of Maribor, Slo-

---

81 Article 17 Consumer Credit Act.

82 C-168/00 *Simone Leitner v TUI Deutschland GmbH & Co. KG*, judgment of 12 March 2002. See also GRILC, P.: *Zadeva Leitner v. TUI – korak k evropeizaciji nepremoženjske škode?* [Leitner v. TUI Case – a Step Towards the Europeisation of non-pecuniary loss?] in: *IV. dnevi civilnega prava: Portorož, 30. in 31. marec 2006*, Ljubljana, Inštitut za primerjalno pravo pri Pravni fakulteti v Ljubljani, 2006, pp. 8-14.

83 Judgment VSM I Cp 603/2012 of 12 September 2012, available at (in Slovene): http://www.sodisce.si/znanje/sodna_praksa/visja_sodisca/2012032113047955/.

84 Article 57.g(1) CPA states that the undertaking is liable for the loss sustained by the consumer due to non-performance of the contract in accordance with the general rules of obligations. Article 890 of CO (set out in the CO's part on package travel which applies in cases of B2B contracts) also states merely that the organizer is to recover the loss to the passanger in case the contract is not performed. According to the general Article 179 CO, non-pecuniary damages may be claimed for: 1. physical pain and suffering; 2. fear; and 3. mental distress that is suffered owing to: i. a reduction in life activities; ii. disfigurement; iii. defamation of good name and reputation; iv. limitation of freedom or of a personal right; or v. death or severe disability of a person close to the sufferer. Further types of non-pecuniary lossess are also recoverable in accordance with Articles 180 CO (for mental distress of certain family members of the deceased or seriously disabled), 181 CO (for mental distress suffered due to violation of dignity), 183 CO (for the defamation of reputation or good name of a legal person), and 134 CO, while additional types of recoverable non.pecuniary losses are regulated in specific legislation, e.g. in the Copyright and Related Rights Act, etc.

venian law, as it stands now, provides for a *numerus clausus* of the types of non-pecuniary losses (where loss of enjoyment of holidays is not included) and can therefore also not be interpreted in harmony with Directive 90/314/EEC and its interpretation by the CJEU in *Leitner v. TUI*. As it is obviously not clear whether under Slovenian law, such loss is recoverable, the Slovenian Supreme Court has on the claimant's motion decided on 21 February 2013 to accept and assess this question. The decision is still pending but one might anticipate that the Supreme Court will find that loyal interpretation of Slovenian law in accordance with the directive is nevertheless plausible (arguing that types of non-pecuniary loss regulated in the CO are not exclusive) and thus the loss of enjoyment of holidays recoverable without the need to amend the legislation.

h) enforcement of consumers' rights

The **Market Inspectorate of the Ministry of Economic Development and Technology** performs the primary control of the undertakings' activities and issues fines as set out in the CPA.[85] By informing or threatening to inform the Market Inspectorate of the undertakings' violations, the consumers – at least those few informed of such possibility – often put pressure on the undertakings to follow their demands.

Another partner of the consumers is the **Slovene Consumers' Association**, a non-governmental organization established in 1990 whose task is to protect and represent consumer interests. Apart from its role in informing the consumers of their rights and anomalies on the market, the Association also has a standing to file suits against the undertakings using contractual terms and trading practices or advertising in breach of the CPA, requesting the undertakings to cease performing such illegal activities.[86] An action requesting the court to find that certain contracts, individual provisions or contractual terms are null and void, may also be filed by consumer associations. So far, however, no such representative action has been filed. If it is filed and the plaintiff is successfull, the court decision will have an *erga omnes* effect.[87]

---

85 Articles 70-73 CPA.

86 Articles 74-75 CPA.

87 Article 76 CPA.

Other types of lawsuits may only be filed by the consumers individually according to the general rules of Slovenian civil procedure.[88] In some cases, *actio popularis* is available, while -as the law stands now- class actions are not available in Slovenia.[89] The consumers in Slovenia rarely seek court assistance in enforcing their rights – this is often way too expensive and time-consuming having regard to small claims that are usually at stake in such cases. In the resounding electricity cartel case a couple of years ago,[90] however, tens of thousands of consumers in Slovenia joined the *Society for repayment of overpaid electricity*, assisted by a law office and a couple of volunteers, and acchieved repayment already in the pre-trial phase.[91] Hopefully, the Slovenian legislator will broaden the possibilities for collective redress after the Reccomendation on collective redress – although of a non-binding nature – was issued by the European Commission in June 2013.[92] To foster enforcement of consumers' rights, Slovenian Arbitration Act of 2008[93] provides for specific provisions on consumer disputes deviating from the general scheme of arbitration proceedings.[94]

---

88 See GALIČ, Aleš: Slovenia, (International encyclopaedia of laws, Civil procedure, suppl. 49), The Hague, Kluwer Law International, 2008. 224 pp., ISBN 978-90-654-4936-8.

89 See GALIČ, A.: *Skupinske tožbe na področju potrošniškega prava* [Collective redress in Consumer Law], Pravni letopis 2011, Inštitut za primerjalno pravo pri Pravni fakulteti v Ljubljani, ISSN: 1855-5861, pp. 215-229, 402-403; GALIČ, A. – HODGES, C.J.S.: *Slovenia,* in: HODGES, C.J.S. – BENÖHR, I. – CREUTZFELDT-BANDA, N.: *Consumer ADR in Europe,* Civil justice systems. Oxford- Portland –Oregon, Hart Publishing, 2012, ISBN 978-1-84946-348-5, pp. 197-207.

90 The Competition Protection Office (now Public Agency for the Protection of Competition) issued its decision finding the infringement on 6 August 2008 (no. 306-168/2007-57), while the Supremem Court confirmed the decision in the relevant parts on 30 June 2009 (no. VS4001320).

91 The society was renamed to Society for state governed by the rule of law (http://www.dzp.si/default.aspx).

92 Commission Recommendation of 11 June 2013 on common principles for injunctive and compensatory collective redress mechanisms in the Member States concerning violations of rights granted under Union Law (2013/396/EU).

93 Sl. *Zakon o arbitraži (ZArbit)*, Official Gazette RS, No. 45/2008.

94 Articles 44-47 of the Arbitration Act. For example, arbitration proceedings must be held in Slovenian language and may be instituted only after a dispute had arisen; arbitration agreement must be in writing and signed by the consumer in his own hand; no exclusive jurisdiction of District Court of Ljubljana (to assess certain arbitration-related issues) exists in consumer disputes; etc.

IV. The future of consumer protection in Slovenia?

Although the legislative framework of consumer protection in Slovenia implements the majority of European consumer acquis and corresponds to a large extent to the needs of the consumers, further amendments should undoubtedly be made in order to improve coherence of consumer legislation and make it more clear and user-friendly. The legislation should by all means also be applied more efficiently, be it before the courts or the Market Inspectorate as well as by contractual parties themselves. Until consumers take a stand and (hand in hand with effiecient quality control mechanisms which are often lacking) force the undertakings to comply with the rules and act prudently on the market, the consumer protection remains unimplemented. Hopefully, high professional standards hand in hand with workable competition will one day make consumer law a dead letter.

Bibliography

MOŽINA, Damjan: *Harmonisation of private law in Europe and the development of private law in Slovenia*, in: VARUL, Paul (Ed.): *European initiatives (CFR) and reform of civil law in new member states : international conference dedicated to the 375th anniversary of the University of Tartu, 15-16 November 2007*, Juridica international, vol. 14, no. 1, 2008, Tartu: Iuridicum Foundation, 2008, pp. 173-180.

MOŽINA, Damjan: *Kaj je narobe z Zakonom o varstvu potrošnikov?* [What is Wrong with the Consumer Protection Act?], in: *Dnevi slovenskih pravnikov 2012, 11. in 12. oktobra, Portorož*, Podjetje in delo, 6-7/2012, GV Založba, Ljubljana, 2012, ISSN: 0353-6521, pp. 1437-1449

MOŽINA, Damjan: *Potrošniška prodajna pogodba v evropskem in slovenskem pogodbenem pravu* [The Consumer Sales Agreement in European and Slovenian Contract Law], Podjetje in delo, 2/2004, GV Založba, Ljubljana, ISSN: 0353-6521, pp. 310-330

MOŽINA, Damjan: *Pravice kupca na podlagi stvarne napake pri prodajni pogodbi* [The Remedies of the Buyer in Case of Material Defects of the Goods Sold], Pravni letopis 2012, Inštitut za primerjalno pravo pri Pravni fakulteti v Ljubljani, ISSN: 1855-5861, pp. 85-104, 234-235

MOŽINA, Damjan: *Obvezna garancija za brezhibno delovanje in varstvo kupca v evropskem pravu* [Compulsory Warranty for Flawless Operation and the Protection of Buyers in European Law], Podjetje in delo, 1/2011, GV Založba, Ljubljana 2011, ISSN: 0353-6521, pp. 38-48

ILEŠIČ, Marko: *Garancija za trajno kakovost proizvoda* [Warranty for Permanent Quality of the Product] Združeno delo, y. 36, no. 6 (1981), ISSN: 0350-7327, pp. 905-915

KOVAČ, Mitja: *Garancija za brezhibno delovanje: obvezna in/ali prostovoljna* [Compulsory or Voluntary Legal Warranty for Non-Conformity of Goods], Pravni letopis 2012, Inštitut za primerjalno pravo pri Pravni fakulteti v Ljubljani, ISSN: 1855-5861, pp. 105-118, 236-237

ŽNIDARŠIČ SKUBIC, Viktorija: *Uvod* [Introduction], in: JUHART, M. – MOŽINA, D. – NOVAK, B. – POLAJNAR PAVČNIK, A. – ŽNIDARŠIČ SKUBIC, V.: *Uvod v civilno pravo* [Introduction to Private Law], Uradni list, 2011, ISBN 978-961-204-467-1, p. 32

VLAHEK, Ana: *Časovne predpostavke in vsebina zahtevkov naročnika v primeru nepravilne izpolnitve podjemne in gradbene pogodbe v slovenski ureditvi* [Time Limits and Content of Remedies for Non-Performance under Construction or Service Contracts in Slovenian Law], Pravni letopis 2012, Inštitut za primerjalno pravo pri Pravni fakulteti v Ljubljani, ISSN: 1855-5861, pp. 69-83, 232-233

PINTAR, Boštjan: *Potrošnik in garancija za brezhibno delovanje stvari: tudi po (zdaj že umaknjenem) predlogu ZVPot-E* [Consumer and Compulsory Warranty according to the CPA amendment proposal], Pravna praksa, 1/2011, GV Založba, ISSN: 0352-0730, pp. II-VII

GRILC, Peter – MEŽNAR, Špela – MOŽINA, Damjan – VLAHEK, Ana – KRAMBERGER ŠKERL, Jerca in: SCHULTE-NÖLKE, Hans (Ed.) – TWIGG-FLESNER, Christian (Ed.) – EBERS, Martin (Ed.): *EC consumer law compendium: the Consumer Acquis and its transposition in the Member State[s]*, Sellier, European law publishers, Munich, 2008, XXVI, 529 pp., ISBN 978-3-86653-063-8

GALIČ, Aleš: *Skupinske tožbe na področju potrošniškega prava* [Collective redress in Consumer Law], Pravni letopis 2011, Inštitut za primerjalno pravo pri Pravni fakulteti v Ljubljani, ISSN: 1855-5861, pp. 215-229, 402-403

GALIČ, Aleš – HODGES, Christopher J. S.: *Slovenia*, in: HODGES, Christopher J. S. – BENÖHR, Iris – CREUTZFELDT-BANDA, Naomi: *Consumer ADR in Europe*, Civil justice systems. Oxford- Portland –Oregon, Hart Publishing, 2012, ISBN 978-1-84946-348-5, pp. 197-207.

GALIČ, Aleš: *Slovenia*, (International encyclopaedia of laws, Civil procedure, suppl. 49), The Hague, Kluwer Law International, 2008. 224 pp., ISBN 978-90-654-4936-8

GRILC, Peter: *Zadeva Leitner v. TUI – korak k evropeizaciji nepremoženjske škode?* [Leitner v. TUI Case – a Step Towards the Europeisation of non-pecuniary loss?], IV. dnevi civilnega prava: Portorož, 30. in 31. marec 2006, Ljubljana, Inštitut za primerjalno pravo pri Pravni fakulteti v Ljubljani, 2006, pp. 8-14

KRAMBERGER ŠKERL, Jerca – VLAHEK, Ana: *Slovenia*, (International encyclopaedia of laws, Property and trust law, suppl. 11), Alphen aan den Rijn, Kluwer Law International, 2010. 200 pp., ISBN 978-90-411-0759-6

JUHART, M.: *Pomen avstrijskega Občnega državljanskega zakonika (ODZ) za razvoj slovenskega civilnega prava* [The Importance of the Austrian ABGB for the Evolution of Slovenian Private Law], In: POLAJNAR PAVČNIK, A. (Ed.): *Izročilo Občnega državljanskega zakonika* [ABGB Tradition], Pravna obzorja, no. 46, GV Založba, Ljubljana, 2013, 422 pp., ISBN 978-961-247-240-5, pp. 55-71

MOŽINA, D.: *Uvodna pojasnila* [Introductory Notes], In: *Obligacijski zakonik (OZ)* [Code of Obligations (CO)], GV Založba, Ljubljana 2013, 464 pp., ISBN 978-961-247-254-2, pp. 62-68

KNEZ, R.: *Vpliv politike varstva potrošnikov v EU na slovensko pravo doslej in v prihodnosti* [The Influence of EU Consumer Politics on Slovenian current and future law], Podjetje in delo 7/2004, GV Založba, pp., 1353-1364

Wertorientierung des vorbereiteten slowakischen Privatrechtkodex und der Grundsatz vom Schutz des schwächeren Subjekts

Ján Lazar

I. Einleitung

Es ist bekannt, dass jede, also auch die neue Kodifizierung des Privatrechts, eine rechtlich-philosophische Dimension hat, die sich aus den gesellschaftlich-ethischen Werten, auf denen der Privatrechtkodex aufgebaut ist, ergibt. Die gemeinsame und integrierende Basis für die prinzipielle Wertorientierung sämtlicher privatrechtlicher Kodifizierungen, die zum kontinentalen Rechtssystem gehören, wird von der Existenz der Marktwirtschaft und pluralistischen Demokratie abgeleitet. Ohne diese zwei Komponenten, wie wir uns während der totalitären Gesellschaftsordnung überzeugen konnten, ist es unmöglich, über eine vollwertige privatrechtliche Ordnung in der Gesellschaft, und somit über eine privatrechtliche Kodifizierung im wahrsten Sinne des Wortes, zu sprechen. Andererseits kann es jedoch im Rahmen ihrer Existenz unter dem Einfluss von gesellschaftlich-politischen Voraussetzungen in den einzelnen Etappen der Entwicklung zu Veränderungen im System gesellschaftlich-ethischer Werte kommen, und wie wir es beobachten können, es kommt auch dazu, und zwar nicht nur in der Reihenfolge, sondern vor allem in Ihrer Auffassung, Akzentsetzung und damit in ihrer komplexen Orientierung.

Dem angemessen legten die großen Kodifizierungen des 19. Jahrhunderts (Code civil, ABGB, BGB), unter der Dominanz der liberalen Doktrin in der Wirtschaft, Politik und im Recht, Akzente auf die individuelle Dimension des Privatrechts. Eine solche Einstellung zu der elementaren Regelung des Privatrechts ergab sich aus dem Bedarf, sich eindeutig von sämtlichen feudalen Rechtsprivilegien abzugrenzen, ob im Bereich des Sachenrechts (geteiltes Eigentum), Obligationsrechts, durch die Betonung der Vertragsfreiheit, oder in den individuellen arbeitsrechtlichen Verhältnissen, die nicht auf einem Gesindevertrag, sondern auf einem Arbeitsvertrag basierten usw. Verständlicherweise dominiert in diesen Kodizes der Grundsatz der freien Willensbildung von Subjekten, was vor allem in der Eigentums- und Vertragsfreiheit zum Ausdruck kommt, wobei die Geltendmachung und Erfüllung der anderen Grundprinzipien des Privatrechts, die diesen dominierenden Grundsatz korrigieren würden, trotz ihrer Proklamierung im Hintergrund bleiben, geschweige denn über die sozialen Elemente des Privatrechts, die den Schutz des schwächeren Subjekts ausdrücken.

Auf die Defizite der sozialen Elemente im BGB wies bereits am Ende des 19. Jahrhunderts Otto von Gierke hin. Mit seinem legendären Vortrag vom 4. April 1899 bei der Juristischen Gesellschaft zu Wien, genannt „Die soziale Aufgabe des Privatrechts", sorgte er bereits mit dem Titel, aber hauptsächlich mit dem Inhalt, für große Aufmerksamkeit und Erregung in den damaligen juristischen und politischen Kreisen. Gierke wies nämlich auf die soziale Pflicht (Verpflichtung) des Privatrechts hin und unterzog damit den ersten Entwurf vom BGB der Kritik, den er als „Schicksalsirrtum" bezeichnete, da er die Regelung der sozialen Rechte den Sondergesetzen überlässt, damit das allgemeine Privatrecht, d.h. das Zivilrecht, völlig individualistisch gestaltet werden könnte.[1] Nach den Worten von Gierke sind „nur wenige Tropfen vom Sozialöl" ins BGB durchgesackt.[2] Er beweist, dass eine soziale Aufgabe praktisch sämtliche Grundinstitute des Privatrechts betrifft, beginnend mit den Personenrechten, durch die familienrechtlichen, arbeitsrechtlichen Verhältnisse, Eigentumsrecht, Wohnungsmiete, Obligationsrecht und Haftungsverhältnisse. An die Auffassungen von Gierke knüpften dann weitere Autoren an, die noch intensiver forderten, die soziale Funktion des Privatrechts und damit den Schutz des schwächeren Subjekts im Privatrechtkodex noch mehr zu berücksichtigen.[3]

Seitdem hat sich in dieser Hinsicht viel getan, nicht nur in den Auffassungskonzeptionen betreffend die Wertorientierung des Privatrechts und seiner Kodifizierung, sondern auch in der privaten Gesetzgebung selbst, ob auf Ebene der nationalen Kodizes, inklusive BGB,[4] oder in den letzten Jahrzehnten auf Ebene des europäischen Gemeinschaftsrechts. Heutzutage lassen sich diese Veränderungen unmittelbar in den Ergebnissen, oder im Verlauf einer

---

1 Gierke, O. v.: Die soziale Aufgabe des Privatrechts. J. Springer Verlag, Berlin 1889. S. 10 vergleiche: Ganner, M. (Hrsg.), Die soziale Funktion des Privatrechts, Linde Verlag Wien, 2009, S. 13.

2 Gierke, O. v. im Werk zit. in der Notiz Nr. 1, S. 10.

3 Siehe z.B. Menger, A.: ((Satz bitte prüfen!))Das bürgerliche Recht und besitzlosen Volksklassen, 5. Auflage 1927, S. 12ff.

4 In diesem Zusammenhang muss auf die sog. große Novelle des Schuldrechts in Form vom Gesetz über die Modernisierung des deutschen Obligationsrechts aus dem Jahr 2001 hingewiesen werden (BGl. J. 2001.Teil I. Nr. 6 + S. 3138).

neuen Welle der nationalen Kodifizierungen des Privatrechts, die in den zentral- und osteuropäischen Ländern stattfinden, beobachten.[5] Ein Bestandteil dieser Welle ist auch die Kodifizierung in der Slowakei.

II. Soziale Funktion des Privatrechts und die neuen Aufgaben der Kodifizierung

1. Soziale Dimension des europäischen Privatrechts

Seit Gierke bis in die Gegenwart, vor allem unter dem Einfluss der Theorie des europäischen Privatrechts, der europäischen Gesetzgebung und folglich den Grundregelungen der nationalen Privatrechtsordnungen, wurde aus Gierkes „Tropfen des Sozialöls" eine „Strömung aus dem Kanister".[6] In den europäischen Projekten, verabschiedeten Rechtsdokumenten und Empfehlungen, gelangen immer häufiger die soziale Dimension des Privatrechts, der Schutz des schwächeren Subjekts u.ä. in den Vordergrund, die in der Forderung, die „soziale Gerechtigkeit" in das Privatrecht einzugliedern, münden. 2004 entstand eine Sonderstudiengruppe für die soziale Gerechtigkeit im Privatrecht, die das Manifest ausarbeitete, in dem der Gedanke der sozialen Gerechtigkeit im europäischen Privatrecht und im gesamten Prozess seiner Harmonisierung in den Ländern der Europäischen Union konkretisiert und weiterentwickelt wird.[7] Im Manifest wird der technokratische Zugang zur Unifizierung vom Privatrecht in Europa kritisiert und die einseitige Betonung der Unterstützung des Binnenmarktes abgelehnt, wobei eine europäische Vision der Vertragsgerechtigkeit fehlt.[8] Schlussendlich geht es darum, die Verteilung der Vermögenswerte in der Gesellschaft mittels Durchsetzung des Prinzips der sozialen Gerechtigkeit zu beeinflussen. In diesem Zusammenhang wird der

---

5 Ch. v. ((Satz bitte prüfen!))Bar bezeichnet als Beginn dieser neuen Welle der privatrechtlichen Kodifizierungen Holländische NBW und ihre Fortsetzung sieht in Portugal und dann in den mittel- und osteuropäischen Ländern. Siehe: O celoevropské odpovednosti národní kodifikační politiky.In:Sborník statí z diskusních fór o rekodifikaci občanského práva, ASPI Praha, 2006, 11ff.

6 Isensee, Vertragsfreiheit im Griff der Grundrechte – Inhaltskontrolle von Verträgen am Maßstab der Verfassung, in: Festschrift für Bernhard Großfeld 1999, S. 505. Zit. nach Wagner, G.: Die soziale Frage und Gemeinsame Referenzrahmen, ZEuP, 1/2007, S. 182.

7 Siehe: Study Group on Justice in European Contract Law: und Manifesto, (2004), 10 European Law – Journal, 553ff.

8 Ebenda S. 553.

Bedarf an „Konstitutionalisierung" des Privatrechts hervorgehoben, was in concreto bedeutet, dass die Vertragsfreiheit mit den anderen menschenrechtlichen Sicherheiten aus der Charta der Grundrechte der Europäischen Union, wie die menschliche Würde, Freiheit, Gleichheit und Solidarität „ausbalanciert" werden muss.[9]

In den angedeuteten und in der ganzen Reihe von weiteren theoretischen Konzeptionen, Projekten, aber hauptsächlich konkreten Rechtsdokumenten vom bindenden oder empfehlenden Charakter für die Mitgliedstaaten, widerspiegeln sich die Bemühungen der EU-Institutionen, damit die Harmonisierung des Privatrechts unter den neuen Bedingungen auf den echten europäischen Werten basiert und mit mehr Nachdruck auf der sozialen Seite der privatrechtlichen Verhältnisse verläuft. Dabei geht man davon aus, dass die Zeiten des unbeschränkten Liberalismus vorbei sind.[10]

2. Die Aufgaben der privatrechtlichen Kodifizierung unter den neuen Bedingungen

Der erwähnte Entwicklungstrend im Privatrecht auf der gesamteuropäischen Ebene beeinflusst auf wesentliche Art und Weise in der gesamten Breite die Ausrichtung des gültigen Privatrechts in den Rechtsordnungen der einzelnen EU-Länder. Es betrifft besonders die neuen nationalen Kodifizierungen des Privatrechts, die gleichzeitig den gesamten Komplex von Aufgaben zu lösen haben, die einerseits mit dem Ziel Kontinuität mit dem bisherigen Rechtsstand zumindest in unerlässlichen Maße zu bewahren und anderseits den Entwicklungstrend im europäischen Privatrecht mit seiner sozialen Dimension aufzugreifen. Diesen Komplex der besonders anspruchsvollen Aufgaben lösen momentan auch die Verfasser des slowakischen Zivilgesetzbuches und anderer damit zusammenhängender Gesetze. In der rechtlich-politischen Auffassung handelt es sich eigentlich um eine Verbindung oder Verzahnung liberaler Werte mit den sozialen Werten mit dem Ziel, eine sozusagen sozialliberale Konzeption des Privatrechts zu schaffen.[11] Im Einklang damit geht auch die Gestaltung und Ausformulierung der Wertorientierung des Entwur-

---

9 Siehe dazu: Wagner, G.: im Werk zit. In der Notiz 6, S. 184, weiter: Jančo/Jurčová/Novotná a kol. Európske súkromné právo Bratislava, Euroiuris, 2012, S. 89ff.

10 Vergleiche Jurčová,M.: Ochrana slabšej strany v darovacej zmluve: absurdné alebo realita?. In: Blaho/Švecová (eds.). Právo v európskej perspektíve II. diel. Trnavská univerzita , PF, Trnava 2011, 762.

11 Vergleiche die Erörterungen über die sozial-liberale Konzeption des Vertragsrechts. B. Lurger: Budúcnosť európskeho zmluvného práva na rozhraní medzi zmluvnou slobodou, sociálnou spravodlivosťou a trhovou racionalitou. Justičná revue Nr. 6-7, 2007, S. 914ff.

fes im slowakischen Zivilgesetzbuch vom optimalen Verhältnis zwischen den liberalen und sozialen Werten aus.

Die Ideenbasis und der rechtlich-philosophische Ausgangspunkt bei der Gestaltung des slowakischen Privatrechtkodex stellen in erster Linie die allgemeinen menschlichen Werte, die in den demokratischen Ländern anerkannt werden, wie individuelle Freiheit, Gleichheit, menschliche Würde usw., die ihren Ursprung im Liberalismus des 18. und 19. Jahrhunderts haben, dar. Diese Werte sind auch in den bedeutenden neuzeitigen internationalen, bzw. europäischen, Rechtsdokumenten verankert, hauptsächlich in der Allgemeinen Erklärung der Menschenrechte aus dem Jahr 1948 (UNO), in der Europäischen Menschenrechtskonvention, veröffentlicht unter Nr. 209/1992 der Sammlung, in der Charta der Grundrechte der Europäischen Union, die durch den Artikel 6 zum Bestandteil vom Vertrag von Lissabon wurde, verankert. Unter Berücksichtigung dieser unveräußerlichen und unantastbaren Menschenrechte und Freiheiten wird im slowakischen Zivilgesetzbuch der Regelung von Persönlichkeitsrechten mehr Aufmerksamkeit geschenkt und der Schutz von Personen als Menschenwesen, von Minderjährigen und Behinderten, für ihre persönlichen Beziehungen u.a. gesichert.

Einerseits basiert das entworfene Zivilgesetzbuch auf den traditionellen Prinzipien der privatrechtlichen Ordnungen, wie die klassischen Kodifizierungen des 19. Jahrhunderts, andererseits aber wird auch die soziale Funktion zahlreicher Gruppen in privatrechtlichen Verhältnissen berücksichtigt.[12] Unter den neuen Bedingungen ist das Bedürfnis entstanden, bei der nationalen Kodifizierung solche Prinzipien, wie freie Privatautonomie, rechtliche Gleichheit, Grundsatz der Gerechtigkeit, Verbot des Rechtsmissbrauchs und weitere allgemein anerkannte Prinzipien des Privatrechts mit den gegenwärtigen europäischen Kriterien, die die soziale Dimension betonen, die in den Grundsätzen wie Antidiskriminierungsgrundsatz, Solidaritätsgrundsatz, Grundsatz der sozialen Gerechtigkeit, regard and fairness, Grundsatz der Zusammenarbeit usw. ausgedrückt wird. Die Anwendung der sozialen Kriterien und Grundsätze konzentriert sich schlussendlich darauf, ein Gleichgewicht der Interessen von beteiligten Subjekten der privatrechtlichen Verhältnisse zu schaffen, überall, wo aufgrund der Notwendigkeit des Gleichgewichtserhalts zum Schutz des schwächeren Subjekts des Privatrechts, eine soziale Gerechtigkeit mit Mitteln des Privatrechts zu erreichen ist. Und darin liegt auch der Unterschied zwischen den klassischen Kodifizierungen, bei denen die sozialen Elemente nur gering vertreten waren, und dem gegenwärtigen europäischen Model des Privatrechts, in dem die Verankerung der Regelungen der

12 Siehe Legislatives Vorhaben des BGB, zugänglich im Internet http://www.justice.gov.sk/h.aspx?pg=159&htm= http://www.justice.gov.sk/pi/2009/legzamObZ.pdf.

zahlreichen privatrechtlichen Institute verlangt wird. Dementsprechend wird innerhalb der Personenregelung der Schutz von Minderjährigen, geisteskranken Personen und anderen behinderten Personen, der Schutz von Persönlichkeitsrechten, innerhalb der familienrechtlichen Verhältnissen der Schutz von Kindern in den Beziehungen zwischen den biologischen Eltern und den Beziehungen, die eine Familie ersetzen (Adoption, Vormundschaft, Pflegschaft), bei der Regelung der Unterhaltspflicht, auf der gesamten Ebene der vertraglichen Verhältnisse so verstärkt, dass der Grundsatz der Vertragsfreiheit so angewendet werden muss, dass ein Interessengleichgewicht zwischen den Unternehmern und den Verbrauchern (bzw. auch Kleinunternehmern und mittelständischen Unternehmern), zwischen Vermietern und Mietern geschaffen wird, sowie bei den pfandrechtlichen Verhältnissen, falls der Pfandschuldner ein Verbraucher, Kleinunternehmer oder mittelständischer Unternehmer ist; bei der Regelung des materiellen oder immateriellen Schadensersatzes wird der Akzent auf den Schutz von Geschädigten und durch den unbefugten Eingriff betroffener Personen gelegt. Und das sind nur einige, bei weitem nicht alle Institute, wo der Schutz des schwächeren Subjekts verlangt wird.

III. Die Position vom Schutz des Schwächeren in der Struktur der allgemeinen Grundsätze des Privatrechts

Aus den bisherigen Erwägungen ergibt sich, dass heutzutage der Schutz des schwächeren Subjekts zum stabilen Entwicklungstrend im Privatrecht wird.[13] Infolge dessen ändert sich auch die Position und Funktion des Schutzes der schwächeren Partei in den privatrechtlichen Verhältnissen, der einen immer wichtigeren Platz in der Struktur der allgemeinen Grundsätze, die das Privatrecht charakterisieren, einnimmt. Die Entwicklung führt höchstwahrscheinlich dazu, dass der Schutz des schwächeren Subjekts zum vollwertigen Grundsatz des Privatrechts wird. [14] Bei dieser Logik besteht kein Zweifel daran, dass der Grundsatz vom Schutz des schwächeren Subjekts einerseits funktional mit dem Grundsatz der Privatautonomie, und mit dem Grundsatz

[13] Zoulík, F.: Soukromnoprávní ochrana slabší smluvní strany. Právní rozhledy, Nr. 3/2002, S. 109.

[14] Ebenda, S. 116; weiter siehe: Hurdík, J: Zásady soukromého práva. Masarykova univerzita Brno, 1998, S. 45; Králičková, Z.: Ochrana slabší strany v rodinném právu. In: Blaho/Švecová (eds.), Právo v európskej perspektíve. II. Teil. Trnavská univerzita, PF, Trnava 2011, S. 782.

der Rechtsgleichheit und anderseits aus der Sicht vom Ziel der Rechtsregelung auch mit dem Grundsatz der Gerechtigkeit (gute Sitten, Anstand) und des Missbrauchsverbots des subjektiven Rechts, beziehungsweise mit weiteren allgemeinen Grundsätzen, verbunden ist. Der Grundsatz vom Schutz des schwächeren Subjekts spielt jedoch eine Schlüsselrolle im Verhältnis zu den zwei grundlegenden Grundsätzen, und zwar zum Grundsatz der Privatautonomie und der Rechtsgleichheit von Subjekten, die die Wertebasis des Privatrechts darstellen.[15]

Der Grundsatz der freien Autonomie von Subjekten schafft unter den Bedingungen der Marktwirtschaft im demokratischen Rechtsstaat einen breiten und freien Raum für eine freie wirtschaftliche Initiative, Unternehmertätigkeit und andere Aktivitäten. Er beinhaltet sowohl die freie Möglichkeit, das Eigentum zu besitzen oder zu erwerben und benutzen (Eigentumsfreiheit), als auch die Möglichkeit, über das Eigentum, Eigentumswerte und -rechte frei zu verfügen (Vertragsfreiheit) und auch die freie Möglichkeit der Persönlichkeitsentwicklung, des Schaffens (Freiheit des Schaffens) sowie die Vereinigungsfreiheit.[16] Dieser Grundsatz spiegelt die persönliche und bürgerliche Freiheit im Privatrecht wider, hat ausdrücklich liberalen Charakter und repräsentiert die individuelle Dimension des Menschen.[17] Der Grundsatz der Gleichheit hingegen stellt die Existenz des Menschen als Mitglied einer Gesellschaft dar und besitzt dadurch eine soziale Dimension.[18] Bei ihrer Bewertung darf nicht vergessen werden, dass die Verankerung der Rechtsgleichheit von Subjekten nicht der Realität entspricht und auf ihre Art und Weise eine Fiktion darstellt, weil die Menschen und Rechtssubjekte sich faktisch ungleich sind. Dieser Grundsatz ist eigentlich eine politische, und folglich im Recht ausgedruckte, Anforderung oder Reagenz, die mit dem Grundsatz der freien Autonomie zusammenhängt, mit dem sie so eng verbunden ist, dass sie in einer modernen demokratischen Gesellschaft getrennt undenkbar ist. Ohne die Gleichstellung der Parteien wäre die freie Autonomie völlig unbeschränkt und könnte vor allem im Interesse der stärkeren Subjekte durchgesetzt werden. Der Grundsatz der Gleichheit hat also in diesem Verhältnis als gewisser sozialer Korrektiv zu wirken, aber gleichzeitig die freie Autonomie sämtlicher Subjekte zu sichern. Um das tatsächlich zu gewährleisten, müssen sich beide Elemente –liberales sowie soziales – im Gleichgewicht befinden. Es handelt sich um ein Gleichgewicht von Interessen aller beteiligter Subjekte, um ein gerechtes, den Grundsätzen der Gerechtigkeit und guten Sitten entsprechen-

15 Hurdík, J. a kolektív, Občanské právo hmotné, Plzeň A.Čeněk, s.r.o., 2013, S. 71ff.

16 Lazar, J.a kol.: Občianske právo hmotné, 1. Band. Bratislava Iura Edition 2010, S. 15.

17 Hurdík, J. im Werk zit. in der Notiz 15, S. 71.

18 Ebenda, S. 74.

des, Ergebnis zu erreichen.Und das ist die Aufgabe der Rechtsregelung. Gerade eben auf dieser Interaktion der Grundsätze der freien Autonomie und der Gleichheit von Subjekten als liberalen und sozialen Elementen basiert in einer modernen Gesellschaft das Bedürfnis nach „Verwirklichung" der Gleichheit von Subjekten, und zwar dadurch, dass der Schutz des schwächeren Subjekts in der Regelung der privatrechtlichen Verhältnisse deutlich verstärkt wird.

Hinsichtlich der gesellschaftlichen Tragweite dieser Umstände braucht man auch einen effektiven Rechtsmechanismus, der den Schutz des schwächeren Subjekts, den sozialgerechten „Ausgleich" von Interessen aller beteiligter Subjekte in den privatrechtlichen Verhältnissen grundsätzlich auf der Ebene der neuen Kodexregelung institutionell sichern wird. Und gerade eben darum geht es in dem künftigen Zivilgesetzbuch.

Der Bedarf an einem immer umfangreicheren und erheblicheren Schutz des schwächeren Subjekts im Interesse des Stabilitätserhalts der privatrechtlichen Ordnung ist jetzt noch aktueller und dringlicher geworden, auch im Kontext der neueren Entwicklung der gesellschaftlich-wirtschaftlichen und sozialen Realität, die die Anwendung der faktischen Gleichheit von Subjekten des Privatrechts bedroht. Unter den neuen Bedingungen, die die ungewöhnlich starken Integrationsprozesse in allen Produktions-, Handels-, und Verbrauchsbereichen charakterisieren, entstand und verstärkte sich in den letzten Jahren eine neue Bedrohung für die Erreichung einer wirklichen Gleichheit in der gesamten Sphäre des Privatrechts. Die Integration, Zentralisierung und Konzentration, breit entfachte Marktverhältnisse, Massenkonsumgesellschaft, große übernationale Gesellschaften, insbesondere die Banken, als Subjekte, die im Großen und oft mittels einer ganzen Kette von komplizierten und undurchschaubaren finanziellen, wirtschaftlichen und rechtlichen Verhältnissen, die Bedürfnisse nicht nur natürlichen Personen, sondern auch Kleinunternehmer und mittelständischen Unternehmer befriedigen, verursachen, dass der Verbraucher oder Abnehmer nicht selten in eine solche Rechtsposition gerät, dass der wirtschaftlich unvergleichbar stärkere und von allen Seiten besser gewappnete Subjekt, der die Ware, Dienstleistungen usw. anbietet, daraus profitieren kann.[19] Es betrifft vor allem die Verbraucherverhältnisse. Die Folgen des wissenschaftlich-technischen Fortschritts, der Verkehrsentwicklung, neuer Informationstechnologien, die Ausbreitung des Reisens und der Erholung der Bevölkerung und weitere Erscheinungen der modernen Gesellschaft, schaffen Voraussetzungen und Möglichkeiten für immer umfangreichere unbefugte Eingriffe in den Bereich der Persönlichkeits-, Personen- und Eigentumsrechte, vor allem der natürlichen Personen, was zu einem immateriellen Nachteil und Schaden führt. Insbesondere erweitern

---

19 Lazar, J. a kol.Občianske právo hmotné. Bratislava, Iura Edition 2010, S. 14.

sich infolge dieser Entwicklung die Möglichkeiten für die Entstehung eines immateriellen Nachteils. In diesem Zusammenhang ergibt sich ein erhöhter Schutzbedarf für Leben, körperliche und geistliche Gesundheit, Würde, Ehre, Privatsphäre, ungestörten Urlaub oder Erholung und weitere Seiten der Persönlichkeit. Mit dieser Logik könnte man weiter fortfahren, womit eine vollständige Vorstellung über die Bedürfnisse und Voraussetzungen, die den erhöhten Schutz des schwächeren Subjekts innerhalb des gesamten Privatrechts hervorrufen, geschaffen würde.

Das Bedürfnis am erhöhten Schutz des schwächeren Subjekts im Privatrecht wächst auch aus der Sicht der Geltendmachung der Forderungen von „sozialer Doktrin" in einer modernen Gesellschaft. Man kann nämlich unter den Bedingungen wachsender Vermögensungleichheit in der Gesellschaft eine allgemeine Erfüllung und Sicherstellung der elementaren Forderung dieser Doktrin, die auf einer Gleichheit der „Startmöglichkeiten" der Einzelnen beruht, kaum erwarten. Deswegen wird die Verstärkung des Schutzes des Schwächeren in weitere Zielstadien seiner Tätigkeiten verschoben, wenn er selbst ein aktiver Teilnehmer der Marktverhältnisse ist, egal ob es sich um den Arbeitsmarkt oder den Verbrauchsmarkt handelt, wo die Mittel des Privatrechts zur Stärkung seiner rechtlichen Position angewendet werden können. Falls es in diesem Zusammenhang in den Erwägungen oder EU-Dokumenten über „soziale Gerechtigkeit" in der Verteilung gesprochen wird (es wird zum Beispiel u.a. auch in dem zitierten Manifest der Studiengruppe für soziale Gerechtigkeit erwähnt)[20], scheint es nicht als angemessen. Für eine relevante Beeinflussung des Verteilungsprozesses sind die Mittel des Öffentlichen Rechts besser geeignet, als die des Privatrechts. Schlussendlich gehen die zahlreichen aktuellen Maßnahmen der EU-Organe, die verabschiedet werden, um die Krisenerscheinungen in der Wirtschaft und Gesellschaft zu lösen, in diese Richtung. Wie zum Beispiel die Vorschläge der Bankunion, Verschärfung der Bankaufsicht, Vorschläge zur Versteuerung der Finanzoperationen, Einschränkung der Einkünfte von Bankmanagern, Versteuerung von sog. großen Anlagen, Schutz der Anlagen bis zu 100.000 EUR usw. Eine Untersuchung dieser Fragen würde weit über den thematischen Rahmen dieses Beitrags hinausgehen.

Die angedeuteten wirtschaftlichen, politischen und rechtlichen Zusammenhänge und Gegebenheiten in der gegenwärtigen modernen Gesellschaft, die die Durchsetzung des Grundsatzes der Gleichheit sämtlicher Subjekte bedrohen, zeugen zu Gunsten der Anwendung des „demokratischen Prozesses von Deliberalisierung" und stimulieren dazu, dass innerhalb der neuen

---

20 Siehe das Werk zit. iIn der Notiz 7, S. 653, 656; Nnäheres dazu siehe auch das Werk zit. iIn der Notiz 6. S. 184.

Kodifizierung Mittel gesucht und angewendet werden, die zur Verstärkung, Verbesserung und Effektivierung des Schutzes des schwächeren Subjekts im Privatrecht führen. Eine Vertiefung dieses Prozesses auf dem Hintergrund der globalen Krise, wenn die Vermögensungleichheit in der Gesellschaft ein unbekanntes Ausmaß erreicht[21], wird immer dringlicher.

IV. Reflexion des Grundsatzes vom Schutz des Schwächeren in dem Entwurf des slowakischen Zivilgesetzbuches

1. Der Grundsatz des Schutzes des schwächeren Subjekts erstreckt sich durch das gesamte Privatrecht;[22] er befindet sich praktisch in den Regelungen von allen Gruppen der privatrechtlichen Verhältnisse, beginnend mit dem Verhältnis zwischen dem Arbeitnehmer und Arbeitgeber, unter den Mitgliedern der Handelsgesellschaften, über die breite Palette der Vertragsverhältnisse, besonders bei den Verbraucherverträgen, den Schutz von Minderjährigen und Personen mit Behinderung, Schutz von minderjährigen Kindern und anderen Personen innerhalb des Familienrechts, Schutz von Nachkommen im Erbrecht und schlussendlich in der Regelung der unbefugten Eingriffe in die Persönlichkeits-, Personen- und Eigentumsrechte, die einen immateriellen Nachteil oder Schaden verursachen. Dem sachlichen Wirkungsbereich des Entwurfes vom neuen Zivilgesetzbuch angemessen, findet dieser Grundsatz Niederschlag in seinen zahlreichen Instituten, von denen in diesem Beitrag nur einige erwähnt und näher beschrieben werden und zwar die, die entweder eine nominal oder sachlich neue oder inhaltlich grundlegend geänderte Regelung haben.

2. Im allgemeinen Teil ist an erster Stelle die Regelung von Maßnahmen zur Unterstützung der Ausübung der Geschäftsfähigkeit einer volljährigen, geistig behinderten Person zu erwähnen, deren Konzept auf einer langjährigen Zusammenarbeit der Rekodifizierungskommission mit der Hilfsvereinigung für Menschen mit geistiger Behinderung in der SR beruht. In die entworfene Regelung wird auch das UNO-Übereinkommen über die Rechte der

---

21 Siehe Stiglitz, J.: Horné jedno percento. In SME 13.08.2011, S. 14; das Gleiche im Handelsblatt 20.12.2011, S. 56.

22 Eliáš, K.: Soukromé právo a ochrana slabší strany. In: Pocta Sentě Radvanové k 80. narozeninám, ASPI Praha 2009, S. 137ff.
Kathrein, G.: Vom Sozialen im Zivilrecht. In: Ganner, H. (Hrsg.), Die soziale Funktion des Privatrechts, Wien Linde 2009, 30ff.

Menschen mit Behinderungen, das die Slowakische Republik unterzeichnete und ratifizierte, implementiert.[23] Als Inspiration für diese Regelung diente das BGB von Quebec, das schweizerische, tschechische und ungarische Zivilgesetzbuch, und nicht zuletzt wurde auch der Beschluss des Verfassungsgerichts der SR berücksichtigt, in dem zum ersten Mal grundsätzlich Stellung zur Problematik der Entziehung der Geschäftsfähigkeit genommen wird.[24]

Die entworfene Regelung ist Ausdruck einer neuen Anschauung, Auffassung und eines neuen Zugangs zu den Menschen mit geistiger Behinderung. Es handelt sich um neue Möglichkeiten, wie für diese Menschen die Ausübung der Geschäftsfähigkeit weiter erhalten bleibt. Es soll ihre menschliche Identität, einschließlich der Möglichkeit persönlicher Rechtskommunikation respektiert und erhalten werden und zugleich soll verhindert werden, dass sie durch die Entziehung der Geschäftsfähigkeit im vollen Umfang unbegründet diskriminiert werden. Gerade die Entziehung der Geschäftsfähigkeit wird im Sinne des Übereinkommens für einen Eingriff in die Grundrechte von behinderten Menschen gehalten und aufgrund der Gleichheit mit anderen Menschen als Hindernis an jeglicher Teilnahme am gesellschaftlichen Leben.

In concreto im Entwurf sind vor allem diese Mittel des verstärkten Schutzes von volljährigen Menschen mit Behinderung:

a) **unterstützende Entscheidungsmaßnahmen** konzentrieren sich auf die Hilfeleistung an Personen mit eingeschränktem Entscheidungsvermögen. Das Verhältnis zwischen unterstützenden und unterstützten Personen entsteht aufgrund gegenseitiger Vereinbarung und erfordert eine gerichtliche Genehmigung. Das Wesen dieses Verhältnisses beruht auf der Gewährung einer kostenlosen Assistenztätigkeit seitens des Unterstützenden bei den Rechtsgeschäften, vor allem durch die Gewährung von Informationen, Ratschlägen und durch die Anwesenheit bei Verhandlungen mit dritten Personen;
b) **Vorläufige Erklärungen** kann eine Person abgeben, die erwartet, dass sie einen solchen Zustand erreicht, dass sie nicht mehr fähig ist, ihre Angelegenheiten selbst zu verwalten. In Erwartung einer solchen Situation (z.B. fortschreitende Sklerose, Alzheimer-Krankheit, Demenz) kann die betroffene Person vorsorglich ihren Willen dazu äußern, wie ihre Angelegenheiten verwaltet werden sollen und wer zu ihrem Vormund bestellt werden soll.Die Erklärung muss den gesetzlich bestimmten aufwendigen formellen Erfordernissen entsprechen;
c) **Möglichkeit sog. verlängerter Vertretung durch eine nahestehende Per-**

[23] Text des Übereinkommens und des Optionsprotokolls wurde veröffentlicht unter der Nr. 3017/2010 Slg. und Nr. č.318/2010 Slg.

[24] Siehe Zbierka nálezov a uznesení Ústavného súdu SR, Nr. 50/2012.

son bei gängigen Rechtsgeschäften. Dies betrifft solche Fälle, in denen ein Volljähriger mit geistiger Behinderung keinen anderen Vertreter hat und automatisch durch eine nahestehende Person vertreten würde, die mit ihm während einer gesetzlich bestimmten Zeit in einem gemeinsamen Haushalt lebte.

Die vorgeschlagene Regelung schließt die Möglichkeit der Entziehung der Geschäftsfähigkeit aus und ist deswegen auch nicht institutionell geregelt. Sie lässt nur eine Einschränkung der Geschäftsfähigkeit zu, womit weiterhin die Bestellung eines Vormundes synchronisiert verbunden ist. Der Entwurf unterscheidet zwischen zwei Stufen der Geschäftsfähigkeitseinschränkung, und zwar der Teileinschränkung und der vollen Einschränkung. Die volle Einschränkung kommt dabei nur ausnahmsweise, aus besonderen Gründen, in Frage, wenn es unerlässlich, im Interesse der behinderten Person oder dritten Personen, ist. Jedoch auch in diesem Fall soll für den Behinderten die Möglichkeit über sich, in anderen als rechtlichen Angelegenheiten, entscheiden zu können, unangetastet bleiben. Die zweistufige Einschränkung der Geschäftsfähigkeit kennt auch das ungarische Zivilgesetzbuch.

3. Ein weiteres Institut des allgemeinen Teils im Entwurf des Zivilgesetzbuches, in dem die Wertorientierung des Kodex auf neue Art und Weise und deutlich zum Ausdruck kommt, inklusive des Schutzes des schwächeren Subjekts, ist die Regelung der Persönlichkeitsrechte. Darin wird das Ziel verfolgt, eine allgemeine privatrechtliche Garantie für alle Grundattribute der Persönlichkeit, wie die Grundrechte, die in einem Komplex einen absoluten Wert der Persönlichkeit darstellen und deswegen in der modernen Gesellschaft einen verstärkten Schutz verdienen, zu gewähren. Diese Rechte sind unentziehbar, unveräußerlich, unverjährbar und unaufhebbar.

Aus dieser Auffassung ergeben sich auch Inhaltsänderungen und Ergänzungen der entworfenen Regelung. Abgesehen davon, dass im Vergleich mit der gültigen Regelung die neue zivilrechtliche Regelung wesentlich breiter, tiefer und konkreter ist, und aus qualitativer Sicht auf einer konsequenten Unterscheidung zwischen dem Persönlichkeitsrecht selbst und dem Recht auf seinen Schutz basiert. Diese Unterscheidung hat eine wesentlich größere Bedeutung, als es auf den ersten Blick scheint. Geschützt sind nämlich die Persönlichkeitsrechte selbst, als immanente Bestandteile einer Persönlichkeit und nicht das Recht auf den Persönlichkeitsschutz. Nach dieser Logik betrifft ein eventuell unbefugter Eingriff das Persönlichkeitsrecht und es geht nicht um einen Eingriff in das Recht auf seinen Schutz.[25] Diese Auffassung ändert

---

25 Cirák, J.: Osobné a osobnostné právo v pripravovanom kódexe. In: Lazar, J. (ed.). Návrh legislatívneho zámeru kodifikácie súkromného práva. Materiály z odbornej konferencie. Ministerstvo spravodlivosti SR Bratislava 2008, S. 79ff.

die gesamte Konstruktion der Regelung dieser Problematik und kommt auch durch die Veränderung der Überschrift dieser Rubrik zum Ausdruck. Die bisherige Überschrift „Persönlichkeitsschutz" wird durch die Bezeichnung „Persönlichkeitsrechte und ihr Schutz" ersetzt.

Die neue Regelung bringt einen erweiterten Katalog von typischen Persönlichkeitsteilrechten, so dass das Zivilgesetzbuch auch in diesem Bereich der Rechtsregelung zur Hauptquelle des Privatrechts wird. In die Rechtsregelung der Persönlichkeitsrechte gelang auch das Teilrecht auf eine günstige Umwelt. Weiter werden weit und auf neue Art und Weise, in Reagenz auf die möglichen unbefugten Eingriffe, die in der modernen Gesellschaft unter dem Einfluss von Massenmedien und Gewährung der medizinischer Betreuung häufig vorkommen, auch die Fragen vom Schutz der Privatsphäre, des Lebens, der Gesundheit, der körperlichen und geistlichen Integrität geregelt. Wert wird vor allem auf die die Grenzen bestimmende Regelung für die erlaubten Ermittlungseingriffe, Heilungseingriffe oder sonstigen Eingriffe in die körperliche und geistliche Integrität des Menschen, ob es sich um einen Minderjährigen oder Volljährigen handelt, einschließlich medizinischer Versuche, Organabnahme von lebenden Spendern, sowie weitere Fragen, deren Basis für die Regelung die Sondervorschriften sind, gelegt. In diesem Zusammenhang wird auch das Recht auf Beileid neu geregelt. Alle diese Aspekte des privatrechtlichen Schutzes werden in dem Entwurf des Zivilgesetzbuches in geeigneter Kumulierung und Kombination mit der Verwendung der öffentlich-rechtlichen Mittel zum Schutz im Interesse der Verstärkung der Position des schwächeren Subjekts als Träger der Persönlichkeitsrechte, die für die höchsten Menschen- und Bürgerwerte zu halten sind und denen ein verstärkter Schutz gebührt, realisiert.

Im allgemeinen Teil des Entwurfes ist eine ganze Reihe weiterer Institute oder Bestimmungen zu finden, wo in der Rechtsregelung der Schutz des schwächeren Subjekts zum Vorschein kommt. Das sind z.B. Fälle im Rahmen der Rechtshandlungen (Personenschutz in Not, bei arglistigerer Täuschung u.a.). Verständlicherweise wäre es unmöglich, sich in diesem Beitrag mit allen zu befassen.

4. Im Familienrecht gibt es wahrscheinlich kein Institut, in dem der Schutz des schwächeren Subjekts nicht in Frage kommen würde, weil die faktische Ungleichstellung in zahlreichen Gruppen der familienrechtlichen Verhältnisse durch die geeigneten Modifizierungen in der Rechtsregelung ausgeglichen werden müssen, ob im öffentlichen Recht oder im Privatrecht. Aus meiner Sicht ist jedoch die Frage zu erwähnen, die mit der möglichen Regelung der eingetragenen Lebenspartnerschaft im Entwurf des slowakischen Zivilgesetzbuches zusammenhängt, obwohl der Entwurf die eingetragene Lebenspartnerschaft nicht erwähnt, was auch selbstverständlich ist, weil sie

auch in dem von der Regierung verabschiedeten Legislativvorhaben fehlt. Bei seiner Verabschiedung im Januar 2009 räumte die Regierung den Vorschlag von Nichtregierungsorganisationen, die Regelung der eingetragenen Lebenspartnerschaften von zwei Menschen gleichen Geschlechts in das neue Zivilgesetzbuch aufzunehmen, vom Tisch. Die Einführung dieses neuen Instituts begründen die Vorschlagenden mit dem Bedürfnis, jegliche Diskriminierung wegen des Geschlechts abzuschaffen und eine gleichberechtigte Position mit anderen Menschen sicherzustellen, mit dem Ziel, den Rechtschutz dieser Minderheit in der Gesellschaft zu verstärken. Aus dieser Sicht handelt es sich bei diesem Problem nämlich um den Schutz von Subjekten, die eine schwächere gesellschaftliche und rechtliche Position haben.

In den letzten Jahren wurde diese Problematik nicht nur in Europa, sondern auch in der slowakischen Gesellschaft vorangebracht. Von den EU-Ländern, außer Polen und Malta, verabschiedete nur die Slowakei keine Rechtsregelung der eingetragenen Partnerschaften. Auch unter den slowakischen Bürgern hat die negative Einstellung zu der Legalisierung einer gewissen Form der eingetragenen Lebenspartnerschaften von zwei Menschen gleichen Geschlechts rückgängigen Charakter. Es wird wahrscheinlich notwendig, im Rahmen der Rekodifizierung des Privatrechts diese Problematik neu zu bewerten und zwar unter der Voraussetzung, dass zwei Bedingungen eingehalten werden: a) es wird in vollem Umfang das Vorhandensein des Grundvertrages zwischen dem Päpstlichen Stuhl und der Slowakischen Republik respektiert, b) die bisherige Konstruktion und das Wesen der Eheregelung in unserem Recht wird nicht beeinträchtigt, die als Bund zwischen Mann und Frau verstanden wird. In Übereinstimmung damit könnte man erwägen, dass eine eingetragene Lebenspartnerschaft so gestaltet würde, dass es sich um eine Lebensgemeinschaft zweier volljähriger Personen unabhängig vom Geschlecht handeln würde. Das bedeutet, dass die Lebensgemeinschaft sowohl für Personen gleichen Geschlechts (homosexuell), als auch für Personen unterschiedlichen Geschlechts (heterosexuell) gilt und somit die rechtlichen Folgen gleich sein werden. Die eingetragene Lebenspartnerschaft würde durch die Eintragung beim zuständigen Standesamt entstehen, das die öffentliche Evidenz führt. Den Antrag sollten beide Partner schriftlich einreichen. So verstandene eingetragene Lebenspartnerschaft hätte nicht die Beschaffenheit der Ehe und würde den Partnern nicht ermöglichen, einen gemeinsamen Nachnamen zu tragen, Kinder zu adoptieren, die Vaterschaft zu bestimmen. Was die vermögensrechtlichen Verhältnisse unter den eingetragenen Partnern angeht (Unterhalt, gemeinsame Nutzung der Wohnung, Gütergemeinschaft, Erben), würden die entsprechenden Bestimmungen für die vermögensrechtlichen Verhältnisse unter den Eheleuten angemessen angewendet. Das Gesetz würde die Umstände feststellen, wann die Lebenspartnerschaft nicht einzutragen ist, sowie die Art des Erlöschens der eingetragenen Lebenspartnerschaft. Die Regelung der eingetragenen Lebenspartnerschaft würde in den zweiten Teil des Zivilgesetzbuches eingeordnet und würde nach der Regelung der Ehe folgen. Damit würde ausgedrückt, dass die Lebenspartnerschaft für ein familienrechtliches Verhältnis gehalten wird, jedoch kein Institut der Ehe ist.

5. Das Bedürfnis des Schutzes des schwächeren Subjekts entstand auch im Sachrecht. Als Beispiel kann die Regelung des Pfandrechts genannt werden. Da die gültige slowakische Regelung des Pfandrechts relativ neu und modern ist,[26] wurde ursprünglich bei der Gestaltung und Verabschiedung des Legislativen Vorhabens ihre prinzipielle Änderung nicht geplant. Die gültige Regelung entstand aufgrund des Projekts der Europäischen Bank für Wiederaufbau und Entwicklung (EBWE) im Jahr 1992 als Modell für die zentral- und osteuropäischen Transformationsländer. Die Übernahme dieses Modells brachte zwar mehrere moderne Trends und neue Möglichkeiten für die Sicherung des Kreditverkehrs und von Investitionen, geeignet vor allem für Kleinunternehmer und mittelständische Unternehmer, wie auch die Einführung des Besitzpfandrechts und des besitzlosen Pfandrechts und die Gründung des notariellen Zentralregisters für die Pfandrechte, jedoch wies der Prozess der Entstehung und Realisierung des Pfandrechts während seiner bisherigen Anwendung unter unseren Bedingungen auch fundamentale Mängel in der Rechtsregelung, betreffend eben des Gleichgewichts von Interessen der beteiligten Subjekte, auf. Um zur Kreditgewährung an Kleinunternehmer und mittelständische Unternehmer zu motivieren, wie es im Begründungsbericht zum Gesetz steht,[27] wurde in der Rechtsregelung allseitig und unangemessen die rechtliche Position des Pfandgläubigers, am meisten einer Bank oder eines anderen Finanzinstitutes, gestärkt. Infolgedessen sind die Voraussetzungen für die Entstehung des Ungleichgewichts der Interessen zwischen dem Pfandgläubiger und Pfandschuldner, was sich in allen Stadien und auf allen Seiten des pfandrechtlichen Verhältnisses (Entstehung, Inhalt, aber hauptsächlich Ausübung) bemerkbar machte, entstanden. In der Rechtsregelung wird ein unangemessen großer Raum für die Ausübung des Pfandrechts dem Pfandgläubiger gewährt, sodass dieser auch ohne den Zwangsvollstreckungstitel, nur aufgrund einer gesetzlichen Bevollmächtigung, die Pfandsache im Namen des Verpfänders verkaufen konnte (§ 151m, Abs. 6 Zivilgesetzbuches). Am deutlichsten ist das Ungleichgewicht der Interessen in der Regelung der

26 Die gültige Rechtsregelung im ZGB / (§ 151a bis 151me/) entstand durch das Gesetz č. 526/2002 Slg. In der Fassung einiger Novellen, D die jedoch das Wesentliche nicht änderten.

27 Vergleiche den Begründungsbericht zum Regierungsentwurf dieses Gesetzes (Druck 1994/2002, S. 1-3).

Ausübung des Pfandrechts in dem Fall zu sehen, wenn der Pfandgläubiger die Pfandsache verkauft, dessen Preis grob unangemessen der Höhe der Sicherungsforderung ist. Die zahlreichen Fälle mit negativen sozialen Folgen für die Menschen und ihre Familien beweisen ausreichend, dass die gültige Regelung in einem solchen Fall einerseits nicht einmal für einen elementaren Schutz des Pfandschuldners sorgen kann und anderseits den Missbrauch der dominanten Position des Pfandgläubigers, hauptsächlich der Banken bzw. der Nichtbanken, nicht verhindern kann. In diesem Zusammenhang ergibt sich die Frage von grundlegenden Änderungen in der anschließenden Regelung der Versteigerungen, die in der Form, wie das Gesetz konzipiert ist, als „freiwillige" Versteigerungen bezeichnet werden.[28]

Der Entwurf löst sämtliche Mängel der Rechtsregelung durch die Verstärkung der Position des schwächeren Subjekts. In Übereinstimmung mit den EU-Richtlinien wird die Rechtsordnung des Verbraucherpfandvertrags eingeführt, der nicht nur für den „Verbraucher" im bisherigen Sinne, sondern auch für Kleinunternehmer und mittelständische Unternehmer, falls sie eine natürliche Person und selbstverständlich ein Pfandschuldner sind, angewendet wird. Damit soll durch die vorgeschlagene Rechtsregelung das Gleichgewicht von Interessen zwischen dem Pfandgläubiger und dem Pfandschuldner erreicht werden.

6. Von allen Teilen des Entwurfes des Zivilgesetzbuches ist der Grundsatz des Schutzes des schwächeren Subjekts am deutlichsten und am häufigsten im V. Teil, d.h. in der Regelung des Schuldrechts, vor allem bei den vertraglichen Verbindlichkeiten, präsent. Dabei ist es offensichtlich, dass die Sicherung des Gleichgewichts der Interessen der Vertragsparteien und des Schutzes der Schwächeren in diesem Teil des Kodex für die Gesetzgebung eine besonders schwere Aufgabe darstellt, weil die Regelung, wie bekannt ist, sowohl Geschäftsverbindlichkeiten als auch die nichtgeschäftlichen integriert. Einfacher und klarer scheint die Situation bei jenen Vertragsverhältnissen, die entweder bei den Unternehmern untereinander entstehen oder bei denen, die als Vertragspartei nur der Verbraucher figurieren. Bei der Regelung der Vertragsverhältnisse bei beiden Gruppen ist das Verhältnis der Anwendung des Grundsatzes der Vertragsfreiheit unterschiedlich. Bei der ersten Gruppe besteht kein Grund dafür, sie zu modifizieren, oder einzuschränken, weil sonst die Handelsbeziehungen, die auf freier Unternehmertätigkeit und Konkurrenz basieren, gestört würden, bei der zweiten Gruppe hingegen kann und muss man die Vertragsfreiheit in gewissen Maßen zugunsten des Verbraucherschutzes

---

[28] Die Versteigerung findet gemäß Sondergesetz Nr. 527/2002 Slg. über freiwillige Versteigerungen und über die Ergänzung des Gesetzes Nr. 323/1992 Slg. über Notare und notarielle Tätigkeit (Notarordnung) in der Fassung der späteren Vorschriften statt.

einschränken. In Übereinstimmung damit ist es für die Unternehmer erlaubt, innerhalb der gegenseitigen Vertragsverhältnisse verschiedene individuelle Klauseln zu vereinbaren und es werden auch die Möglichkeiten für die Anwendung unbenannter Verträge erweitert. Aus diesen Gründen ist es innerhalb der Geschäftsverhältnisse nicht möglich, aufgrund der Not vom Vertrag zurückzutreten (dies galt auch bis jetzt), aber laut dem Entwurf wird auch die Regelung laesio enormis, Wucher u.a. nicht angewendet.

Im Gegenteil, bei den Verbindlichkeiten, die sich aus den Verbraucherverträgen ergeben, wird laut dem Entwurf in Übereinstimmung mit der europäischen Gesetzgebung und der Richtlinien die Vertragsfreiheit der Unternehmer eingeschränkt und die rechtliche Position der Verbraucher verstärkt. Angemessen dazu geht es in der konkreten Rechtsregelung um die Anwendung solcher Rechtsmittel zum Verbraucherschutz wie Informationspflicht des Unternehmers, unzumutbare Bedingungen in den Verbraucherverträgen, das Recht des Verbrauchers auf Zurücktreten vom Vertrag, Verantwortung des Unternehmers gegenüber dem Verbraucher für mangelhafte Leistung usw. Die Form und der Umfang dieser Mittel in der Rechtsregelung des entworfenen Zivilgesetzbuches sind unterschiedlich und hängen davon ab, ob sie flächendeckend angewandt werden mit Allgemeinwirkung, was nur in dem ersten Kapitel des fünften Teils (Allgemeinbestimmungen),in dem der allgemeine Teil der Verbraucherverträge geregelt wird, in Frage kommt, oder selektiv und thematisch als Sonderbestimmungen bei den einzelnen Vertragstypen im zweiten Kapitel dieses Teiles. Im ersten Fall handelt es sich um Bestimmungen, die die Aspekte des Verbraucherschuldrechts regeln, die von allgemeiner Natur sind und die rechtliche Position des Verbrauchers grundsätzlicher charakterisieren. In dem Entwurf des Zivilgesetzbuches spiegelt sich nur der Kern der europäischen Regelung wider. Die Einzelheiten, die mit der Regelung dieser nebensächlichen Fragen, die mit Ihrer Bedeutung den Rahmen der Kodexregelung nicht erreichen, verbunden sind, sind in dem Entwurf einer Sonderausübungsvorschrift beinhaltet. Im zweiten Fall sind die Verbraucher entweder durch eine Rechtsregelung im Rahmen einer bestimmten Vertragsart geschützt (Verkauf im Geschäft als eine Sonderform des Kaufvertrags und Werkherstellung vom Unternehmer für den Verbraucher als Sonderform des Werkvertrags) oder im Zusammenhang mit der Regelung inhaltlich und institutionell verwandter Gruppen von Verträgen. Z.B. ist ein Verbraucher als Vertragspartei beim Times-Scharing sondergeschützt durch die Bestimmungen, die zu den Verträgen über Überlassung zur Nutzung, sofortige Miete, Verbraucher als eine Partei im Reisevertrag u.a. zugeordnet sind.

Eine bestimmte legislative Komplikation bereitet die Tendenz, dass sich die Gruppe von Subjekten, die man als „schwächere Vertragspartei" bezeichnen kann, vergrößert. Wie man sieht, lässt sich der Schutz des Schwächeren nicht durch den Begriff Verbraucher einschränken.[29] Den verstärkten Schutz in bestimmten Verhältnissen benötigen nämlich auch weitere Subjekte, vor allem Kleinunternehmer und mittelständische Unternehmer, die sich genau wie die Verbraucher oder sogar öfter in einem Geschäftsverhältnis mit einem großen Unternehmer (einer übernationalen Gesellschaft) in einer schwächeren Position, aufgrund der Abhängigkeit, Mangel an Informationen und Erfahrungen, befinden. [30] Dementsprechend erweitert sich der Begriff schwächere Vertragspartei, was auch eine adäquate legislative Lösung benötigt.[31] Z.B. auch in der Richtlinie des Europäischen Parlaments und des Rates 2011/83/EU vom 25.10.2011 über die Verbraucherrechte werden als eine schwächere Vertragspartei Kleinunternehmer und mittelständische Unternehmer betrachtet.[32]

Bei näherer Betrachtung kann man feststellen, dass der Schutz des Schwächeren bei den Verbindlichkeiten noch breiter ist als die Begriffe „Verbraucher" oder „Kleinunternehmer oder mittelständischer Unternehmer". Der verstärkte Schutz des Schwächeren wird auch im Rahmen der ganz allgemeinen Vertragsarten oder Instituten angewendet, weil der darin potenziell beinhaltete soziale Aspekt einer bestimmten, in der konkreten Bestimmung geregelten Rechtssituation ein verstärkter Schutz des Subjekts erfordert, der bei der vollständigen Anwendung der Vertragsfreiheit in einer sozial ungünstigen Position landen kann. Solche Besonderheiten des Schutzes der schwächeren Vertragspartei findet man bei der Vermietung der Wohnung, im Rahmen der Regelung des Versicherungsvertrags, der Regelung der Beförderungsverträge (Bestimmungen über die Personenbeförderung), im Rahmen der Bankverträge (Bestimmungen über die Einlagen auf dem Konto und Sparbuch) usw. Ebenso bei der Gestaltung und Formulierung der allgemeinen Regelung muss man beachten, damit die konkrete Regelung, in den einzelnen Stadien des Verhältnisbestehens und in den einzelnen Elementen ein tatsächliches Gleichgewicht der Vertragsparteien ausdrückt.

---

29 Vergleiche Jurčová, M.: Ochrana slabšej strany v darovacej zmluve: absurdné alebo realita. In: Blaho/Švecová (eds.). Právo v európskej perspektíve II. Trnavská univerzita PF. Trnava 2011, S. 761 und dort zitierte Literatur.

30 Hesselink, M. W.: CFR and Social Justice, Munich, Sellier, European law Publishers GmbH, 2008, S. 34.

31 Mit diesen Fragen befasst sich Hesselink, ebenda S. 39.

32 Diese Richtlinie integriert vier bisherige Richtlinien und soll bis zum 13. Dezember 2013 transponiert werden.

V. Schluss

Abschließend lässt sich feststellen, dass das Privatrecht aus rechtlich-philosophischer Sicht ohne Zweifel eine wichtige soziale Dimension besitzt, die in einer modernen Gesellschaft durch ein verstärktes Bedürfnis am Schutz des schwächeren Subjekts in den privatrechtlichen Verhältnissen deutlich wird. Solche soziale Funktion des Privatrechts bildet die Basis auch für die Wertorientierung des entworfenen slowakischen Zivilgesetzbuches und angemessen der Sachwirkung widerspiegelt sich in dem Inhalt seiner Regelung. Vor allem widerspiegelt sich darin die Erkenntnis, dass der Schutz des schwächeren Subjekts heutzutage zu einem vollwertigen Grundsatz des Privatrechts wird, zusammen mit den Prinzipien der Privatautonomie und Rechtsgleichheit von Personen, der seinen Niederschlag in dem gesamten Privatrecht, einschließlich seines Kodex, findet. Gemäß seinem Charakter und Wesen soll der Grundsatz vom Schutz des schwächeren Subjekts zur Erzielung einer realen Gleichheit von Subjekten des Privatrechts führen und bleibt weiterhin einer der fundamentalsten Grundsätze dieses wichtigen Rechtssubsystems. Deswegen ist der Zweck und Sinn möglichst breiter Anwendung dieses Grundsatzes in der Rechtsregelung zur Sicherstellung des Gleichgewichts beizutragen, der Interessen aller beteiligten Subjekte in Übereinstimmung mit dem Ziel ein gerechtes Ergebnis zu erreichen, das dem Grundsatz der Gerechtigkeit und der guten Sitten entspricht.

Zusammenfassung

Der vorgelegte Beitrag geht von der Prämisse aus, dass das Privatrecht aus rechtsphilosophischer Hinsicht eine soziale Dimension beinhaltet. Dies wird in der modernen Gesellschaft, unter dem Einfluss der Europäisierung der nationalen Rechtsordnungen, aus einem erhöhten Bedarf vom Rechtsschutz des schwächeren *Subjekts* in privatrechtlichen Verhältnissen ersichtlich. Die so angedeutete soziale Aufgabe des Privatrechts bildet die Grundlage auch für die Wertorientierung des vorbereiteten slowakischen Zivilgesetzbuches. Dementsprechend findet diese Wertorientierung ihren inhaltlichen Niederschlag in den grundlegenden Regelungen des neuen privatrechtlichen Kodexes.

Derartige Orientierung stützt sich in erster Linie auf die Erkenntnis, dass der Schutz des schwächeren Subjekts gegenwärtig in der Europäischen Union einen dauerhaften Entwicklungstrend des Privatrechts darstellt. Infolgedessen ändern sich auch die übliche Stellung und Funktion des Schutzes vom Schwächeren im Katalog der Privatrechtsgrundsätze, die allgemein das Privatrecht charakterisieren. Nämlich, aus dem Schutz des schwächeren Subjekts wird allmählich einen vollwertigen Grundsatz des Privatrechts gebildet. Nach seinem Wesen soll die Geltendmachung dieses Grundsatzes zur funktionellen Einheit der freien Privatautonomie einerseits, und der rechtlichen Gleichheit von Subjekten anderseits, beitragen. Dabei trägt die freie Privatautonomie einen individualistischen (liberalen) Charakter und die rechtliche Gleichheit hat ein ausgesprochen gesellschaftliches (soziales) Ausmaß. Daraus ergeben sich auch die Hauptfunktion und das Ziel des Grundsatzes vom Schutz des schwächeren Subjekts im Privatrecht im Allgemeinen und in einem neuen Zivilgesetzbuch insbesondere. D.h., er soll das Gleichgewicht zwischen den liberalen und sozialen Elementen der privatrechtlichen Verhältnisse herbeiführen. In concreto handelt es sich um die Gleichgewichtung von Interessen aller teilgenommenen Subjekte im Rahmen eines bestimmten Institutes mit dem Ziel, das (sozial)gerechte Ergebnis zu erreichen.

Nach diesen theoretischen Erwägungen folgt im diesen Beitrag die Erörterung der konkreten Instituten, in denen sich im vorbereiteten Zivilgesetzbuch augenscheinlich die Wertorientierung und insbesondere der gegenständliche Grundsatz widerspiegelt. Es geht nur um einige Beispiele, weil dieser Grundsatz sich durch das ganze Privatrecht und entsprechend dem Wirkungsbereich des ZGB durch alle Teile des neuen Kodexes zieht. Es handelt sich um solche Regelungen, die entweder nominal aber auch sachlich neu sind, oder grundsätzlich inhaltliche Änderungen aufweisen. In diesem Sinne werden in diesem Aufsatz näher erklärt die neuen Regelungen über die Unterstützung der volljährigen mentalgestörten Person bei der Ausübung der Rechtsgeschäftsfähigkeit (allgemeiner Teil), über die Möglichkeiten die Lebenspartnerschaft im zweiten Teil des ZGB (Familienrecht) zu verankern, über die Änderungen der Pfandrechtsregelungen mit dem Ziel, das Gleichgewicht zwischen den Interessen des Pfandgläubigers und des Pfandschuldners herzustellen, usw.

Von allen Teilen des vorgeschlagenen Zivilgesetzbuches hat sich der Grundsatz des Schutzes vom Schwächeren im fünften Teil (Schuldrecht) am meisten und am häufigsten vermischt. Das ist besonders im Abschnitt über das Vertragsrecht ersichtlich, weil gerade hier die Vereinheitlichung der Handels- und Nichthandelsobligationen als neue konzeptionelle Erscheinung markant zum Ausdruck gebracht wird. Dementsprechend spielt in diesen Regelungen der Verbraucherschutz und die Harmonisierung mit den EU-Richtlinien eine erstrangige Rolle. Von allen Beispielen, die in diesem Aufsatz erörtert werden, widmet der Autor gerade dieser Problematik die größte Aufmerksamkeit.

Weaker Party Protection in Labour Law

Helena Barancová

The social role of private law following the goal of ensuring social stability is most significantly reflected in private obligation law, even though the dominant feature of private law is the principle of contractual autonomy of subjects.

The social role of private law was in the centre of attention of Gierke's theory, suggesting that private and legal positions of individuals should not depend on their social status.[1]

Weaker party protection is fundamentally related not only to the contractual autonomy principle but also to the principle of the equality of parties, specifically reflected in labour law in the form of the principle of equal treatment.

Labour law has a genetic relationship with the issue of weaker party, as already the time of labour law establishment was immediately affected by the necessity of weaker party protection. Labour law started to develop as employee protecting law, when the state started to affect the sphere between employees and employers, which had been exclusively private by then, and it started to regulate the spheres of working time, occupational health and safety, and ban on child labour. [2]

The genetic relationship of labour law and weaker party protection has been preserved until nowadays. In none of the private law branches is contractual autonomy more limited for the benefit of a weaker party than in labour law.

The state predominantly interferes with the spheres of life and occupational health and safety protection in the legal form of commands and prohibitions also nowadays, regardless of the existing employment contract. The given public state interventions create a relatively solid boundary between public

1 Otto Friedrich von Gierke: Soziale Aufgabe des Privatsrechts, lecture, Vienna, 1889

2 Act for the Preservation of the Healt and Morals of Apprentices and others,employed in Cotton and ther Mills and Cotton and other Factories dated June 22, 1802 is considered to be the first act on the protection of employees.

regulations on one hand and labour law provisions on the other hand, while the number of public regulations is also nowadays significantly higher than the number of legal sources of contract labour law. The content of employment contract which represents a part of the contract law has never been determined by the whole content of employment. A significant part of employment is created and fixed by means of law as well as union agreement, a specific source of labour law. It creates mandatory law in the content of employment. Labour law principally determines that relatively mandatory employment regulations can be contractually deflected only for the benefit of employees.[3]

Even though the principle "everything that is not banned is allowed" applies to labour law as well as civil law, prohibitions and commands represent a substantial part of employment even nowadays. Restrictions to the freedom of contract by means of state interference through mandatory provisions of acts have been reflected not only upon concluding employment contracts but also during the whole employment.

1. International and European Legal Protection of Employees

Employee protection is, to a significant extent, guaranteed by international labour law as well as the laws of the Council of Europe and the European Union. All the three legal systems function with the goal of increased employee protection, and at the same time they have always significantly limited trends in national labour regulations. The Slovak Republic is currently bound by 68 International Labour Organisation conventions. A relatively high extent of employee protection is also ensured by the European Social Charter, ratified by the Slovak Republic in 2008, and Revised European Social Charter, ratified in 2009. The extent of the freedom of contract restrictions in labour law for the benefit of employees is also significantly affected by the EU law in form of numerous directives, which create at least social and legal standards restricting the freedom of contract of employer for the benefit of the employee for national legal regulations of the EU member states.

Weaker party protection is also significantly reflected in international and European interstate law as a restriction to the choice of law for the benefit of the employee, whether in "Rome I" regulation or Rome Convention.[4]

---

3 Löschnigg, G.: Arbeitsrecht, 11. Auflage, Wien 2011, pp. 44-45.

4 Regulation (EC) No. 593/2008 of the European Parliament and of the Council of 17 June 2008 on the law applicable to contractual obligations (Rome I)

2. Weaker Party Protection and Freedom of Contract

Examining the weaker party protection in labour law, it is particularly reflected in the legal form of contractual autonomy restriction as well as in the form of dynamic development of anti-discrimination law in labour law.

Freedom of contract restrictions in labour law occur more than in other branches of law, particularly upon:

- selection of contractor,
- selection of contractual forms,
- content of employment, and
- termination of labour relations.

2.1. Selection of Contractor

The employer has and will have a dominant position in the sphere of labour relations in dependent employment also in the 21st century. The employment contract itself, based on the free choice of parties, establishes the dependent labour relationship as a relationship of subordination and superordination of parties also in the 21st century. A specific feature of this labour relation is that in most cases, the employer has a right to determine working conditions unilaterally regardless of mutual agreement of contractual parties (e.g. working time arrangement, arrangement of the time for rest, or specification of the start of holiday).[5]

Employment contract, although formally and legally based on contractual autonomy, does not ensure its parties equal negotiating positions, thus it does not establish equal legal positions of the parties upon the employment contract conclusion. Also due to unequal negotiating positions of the parties upon employment contract negotiation, legislature tends to intervene towards the protection of employees against unfavourable social impact of unrestricted market force.[6]

---

5 Schrammel W.: Die Finanzmarktkrise und die Zukunft der österreichischen Arbeits- und Sozialrecht, Zeitschrift für ausländisches und internationales Arbeits. und Sozialrecht (ZIAS), 2012, roč. 246 pp. 141 a n.
Watermann, R.: Die Finanzmarktkrise und die Zukunft der deutschen Arbeits- und Sozialrechtsordnung, Zeitschrift für ausländisches und internationales Arbeits. und Sozialrecht (ZIAS), 2012, roč. 246, pp. 125 a n.

6 Bělina et al.: Pracovní právo, 5th amended and revised edition, Praha: C. H. Beck, 2010, pp. 11.

According to comparative analysis of the present legal status of the EU member states, the Slovak Republic has the lowest legal level of mandatory labour inclusion of persons with health disabilities (so-called quote system). The last extensive amendment to Act No. 5/2004 Coll. on employment services as amended caused a resolute deterioration of the situation of persons with health disabilities and their inclusion on the labour market, initiated on May 1, 2013. Mandatory, relatively low share (3.2 %) of labour inclusion of persons with health disabilities has been accompanied by a new model of "active employment policy" in relation to persons with health disabilities, which is not as favourable for them as it has been so far. As of May 1, 2013 the given act changed mandatory allowances and fulfilment for the employers employing persons with health disabilities to optional fulfilment, which deteriorates the position of persons with health disabilities, particularly their approach to the labour market. It also applies to financial contributions for persons with health disabilities who would like to run a business. This significant change against persons with health disabilities was made by social-democratic government, reasoning by the achievement of a greater directness of the given allowances. However, it is generally known that the reason for the significant change to the legal status is the deficit of financial resources in the SR. Provision of financial allowances for employers or persons with health disabilities are decided by employment departments at respective district labour offices, not immune to subjective influence. We suppose that the protection of persons with health disabilities upon their inclusion on the labour market will be optimized in the near future, even though there are also many arguments for a pessimistic legislative development already nowadays.

2.2. Free Selection of Mandatory Contractual Form

Amendment to the Labour Code carried out with the legal effectiveness as of January 1, 2013 significantly increased employee protection in the phase of their inclusion in the labour market by Section 1, imposing a mandatory command to carry out dependent work exclusively in the form of employment or other labour relations, neither commercial nor civil relations. The same provision of the Labour Code at the same time imposes an explicit prohibition to apply civil or commercial contractual relations to dependent work execution. The new legislation thus increased a legal guarantee for employees, as dependent work performance has to be performed by employers within labour relations, not civil or commercial relations. The given change to the legislation enhances employee legal status particularly from the viewpoint of their future legal claims in case of an illness as well as future claims in the sphere of retirement income insurance, even though it significantly restricts the freedom of contract of the participants in labour relations. Its application in the Slovak Republic often brought situations, regarding the same type of work, when employers bound one physical person by a half of the working time as an employee and the other half of the working time as a freelancer.

2.3. Free Representation of Contract Content

As already mentioned, the extent of mandatory legal regulations in any of the legal branches of the Slovak legal system does not determine the content of labour relations more than in labour law. The reinforcement of the impact of mandatory provisions on employment content also occurred under the influence of dynamic EU law development in the sphere of socio-legal and technical employee protection as well as ban on discrimination. It particularly concerns specific obligations of employers in the sphere of occupational safety and health protection.

The legal sphere of occupational safety and health protection of employees is also characterised by the fact that it functions for the benefit of all employees regardless of the quality of their labour contribution.

Contractual autonomy of a legal subject is legally restricted by effective labour law not later than upon contractual agreement of the type of work. Employer and employee cannot contractually agree a type of work inconsistent with the health of the employee. The given implies that labour law protects employee even without their will, which is also significantly reflected in the legal structure of reasons for unilateral transfer at a different position. Section 55 (1) of the Labour Code necessarily requires to carry out unilateral assignment of an employee to a different position (health reasons on the side of employee) also against the will of both parties, not only the employer but also the employee. Some authors of the present expert literature consider such legal status to be an inappropriate interference with the contractual autonomy of parties to employment, particularly pointing out to the fact that the same as employment contract conclusion, any changes to employment contract should comply with the free choice of employment as a classical liberal freedom.[7]

---

7 Wagnerová, E., Šimíček, V., Langášek, T., Pospíšil, I. a kol.: Listina základních práv a svobod: PrahaWolters Kluwer ČR, a.s. 2012, pp. 573, pozri tiež Halířová, G.: Právo na svobodnou volbu povolání versus převedení na jinou práci, In: Blaho, P., Švecová, A.: (Eds). Hodnotový systém práva a jeho reflexia v právnej teórii a praxi, II. Vyd. Veda, Bratislava, diel, pp. 974-975.

2.3.1. Legal Regulations of Working Time

Legal regulation of working time has a dominant meaning from the viewpoint of employee protection not only because it is historically connected to labour law establishment but also due to the fact that the existing working time regulation has a cardinal impact on the quality of life and the health of employees. Actual working time length has a direct impact on personal and family lives of employees and has a positive or negative impact on the connection of working and family lives of employees.

On the other hand, working time is a substantial feature of working relations flexibility. Labour law of the Slovak Republic is characterised by a relatively high level of the liberalisation of working time legal regulation. Present labour regulation of working time creates a substantial part of employment and has a mostly mandatory legal character. It is mostly taken from the contractual autonomy of employment participants. An exemption to the above mentioned is only the present labour regulation of flexible working time, which reflects the contractual autonomy of employment participants.

Convention of the International Labour Organisation No. 1/1920, which binds the Slovak Republic, enacts in Clause 2 that working time of persons employed in any private or public industrial enterprise or its part cannot exceed eight hours a day and 48 hours a week (excluding exemptions). Also the given convention clearly implies the way legal regulation of working time was taking in the 20th century, and to what legal model it resulted at the beginning of the 21st century, when cases of 16-hour working time are not exceptional, not only in the category of works with lower qualification demand but also in the category of managers, bank employees and other categories.

Efforts to harmonise working time at the level of the whole European community already occurred in the 1970s. The Directive 93/104/ES on certain aspects of working time organisation introduced the first binding working time rules in the EC.[8] In 2003, the Directive 1994/104/ES was replaced by the Directive 2003/88/ES on certain aspects of working time (hereinafter only the Directive), which is still effective, even though there are still intense efforts at the EU level to change it and further liberalise it. Development at the EU level in the sphere of working time over the last years has been connected to constant expansion of the options of individual prolongation of weekly working time (opt-out system),[9] even though the European Parliament resolutely refused

---

8 detto

9 It is a legal model of individual contractual agreement of a weekly working time, deflecting from the legal model of the Directive 2003/88/ES, defining mianly the maximum weekly working time and minimum levels of daily and weekly resting after executed work.

any further liberalisation of the Directive on working time in its Opinion dated October 8, 2008. Common opinion of the Council dated June 2008 on the liberalisation of the Directive was called "a return to the 19th century" by the European Parliament. As the European Parliament representatives further declared: "Boundless deregulation of mainly working time is a reason for the destruction, and the present global financial crisis is one of its consequences. According to the European Parliament, the opt-out system cannot continue forever, as it is against the lives of employees, health of employees and at the same time it opens doors to social dumping."[10]

In spite of the aforementioned, there have been stronger and stronger efforts at the European level by employer entities to make the Directive content more flexible, while urgent priorities include a change of the existing Directive and enabling of longer arrangement periods, changes regarding standby duty and its inclusion in the Directive content, more liberal timing of compensatory rest after work upon exceeding a daily or weekly working time.

There is an international legal regulation of working time and European regulation of working time in the legal form of a directive as well as ratified European Social Charter and also ratified Revised European Social Charter. Has the life quality of employees changed for the better from the viewpoint of working time length? Social psychologist Robert Levine, who was dealing with the speed of life, found out that the greatest speed of life has been recorded in the countries of Western Europe with Switzerland and Japan at the top, and the cities of the northeast of the USA. The issue of the speed of life, which is immediately connected to the intensity of working engagement in professional work, undoubtedly also regards Slovakians. Work load can break anyone, the line employees as well as top managers. For more than 20 years after the 1989 revolution, we have experienced what has been developing in Europe for over 60 years. And it has literally come down to many of us. We certainly know our peers who have become burnt-out disabled persons. It concerns not only manual workers working 16 hours a day but also many employees at top managerial positions who have not coped with sudden and long-term high work engagement and pressure. They have broken families, psychological diagnoses and they are unhappy. A fact that has contributed to it in Slovakia is that the Slovak Republic is a manufacturing zone for foreign corporations which not always respect human dignity of employees upon employing people.[11] With approximately 14 % unemployment, employees do not have courage to litigate with their employers and even the most courageous ones usually do not succeed, as employers get the upper hand. They

---

10 Opinion of the European Parliament dated October 8, 2008

11 Topic: "Uštvaní prácou", Týždeň magazine, Vol. X, September 9, 2013, pp. 9-14.

engage good lawyers and specialists in litigations and employees or their colleagues give a lot of thought to whether they start litigation with their employer.

There is nowadays an extensive judicature of the EU Court of Justice regarding the Directive 2003/88/ES, suggesting that ensuring the right to a maximum weekly working time as well as a minimum time for rest represents a principle of the EU social law with particular importance. An employee is to be considered the weaker party upon this issue assessment according to explicit wording of the decision of the EU Court of Justice. According to the EU Court of Justice, it is necessary to avoid the possibility of an employer to restrict the employee in their rights resulting from the Directive.[12] Employees themselves do not have to ask their employer to respect the minimum requirements upon the observation of working time and time for rest.[13]

Present problems of working time regulation at the European level include not only the specification of the working time as a term itself but also the counting of weekly working time in several employments. Working time in several employers should be counted for the purpose of getting a weekly working time, which also results from the Report of the Commission on the Fulfilment of the Directive 2003/88/ES as well as from Clause 4, Subsection b) of the Directive 2002/15/ES and from many other EU legal documents, particularly the documents of the European Parliament.[14]

The key legal insufficiency of the Slovak labour regulation of working time by the Labour Code is the fact that it enables to achieve the given weekly maximum limit of 48 hours in each employment separately, i.e. the maximum weekly working time is not recorded for the entity of an employee but in each employment separately. It is also suggested by Section 50 of the Labour Code, according to which rights and duties within parallel employments are assessed separately.

Apart from the aforementioned, with regard to the Directive´s objective – occupational health protection and safety, the member states should impose mechanisms to monitor and enforce the observation of the directive, particularly in cases when employees conclude several labour contracts with the

12 Fuß (C- 429/09), dated November 25, 2010

13 C- 429/09 (Fuß) dated November 25, 2010, section 84 as well as legal issue C- 397 – 403 /01 (Pfeifer) and another dated March 9, 2004, sections 82 and 84.

14 Report of the Commission to the European Parliament, the Council, European Economic and Social Committee and the Committee of the Regions on the enforcement of the Directive 2003/88/ES by member states, (SEK 2010) 1611, Brussels, December 21, 2010 KOM (2010) 802 in the final wording, also the Opinion of the European Parliament presented at a press conference in Brussels on November 8, 2008.

same employer at a time.[15] It is necessary to state in this relation that no functional monitoring system has been introduced in the Slovak Republic so far.

Actual observation of maximum weekly working time according to the Directive is also significantly deformed by overtimes. Slovak labour regulation of the overtime extent by the Code seems to have the European primacy (400 hours annually). The extent of maximum allowed overtimes per year represents more than a ¼ of the full working time of an employee on average.[16]

According to one of the latest decisions of the EU Court of Justice, a legal regulation not granting employees the right to daily rest after working for the whole employment duration takes away the essentials of the subjective right of employee to a rest after performed work and it opposes the Directive´s objective.[17] According to Clause 3 of the Directive, member states will adopt measures necessary to ensure that each employee is entitled to minimum daily rest in the duration of 11 consecutive hours in the course of 24 hours.

According to Section 92 (1) of the Labour Code, daily rest after performed work is defined to be 12 hours in accordance with the Directive. On the other hand, Section 92 (2) of the Labour Code enables employers, for taxation reasons, to unilaterally shorten the daily rest after performed work to eight hours, to a relatively long time not regulated by the Labour Code.[18] In case the employer unilaterally shortens the time for rest for taxation reasons defined in Section 92 of the Labour Code of the SR, he is obliged to provide the employee an equivalent continuous compensatory rest within 30 days.

According to the decision of the Court of Justice in Jaeger case: "if a member state adopts the possibility to shorten the daily rest of an employee such reduction has to be compensated by the provision of a compensatory rest in the extent of the number of consecutive hours corresponding to the reduction of the time for rest before the beginning of the next working time. The fact that such time for rest is provided at a different time not directly related to the extended working time due to overtime, it normally does not reflect the need to follow the fundamental principles of the occupational safety and health protection.[19] Equivalent time for compensatory rest is to be recognised at the soonest possible time after the respective working time."[20]

The present judicature of the EU Court of Justice clearly implies that the

---

15 detto

16 Maximum overtime extent of 400 hours per year applies in relation to other employees.

17 C-428/09 section 60, also refer to BECTU, section 48

18 It is work included into justified deflections from weekly working time under Section 17 (3) of the Directive

19 C- 151/ 2002 (Jaeger) dated September 9, 2003, section 97

20 detto, section 103

provision of compensatory rest within 30 days according to Section 92 of the Labour Code of the SR does not correspond to the equivalent time for rest according to the Directive. Daily rest reduction to eight hours without its immediate settlement made the Slovak labour regulation by the Labour Code inconsistent with the content and objective of the Directive, as it does not enable their provision immediately after respective working time so that the time for rest after performed work would meet their primarily purpose.

2.3.2. Exemptions from Weekly Rest and Equivalent Compensatory Times for Rest

Requirements of the European legislature for exemptions from weekly working time were also communicated and formulated in recent Accardo decision.[21] The Court of Justice repeatedly emphasizes the necessity to provide equivalent rest compensations. According to the decision in Accardo case, unauthorised reduction of weekly or daily rest after work would deny the subjective right of employees for rest during the week which is, in accordance with the requirements of Section 5 of the Directive, defined as the minimum limit.[22] Member states have to carry out such deflections from principles defined by the Directive with required precision and clarity. These deflections according to the judicature of the Court of Justice are supposed to be restricted to a necessary minimum.[23] According to the Directive 2003/88/ES, arrangement period for weekly time for rest is 14 days, i.e. the employer is obliged to settle differences in the extent of provided weekly rest not later than within 14 days.

Slovak labour regulation (Section 93 of the Labour Code) does not respect the given requirement of the Directive for the 14-day arrangement period. According to Section 93 of the Labour Code, the reduction of weekly rest after work is enabled in five legal models with the provision of compensatory time for rest significantly later than defined by the Directive 2003/88/ES as well as the present judicature of the EU Court of Justice.

We witnessed a very strong pressure of employers during the whole last decade, particularly regarding more and more liberal working time legal regulation, which reflected upon each amendment to the Labour Code. We cannot doubt the fact that working time regulation is among the decisive fea-

21 C- 227/09 (Accardo and others) dated October 21, 2010, sections 55 and 58

22 Detto section 46

23 C- 227/2009 (Accardo and others) dated October 21, 2010, section 58, and C-151/02 (Jaeger) dated September 9, 2003, section 89

tures of labour relations flexibility; however it also has its legal limits determined by the dignity of employees, the quality of their lives and lives of their families. Further development of the working time regulation at the EU level should also take into account a very unfavourable demographic development in the EU with still decreasing share of young people in the whole population, social exclusion, poverty of children, solidarity between generations in relation to the ageing society as well as solidarity of the employed with the unemployed. Dependent work at the turn of the third millennium also in the sphere of working time length is supposed to create relatively equal conditions of free economic competition, and on the other hand, it has to correspond to the dignity of a person as a sovereign member of the human community. We therefore suppose that human dignity protection is the most important, most significant limiting factor of present as well as future development of the legal regulation of working time in the Slovak Republic.

2.3.3. Legal Confirmation of Minimal Wage

Out of many other mandatory restrictions of the labour relation content, we should point out to the law on minimum wage, which binds all employers to provide remuneration for performed work in the minimum extent of mandatory minimum wage regardless of the character of performed work. The legislative minimum wage provision requirement has been extended above the employment framework since January 1, 2013, and it also refers to the sphere of so-called additional labour relations, agreements on works performed in addition to employment.

2.4. Freedom of Contract Termination

In spite of long-term efforts of employers in the Slovak Republic to liberalise the existing labour regulation of unilateral employment termination by employer, the last extensive amendment to the Labour Code effective since January 1, 2013 has confirmed the legitimacy of the existing regulation, under which employer can unilaterally terminate employment only for taxation reasons. The taxation character of legal reasons is also required by the Labour Code upon immediate employment termination not only by the employer but also by the employee. Unilateral employment termination by the employer requires the employer to meet further substantive notice conditions.

Among numerous conventions of the ILO, which have most significantly influenced labour law development in the Slovak Republic over the last decade and whose significance has a primary impact on the existential conditions of the employees, the Convention of the ILO No. 158 from 1982 on employment termination by employer, and the Recommendation of the ILO on employment termination by employer are key. The Slovak Republic ratified this convention in 2010. Certainly also due to the impact of its ratification, a socially acceptable level of labour protection of employees upon unilateral employment termination by employer has been maintained in the labour law of the Slovak Republic.

There is no general employee protection against employment termination by employer in the EU law. Special employee protection upon a transfer of a company or its part is a subject of the Directive 2001/23/ES on maintaining employee claims upon such transfer of a company or its part, and Directive 1998/59/ES on maintaining employee claims upon mass lay-offs, and Directive 2008/94/ES on maintaining employee claims upon employer´s insolvency.

Slovak labour regulation in this systematic part is compatible with the EU law, and legislative development over the last years has gradually enhanced it for the benefit of the employee.

2.5. Protection of Special Categories of Employees

Protection of special employment categories in the existing labour law is crucial. It concerns not only a greater protection of persons with health disabilities but also a greater protection of pregnant women, mothers after birth giving as well as breastfeeding women upon special working conditions as well as upon the establishment and termination of employment by the employer. It should be said that the SR has a relatively above-standard regulation of special protection of pregnant women, mothers after birth giving and breastfeeding women, and related above-standard protection in the spheres of maternity leave and parental leave.

3. Anti-Discrimination Law

Anti-discrimination law in the SR is relatively well-developed. It is a subject of Act No. 365/2004 Coll. (anti-discrimination law) as well as the Labour Code and other special laws. Employee protection within labour relations is particularly reflected in the anti-discrimination law, which is considered to be "the favourite child" of the EU law.

The most important EU directive in the sphere of anti-discrimination law of the 20th century, which had a significant impact on labour law development in the EU member states, is the Directive 1976/207/EHS on the application of equal treatment principle regarding access to employment, preparation for employment and promotion in employment as well as in relation to working conditions as amended by Directive 2002/73/ES.

Expansion of anti-discrimination law at the beginning of the 21st century is mainly connected to the implementation of Directive 2000/78/ES, representing a general framework for equal treatment in employment and occupation (hereinafter as "Directive 2000/78/ES") and Directive 2000/43/ES, which implements the equal treatment principle between persons regardless of their racial and ethnic origin. Directive 2000/78/ES expanded discrimination elements in accordance with the Treaty of Amsterdam by age, health disability and sexual orientation. The EU law enforces bans on discrimination based on health disability and discrimination based on sexual orientation, and the Court of Justice also adopted a very important judicature in the given sphere.[24]

European requirements on the equal treatment principle have also been reflected in the present labour regulation of the SR.

Besides direct and indirect discrimination prohibition, the EU law explicitly prohibits also unlawful instruction of superiors leading towards discrimination as well as an encouragement to discrimination, harassment of employees at workplace including sexual harassment of employees.

The issues of discrimination prohibition have been one of the most fundamental for the whole labour law sphere. Their importance is also underlined by the requirement of the European legislation on the burden of proof on the part of the defendant. Similarly to the ILO Constitution, the EU law recognises the equal treatment principle as a fundamental human right, which is extensively documented by the present judicature of the EU Court of Justice.[25] A legal basis of the ban on discrimination in the sphere of labour relations is, besides the Constitution of the SR, the Labour Code and Act No. 365/2004 Coll. (anti-discrimination law).

The ILO Convention 111/1958 on discrimination in employment and occupation represents a relatively broad legal framework of discrimination ban

24 C- 13/06 (Navas), C- 303/06 (Coleman C- 267/06 (Maruko), C-147/08 (Römer), C-144/04 (Mangold), C-17/05 (Cadman), C-411/05) Palacios de la Villa, C-427/06 (Bartsch), C- 388/07 (The Queen), C-555/07 (Kücükdeveci), C- 88/08 (Hütter), C-229/08 (Colin Wolf), C- 341/08 (Peterson), C-45/09 (Rosenbladt),C-250/ 09 (Georgiev), C-447/09 (Prigge), C-159/10 and C-160/10 (Fuchs, Köller),C-297/10 and C- 298/10 (Sabine Hennigs), C-415/10 (Meister), C-141/11 (Hörnfeldt).

25 Discrimination in general

not only upon dependent work performance. From the viewpoint of its reference, it also relates to self-employed persons as well as persons preparing for their occupation. The convention not only guarantees equality upon employment or occupation execution but, in Clause 2, it also binds the member states to support the equality of chances with the goal of ensuring actual equality in practice.[26] With regard to the present development of EU anti-discrimination law, this convention is currently undergoing a hard test. Present judicature of the EU Court of Justice has fundamentally legalised the possibility of the enforcement of notice by employer after reaching retirement age, even though the EU Court of Justice has not been clear enough when interpreting this issue. With regard to discrimination based on age, it is necessary to say that the Court of Justice has not found a coexistent judicature line so far. A notable example of this situation in the current judicature leading are the decisions of the EU Court of Justice regarding the issue of general age limits, which the Court of Justice interprets in different ways, e.g. that the employer is entitled to enforce notice, if the given employee reaches retirement age. Based on the opinion of the Commission, this specific legal regulation of the age limits is only permissible if it is required to achieve a legitimate objective, and if it is appropriate and necessary at the same time. According to the decision of the Court of Justice in the issue of Pallacios de la Vila, unilateral employment termination by employer is only permissible if the employee´s present wage is compensated by retirement pension. The Court of Justice expressed a different opinion in the issue of Hörnfeldt.[27] Generally, it is necessary to draw from the decisions of the Court of Justice made so far that the Court of Justice admits the determination of general age limits for employment termination.

Present development in the judicature of the EU Court of Justice interprets exemptions from the equal treatment principle relatively extensively.[28] It can therefore be very probably expected in the EU member states in the upcoming period that also the existing labour legislation of the EU member states will enable the notice by employer based on the reaching of retirement age under the condition that the given employee will be ensured retirement pension.

The equality principle does not prevent the observation or adoption of measures defining special advantages for the benefit of the under-represented sex. The Chart of Fundamental Rights of the EU itself thus admits a "positive" discrimination (affirmative action) for the benefit of the under-represented

---

26 Convention was ratified in 1990

27 C- 411/05 (Palacios) dated October 16, 2007 (sections 73 and 77), C-45/09 (Rosenbladt) dated October 12, 2010, section 44. C- 159/10 (Fuchs and Kôhler) dated July 21, 2011, section 67.

28 Insert the judicature of the Court of Justice on discrimination based on age

sex, mostly women. The given approach of the European legislature regarding positive measures has its legal basis in the EU primary law itself. It is embedded in the Treaty of the Functioning of the European Union, Section 157, Clause 4.[29]

Anti-discrimination law in the Slovak Republic has been changing over the last years under the direct pressure of the European Commission in order to correspond not only to the directives content but also the present judicature of the EU Court of Justice. A greater problem than the quality of discrimination legal regulation itself is rather the state of application often not corresponding to model situations of neither European nor national legislation.

Negative approaches towards older employees occur at workplaces regardless of their physical and professional abilities. Employees in their forties thus have great difficulties finding a job.

The number of cases of harassment and bossing is increasing at our workplaces, while the Labour Code of the SR does not regulate this issue accordingly.

The most alarming is the present situation in practice upon the remuneration of women and men. In his last report, the Minister of Labour, Social Affairs and Family of SR admitted numerous cases of women segregation in labour relations.

4. Atypical Employments

The European Union has carried out several initiatives over the last years of the global economic and financial crisis, supporting work in flexible labour relations as one of the possibilities how to be successful on the labour market. On the other hand, it establishes certain legal limits for legal orders of the member states, guaranteeing social and legal employee protection. In its Opinion dated October 1, 2009, Clause 1.9, the European Economic and Social Committee emphasises "that reforms of labour markets in the member states should prevent further increase of the number of positions characterised by excessive flexibility at the expense of certainty, which has increased over the last years without an appropriate social security."[30] According to the

29 C- 450/93 (Kalanke), C- 409/95 (Marschall), C-407/98 (Abrahamson Anderson, C- 476/99 (Lommers), C- 319//03 ((Briheche).

30 Similar opinion was also adopted by the Committee of Regions of the EU on February 7, 2008. It was published in the Official Journal of the EU C105 dated April 25, 2008, p. 16,

Economic and Social Committee, "it is necessary to plan a post-Lisbon process in order to fulfil objectives occurred during the probably long and difficult recession." An effective struggle with unemployment in the period of economic recession is seen in internal, not external flexibility, which should not be understood as a set of measures to facilitate lay-offs of employed people or to weaken and threaten general social protection of employees.

After several years of experience with the application of agency work, we can say that agency work legal forms are misused in practice in the whole Europe, and they are not sufficiently fought against by national legislations of the EU member states. It is absolutely clear and unquestionable that a part of labour costs upon agency work execution is lost in the triangle consisting of employee – employer – agency of temporary work. Modern slavery is therefore discussed in the European legal literature related to agency work.

Directive 2008/104/ES enforces the ban on discrimination of agency employees in comparison to the employees working under standard working conditions. Actual situation in the application practice does not suggest the observation of the equal treatment principle. Numerous misuses against agency employees occur. Even though Article 5 of the Directive 2008/104/ES introduces a possibility of member states to adopt necessary measures against agency work misuse, such restrictions have not occurred in Slovak labour regulation. The present labour regulation of agency work in the Slovak Republic is among the most liberal in the whole European Union. Certain agency work legal restrictions regarding the chaining of fixed-term employment contracts has been brought by an amendment to Act No. 5/2004 Coll. on employment services as amended, effective as of May 1, 2013. A sanction for the chaining of fixed-term employment contracts is a conclusive presumption of employment termination for the temporary employment agency and the application of permanent employment in relation to the user employer. Pursuant to Section 29 (2) of Act No. 5/2004 as amended, temporary assignment is not a repeated agreement between a user employer and temporary employment agency on a temporary assignment of the same employee more than five times in consecutively over 24 consecutive months. Employment between an employee and temporary work agency is terminated in such cases, and permanent employment between user employer and employee is initiated.

Of the atypical employment forms, EU law significantly favours the part-time form of employment. Part-time employment regulation in Directive 1997/81/ES is defined as a type of flexible employment necessary to be supported by member states, not restrict its further development, which is also

---

section 22. Also refer to: Green book: "Modern Labour Law and Requirements for the 21st Century" (KOM 2006 708).

supported by the current judicature of the EU Court of Justice.[31] The judicature of the EU Court of Justice also understands the written notice of an employer on part-time employment conclusion, compulsory in relation to public office, to be a barrier to the development of this employment form, and it considers it to be in contradiction with Directive 1997/81/ES.[32]

The problem is that remuneration the employee gets for dependent work execution in part-time employment is not enough for living. It is also a reason why part-time employment has not developed in the legal regulation of SR into a form known in several more developed countries of the EU and the world. It is necessary to search for an efficient legal model of labour relations for future after the economic recession. On-call work or work in a very short part-time employment should not be trivially used for the financial security of the existential needs of the employees but as an active measure of the labour market in order to maintain threatened job positions. Classical employment model with the development of the relations with productivity and perspective should prevail in future. Atypical labour relations, extensively used during the economic crisis, have only deepened inequality.

5. Collective Labour Law

Collective labour law represents a protection mechanism in relation to individual labour law.

Actual problem of the Slovak collective labour law is a relatively low level of the organisation of employees in the unions. With regard to the dualism of employee rights protection applied in 2001, neither the fact that employees put their trust in the issue of the protection of their interests to employer guidance has been confirmed. As the application practical experience shows, employees use their constitutional coalition freedom only in a small extent, which results in the fact that this several years taking process has only brought a low number of employees able to exist next to the union authorities or separately.

The second significant problem of the Slovak collective labour law is the actual absence of the extension of collective agreements of a higher level, which is supposed to change in the upcoming period.

---

31 Detto

32 Connected issues of C-55/07 and C- 56/07 (Bozen and others) dated April 24, 2008

6. Is Further Liberalisation of Labour Relations Necessary?

Many entrepreneurs in the Slovak Republic do not like the enhancement of labour law protection function. Constant pressure on liberalisation of the existing labour regulations threatens employees′ existential fundamentals. This pressure has increased in the period of economic and financial crisis. It has been reflected in the mass increase of so-called precarious employment, agency work, on-call work and part-time employment with a small extent of employment over the last years. A great part of economically active employees not able to survive existentially with regard to a low level of their labour participation has occurred in the 21st century, also under a massive impact of neoliberal views of society arrangement. The 21st century has also brought the elimination of the ability of employees to existentially secure themselves and their families by their income from so-called precarious employment. Time shows that classical permanent employment model and determined weekly working hours will be necessary to readopt in practice. Atypical employments were legal tools for employers and employees to survive at the time of economic and financial crisis, however they should not be expanding in future.

The erosion of labour relations and the undermining of employer position are deepened by the usage of outsourcing and offshoring. They have an almost devastating effect on the global labour markets and deepen further polarisation of wealth and poverty in the European Union and in the world.

Besides the aforementioned, new social risks have occurred in the 21st century in the form of threats to fundamental human rights, whether they are new forms of slavery and forced labour or threats to other fundamental human rights and freedoms like the right to private life of employees.

6.1. Prohibition of Slavery, Compulsory and Forced Labour

Prohibition of slavery and compulsory and forced labour are also topical nowadays. According to the present expert literature, slavery and forced labour threatens more than 27 million people in the world also in the 21st century.[33] Slovak press has recently published that up to 103 Slovakian people experienced slavery abroad in 2012. Modern oppressors focus on the whole families and receive social allowances for them. Slovak police interfered in 37

[33] Borowsky, M.: Verbot Volter und unmenschlicher oder erniedriger Strafe oder Behandlung. In: Meyer, J, (Hrsg) Charta der Grundrechte der Europäischen Union, 3 Aulage, Baden-Baden, 2011, pp. 187.

cases of modern slavery in 2012. Modern slaves most often headed towards Great Britain, Italy, Austria and Belgium. Besides prostitution, there are more and more cases of forced labour. Slaves have to work in agriculture and food industry, building industry, road reconstruction, hotel and delivery services as well as hashish growing. Men from Slovakia are most often used for forced labour in Great Britain right after Polish men. Based on the data from non-governmental organisations, it is estimated that around 20,000 people a year work in the form of forced and slave work only in Great Britain.[34]

One of the reasons for modern slavery in the 21st century is the corrupt behaviour of states, corrupt behaviour of governmental officials, economic breakdown of states and social and economic crises. Methods and ways of the world economic globalisation lead towards new slavery. Compared to classical historical methods of forced labour, they are more sophisticated than in the past. Modern methods of modern slavery are often applied to employees who have to be at permanent disposal to their employers and whom employers treat worse than goods (e.g. the case of employees working under slavish conditions in Bangladesh), for whom employees work under humiliating, undignified salary and working conditions 7 days a week and 16 hours a day. The existence and numerousness of slavery practices in the 21st century require a consideration as well a revision regarding not only ILO conventions but also the European Convention on Human Rights and Fundamental Freedoms. Great disrespect for the prohibition of forced labour is often hidden behind more and more intense requirements regarding the enhancement of flexibility and liberalisation of labour relations.

Whether it is necessary also within the European Union to continue in the enforcement of neoliberal views on society arrangement in the sphere of labour law in the 21st century has been sufficiently answered by the global economic and financial crisis. It points out to hard and negative impact of neoliberalism in all social, not only economic processes in a broader European area and in the world.[35] Even though the European Union strategy "Europe 2020" prefers intelligent, sustainable and inclusive growth with a high employment level in the upcoming years, which would ensure social cohesion, the present situation in practice shows that it is only a wish of the EU authorities. It is one of the reasons why there are many arguments for further complementation of the market coordination system by the correctives of solidarity and social justice.[36]

---

34 Daily Sme, September 11, 2013

35 Hayk, F. A.: Die Erhaltung des liberalen Gedankengutes. In: Kerber, W. (Ed.): Die Anmaß und von Wissen, Neue Freiburger Studien. Tübingen. Mohr Siebeck, pp. 249-261.

36 Krpec, O. – Hodulák, V.: Sociální tržní ekonomika jako relevantní koncepce hospodárkej politiky ve 21. století, Ekonomický časopis, vol. 60, 2012, No. 9., pp. 887.

State social policy should restrict the impact of the maximisation of economic outputs of human work and should be a guarantee of basic material freedom at this position.[37] We can deal with the key issue in this relation – a solution to the crisis should be a return to the ethical extent of economic development, restriction of moral hazard in dealing with the fundamental social values and a fight against corruption. Eurostat itself admits that the extent of European corruption is between 150 and 170 billion, representing at least the whole EU budget.[38]

Avoiding ethical principles in business has become a part of the global society and a future solution should be the business ethics enhancement and deepening of the extent of social responsibility of the companies. If we identify with the thesis that the global financial and economic crisis occurred as a product of the absence of ethics in the behaviour of all economic subjects, particularly of the financial sector, the solution to post-crisis problems should be the return to moral principles of such behaviour.

7. The Latest Challenges in Labour Law Development

The latest challenges in labour law development are particularly connected to the legal consequences of the ageing of population in international extent and new challenges resulting from this irreversible process. It is assumed that the number of inhabitants aged 65 and above will triple by 2050. This new demographic context has a significant impact on the policies of employment and social protection. The global financial crisis deteriorated the situation on labour markets and increased unemployment levels for all inhabitant categories. It causes a financial pressure on the social security systems. This development has even been escalated by political discussions on employment and social protection in new demographic context. On the basis of long-term trends, the key social and economic challenges caused by demographic changes, accentuating the need of dignified work integrated framework, which expands during the life cycle and accepts inter-generation solidarity, are currently being analysed by ILO.

---

[37] Detto. Also refer to Böhm, F.: Freiheit und Ordnung in der Marktwirtschaft, Baden-Baden, 1980.

[38] Hontyová, K. – Ivanová, P.: Aktuálne problémy globálnej hospodárskej krízy a ich možné teoretické a praktické riešenie, Ekonomický časopis, vol. 60. 2012, No. 10, pp. 1059-1079.

Maintaining natural environment and ensuring access to dignified work for all have shown as the most significant challenges of the 21st century. While the persistent global economic crisis has deteriorated environment and social protection, the recognition of the key task of dignified work in sustainable development is still increasing. It has been reflected in the number of recent national political initiatives. The necessity to build upon the interaction between ecologically sustainable development and dignified work in order to recover from the crisis and eliminate poverty was explicitly formulated at the United Nations conference on sustainable development (Rio+20) in June 2012.

The International Labour Conference adopted the ILO declaration on social justice for fair globalisation at its 97th meeting (2008). The declaration expresses the universality of dignified work programme. According to this declaration, all International Labour Organisation members have to carry out policies based on ILO strategic objectives – employment, social protection, social dialogue and labour rights.

The need of consistent environmental, economic and social policies in accordance with the ILO Declaration on social justice for fair globalisation from 2008 has been underlined. The need to adopt necessary policies and enforce strategies maximising opportunities for dignified work and enhancement of social inclusion on the way towards ecologically sustainable development has been reaccentuated.[39]

---

39 Opinion of the European Social Committee on the Proposal of the Decision of the Council on European Year of Active Ageing (KOM) 2010 462, 2011/C/51/11 dated September 7, 2010

Who is weaker? Defining David

Kristián Csach

If a protective measure is no longer seen as something exceptional, it may be construed in a more imaginative way, so as to include other situations.

Ewoud Hondius[1]

Abstract: The contribution deals with the perils of the definition of the term consumer. The author focuses on borderline issues analysed in connection with the definition of consumer and consumer contracts (dual purpose contracts and plurality of parties). By paying attention to Austrian case law relating company law and the position of shareholder as a consumer the author illustrates that the company law embraces its own inherent protective mechanisms which shall counter the extension of consumer protection law into company law.

Key words: Consumer law – definition of consumer – consumer contract – dual purpose contracts – mixed contracts – shareholder as consumer

I. Definition of the weaker party – *conditio sine qua non* for any protective regulation?

The protection of the weaker party in contemporary law is safeguarded by different mechanisms.[2] General norms on fair dealing, good morals and fair trade might be interpreted as protecting the weaker party. The legislator might chose a more situation based or transaction-related approach to the protection by setting mandatory norms regulating a particular transaction that is presumed to include a weaker party. The protection is granted by enactment of rights and obligations which favour the party which is (*in abstracto*) considered weaker (i.e. the regulation ranging from commercial agency to labour

1 Hondius, E.: The Protection of the Weak Party in a Harmonised European Contract Law: A Synthesis. In: *Journal of Consumer Policy* 27: 245–251, 2004, p. 246.

2 See in more detail Cherednychenko, O.: *Fundamental Rights, Contract Law and the Protection of the Weaker Party*. Sellier, 2007, 629 p.

law or tenancy). In recent times there are also attempts to formulate a general rule on the protection of weaker party going beyond the classical good morals regulation.[3]

However, despite such generalised approaches, the definition of a weaker party is cardinal for any legal regulation aimed at the protection of a weaker party. And unfortunately every definition has its perils both *in abstracto* and *in concreto*. If the definition of the weaker party is not existent or unclear the subjects obliged to adjust their contractual relations to the possibility that they will fall into the scope of the protective rule will *race to the top*. We may assume the parties will align their relations to comply with the protective regulation even in cases lying outside the actual scope of the protective regulation if the scope of the regulation is unclear. *In dubio pro* protection of the weaker party even though it may increase the costs of the transaction.[4]

It is not simple, maybe even not possible, to define the weaker party. Only a generalization of the prototypic weaker party might lead to a functional regulation on its protection. However, the more the definition of the weaker party and thereby the scope of protection shifts from the prototype of the weaker party towards an abstract model, the more it will be an attempt to regulate the transactions itself than to protect a clearly defined weaker party. Generally, the typical consumer is usually projected as a debtor who was deceived and is now facing a claim that will deprive him from his belongings. Nonetheless, no generalization should lead to shortcuts. It cannot be said the debtor is *per se* the weaker party.[5] Is the involuntary party a weaker one (and what about the state)? The situation for both the legislator and the adjudicative body is not that simple.

Let us focus on the definition of "*consumer*" to illustrate the perils of the protection of weaker party when its personal scope of application is defined by general material criteria which remain unclear. The term "*consumer*" is defined by each EU instrument and its national counterparts for its own purposes and although these definitions generally converge, they show small distinctions. Generally speaking, the definition includes positive (natural person)[6] and negative (acting outside the scope of his business, professional or commercial activities) criteria.

---

3 Compare § 433 of the new Czech Civil Code.

4 Hondius claims that the assumption is not evidenced. See Hondius, op.cit. p. 247.

5 Consider at least the efforts of the EU to combat late payments protecting the creditors: Directive 2011/7/EU of the European Parliament and of the Council of 16 February 2011 on combating late payment in commercial transactions. *OJ L 48, 23.2.2011, p. 1–10.*

6 With the exemption of art. 2 (2) package travel directive. Council Directive 90/314/EEC of 13 June 1990 on package travel, package holidays and package tours. *OJ L 158, 23.6.1990, p. 59–64.*

The viability of a definition proves itself not in regular but in borderline situations. Much has already been written on the definition of consumer but we shall now focus on some of the well and less known borderline situations to describe the potential unintended spill-overs of the regulation and the means to counter the extension of the consumer law into other fields of legal regulation.

II. Testing the definition – who is a consumer?

a) Dual purpose (mixed) contracts

The definition of a consumer is linked with the purpose of his acting (purpose of the contract entered into). On many occasions the contracting party acts with the purpose of both his professional (trade, business, craft or commercial) and private activities. Such contracts are called dual purpose contracts or mixed transactions and their legal classification as consumer contract is questionable.

In general, it is possible to classify the dual purpose contracts as consumer contracts or as contracts falling outside the scope of consumer protection or to enact or evolve criteria based upon which the contracts could be flexibly and depending on the circumstances of the case considered as either consumer or non-consumer contracts.

According to the Court of Justice in the *Dietzinger case*[7] even a slight connection to a professional activity of the natural persons deprives him of the protection of consumer legislation (excludes the application of consumer law). A person is to be considered a consumer (for the purposes of the doorstep-selling directive in the relevant case) if he acts for a "*purpose which can be regarded as unconnected with his trade or profession*" (para 22). Later, in the *Gruber case*, the Court of Justice allowed a marginal combination of professional and private purposes as not depriving the natural person of the consumer protection by stating that a consumer is "*a person who concludes a contract for goods intended for purposes which are in part within and in part outside his trade or profession ..., unless the trade or professional purpose is so limited as to be negligible in the overall context of the supply, the fact that the private element is predominant*

[7] Judgment of the Court of 17 March 1998, C-45/96, Bayerische Hypotheken- und Wechselbank AG v Edgard Dietzinger [1998] ECR I-01199.

being irrelevant in that respect." [8] The notion of the consumer remained rather narrow according to both, the legislation and the case law.

However a rather hidden struggle to broaden the narrow concept is identifiable. The DCFR introduced a concept of prevailing purpose within the legal definition of the consumer (as acting *primary* for the purpose outside the scope of his professional activity)[9] extending thereby the consumer protection also on contracts which would fall outside its scope as was previously defined by the case law. The express legislative change did not occur and in the following legislative attempt, the regulation on consumer rights,[10] a more subtle approach was chosen. Without the amendment of the core definition of the consumer in the regulatory text itself, a new paragraph has been introduced into the recital (Nr. 17) stating that if a contract is concluded for purposes partly within and partly outside the person's trade and the trade purpose is *so limited as not to be predominant in the overall context* of the supply, that person should also be considered as a consumer. It seems that the change which was sparkled by the directive on consumer rights gained ground and the most recent legislative acts on consumer protection, the Regulation on consumer ODR[11] and the Directive on consumer ADR[12] are seemingly aiming to modify the notion and legal consequences of dual purpose contracts leaving the legal definition of the consumer unchanged but also incorporating a "hidden" interpretative rule set by recitals of the mentioned legal acts.[13] The proposal on CESL,[14] despite previous drafts that included – in line with the DCFR – the ad-

---

8 Judgment of the Court of 20 January 2005, C-464/01 Johann Gruber v BayWa AG [2005] ECR I-439.

9 Art. I.-1:105 (1) DCFR: A "consumer" means any natural person who is acting *primarily* for purposes which are not related to his or her trade, business or profession.

10 Directive 2011/83/EU of the European Parliament and of the Council of 25 October 2011 on consumer rights, amending Council Directive 93/13/EEC and Directive 1999/44/EC of the European Parliament and of the Council and repealing Council Directive 85/577/EEC and Directive 97/7/EC of the European Parliament and of the Council Text with EEA relevance. *OJ L 304, 22.11.2011, p. 64–88.*

11 Regulation (EU) No 524/2013 of the European Parliament and of the Council of 21 May 2013 on online dispute resolution for consumer disputes and amending Regulation (EC) No 2006/2004 and Directive 2009/22/EC (Regulation on consumer ODR). *OJ L 165, 18.6.2013, p. 1–12.*

12 Directive 2013/11/EU of the European Parliament and of the Council of 21 May 2013 on alternative dispute resolution for consumer disputes and amending Regulation (EC) No 2006/2004 and Directive 2009/22/EC (Directive on consumer ADR). *OJ L 165, 18.6.2013, p. 63–79.*

13 Recital Nr. 13 of the Regulation on consumer ODR and recital Nr. 18 of the Directive on consumer ADR.

14 Commission proposal on a Regulation (EU) for a "Common European Sales Law" (CESL). COM (2011) 635 final.

verb *"primarily"*, returned to the narrow legislative concept with an opening clause in the recital[15] like the current one in the recitals of the above mentioned directives on consumer rights and on consumer ADR and the regulation on consumer ODR. The decision not to broaden the narrow view is considered to be political and resulting from the previous public consultations.[16]

In comparison to the case law it is clear that the legislator tries to import a new notion of consumer into mixed contracts. It is indeed a significant paradigmatic change.[17] Putting aside the technique of such legislative change that is rather hidden (recitals) and the question whether it is possible to change the notion of mixed contracts in the vast field of consumer protection only by particular legal acts (two of them being of procedural nature what results in the divergence between the substantial and the procedural consumer protection), the concept of *"prevailing purpose"* of the contract shall not be followed and the case law is to be adhered to.

The *"prevailing purpose"* notion of the dual purpose presupposes that one person combines the positions of a professional and a consumer and that it is possible (*ex ante*!) to objectively identify the prevailing purpose of the transactions. We express our doubts on this issue.

We may anticipate that a contracting party is not protection-worth if contracting for professional purpose, whether we shall assume its possibility of influence on the content of the contract or we simply consider it legitimate to burden the professional with the perils of the contract; in both situations is the professional not protected. The professional knowledge/power is not divisible within a single contract. It is not possible to say, that a professional lacks his expertise in 60 % or 80 % of the contract if he is able to activate his professional expertise even in the marginal portion of the contractual purpose.

If according to the default rule the professionals are not protected if they are acting in the scope of professional activities, the rule has to be applied disregarding the actual portion of the professional purpose of the contract. Therefore, a more sensible solution is the accent on the presentation of the

---

15 See Micklitz, H. W., Reich, N.: The Commission Proposal For a "Regulation on a Common European Sales Law (CESL)" – Too Broad or not Broad Enough? EUI Working Papers, LAW 2012/04, pp. 11 et subs. [online]: http://cadmus.eui.eu/bitstream/handle/1814/20485/LAW_2012_04_ERPL_03.pdf.

16 Parfumi, Ch.: Constructing a common contract terminology. In: Devenney, J., Kenny, M.: *The Transformation of European Private Law. Harmonisation, Consolidation, Codification or Chaos?* Cambridge University Press, 2013, p. 143.

17 Kingisepp, M., Värv, A.: The Notion of Consumer in EU Consumer Acquis and the Consumer Rights Directive—a Significant Change of Paradigm? In: JURIDICA INTERNATIONAL XVIII/2011, pp. 44 et subs. [online]: http://www.juridicainternational.eu/public/pdf/ji_2011_1_44.pdf.

contract, whether it is presented as belonging to professional / commercial activities of the parties, or not and whether the purpose of the contract was recognizable to the other contractual party.

b) Multilateral contracts, plurality of parties

A less discussed problem is the definition of a consumer in a contract with plurality of parties, either all of them in distinctive and separate positions (multiple debtors – multiple parties of the transaction) or a plurality existing within a single contractual position (multiple persons appearing on one side of the transaction). Let us assume that one of the persons involved in the transaction is acting for his private purpose, while the other ones in the course of their professional commercial activities (i.e. collective financing of asset purchase). It is open whether the purpose of the contract is to be analysed in general or relating to a single person towards all the others and whether it is possible to differentiate within one contractual relation between a consumer and a professional sub-relation.

If the plurality of the parties makes it possible to split the relation between the participants into alone standing relations with separate contents (and with the possibility of their separate legal *fate*) the natural person acting outside the scope of his professional activities may be considered a consumer in regard to his individual relation and in contrast to individual relations of other professional parties. But, if the transaction is not divisible into such individual relations, the nature of the contract shall be considered as a whole and it is advisable to apply the same concept as above in the case of dual purpose contracts to identify whether the contract is a consumer contract or not. Thereby, in typical circumstances, the natural person would be excluded from the protection of the consumer contract.

c) Shareholders and Managers as consumers

Another complicated and yet unsettled issue is the extent of consumer protection within company law. We might think of various different situations ranging from the ownership of shares majority or even a one-man company run by the single shareholder to the occasional investment in stocks within the distribution of the assets to avoid risk, or the participation in the decisive bodies of a corporation. Are natural persons in these positions acting outside the scope of their professional activity? Practically, most of the problems arise if these persons are obliged by an arbitration clause, provide loans to the company or a guarantee regarding the debts of the company,[18] but also in contracts relating to payments received from the company.

In general, company law issues lay outside the scope of consumer law regulations.[19] However, national legislators might (either expressly or tacitly) extent the consumer law protection also upon persons within company law relations. We shall now focus on the question whether a shareholder or a manager might be deemed as a consumer for the application of the unfair terms legislature, provided that the company law is not excluded from the application of the consumer regulation. An interesting subject of study is Austrian case law relating to the position of shareholders who concluded a guarantee for the debts of their companies. It was open whether the shareholders or even managers enjoy the protection of consumer law in such contractual relations.

According to the Austrian Supreme Court, a shareholder with only a financial interest in the company and therefore without any significant influence on the management of the company is in no aspect a professional supplier for the purpose of consumer law. The contribution of capital is no professional activity and the shareholder is to be considered a consumer. The guarantee provided for the debts of the company is only a consequence of the financial investment and is therefore to be considered as a consumer contract.[20]

In a later judgment the Austrian Supreme Court held that a shareholder who is not a company director (nor a member of the board), but is a representative of the company (*procurist*) lacks the entrepreneurial activity and is also to be considered as a consumer. It is necessary that the person is entitled to a organ-like acting on behalf of the company in order to fulfil the requirements for the classification as a professional. A „*procura*" is not considered sufficient. Therefore a guarantee contract between a shareholder (*procurist*) and the company is to be considered a consumer contract. The nature of the secured transaction is thereby irrelevant.[21]

According to a more recent judgement, a shareholder (in the relevant case also a member of the decisive board) is to be considered a professional if he controls the majority of the shares. A smaller share (without having special blocking rights granted by articles of association of the particular company) is in general not sufficient to ensure influence on the management of the company.[22]

---

18 See Harrer, F.: Gesellschafter und Manager als Konsumenten. In: *Wirtschaftsrechtliche Blätter* 24, 605-611 (2010).

19 Council Directive 93/13/EEC of 5 April 1993 on unfair terms in consumer contracts. *OJ L 95, 21.4.1993, p. 29–34.*

20 OGH 9. 8. 2006, 4 Ob 108/06w.

21 OGH 14. 2. 2007, 7 Ob 266/06b.

22 OGH 24. 4. 2012, 2 Ob 169/11h.

The response to the case law by Austrian legal science has been rather critical[23] and some voices expressed doubts even on the possibility to extend the reasoning of the consumer protection, based on the logic of influence of shareholders on the operation of a company, relating to shareholders of *GmbHs* (limited companies) also in regard to *AGs* (joint stock companies) because within joint stock corporations the shareholders have less influence on the actual running of the company.[24]

If analysing the mentioned case law it is necessary to take into account that the position of the shareholder and the protection granted by consumer law shall *not be contradictory to his position granted by other branches of law* and his classification as a consumer shall not raise questions regarding the consistence of value and policy based decisions of the legislator as to who is the weaker party. The shareholder is not an *extraneus* to the company but an integral member of it. It is underlined that special provisions in company law and bankruptcy law make the shareholder (and manager) stand worse than other creditors because he is supposed to have more influence on the company and more information on its financial situation disregarding the actual portion of shares he is holding. Furthermore, there shall be no differences between the legal consequences and the classification of the shareholder as a person worth protection as weaker party, whether his financial engagement was performed by payment of money to the company or by granting a guarantee for its debts.[25]

Some authors see in the Austrian case law approach an additional contradiction between two different positions of a shareholder. Firstly, under the doctrine of piercing of corporate veil ("*Durchgriff*") is the shareholder made responsible for the debts of company only under extraordinary circumstances. Generally a shareholder is entitled to call upon the "corporate mask" to differentiate between the position of the company (the economic unit) as a legal person and his position as a member of this entity (distinctive economic unit) with the effect that he might not be made responsible for the debts of the company. On the opposite, the consumer case law thinks of the shareholder as a professional provided he has influence on the management of the company, and thereby accepts that the shareholder might have the same professional position as the company.[26]

---

23 See the analysis of the published opinions in OGH 24. 4. 2012, 2 Ob 169/11h.

24 See Huemer, D.: Anmerkung zu OGH 9. 8. 2006, 4 Ob 108/06w. In: *Wirtschaftsrechtliche Blätter* 4, (2007). p. 243.

25 This aspect is highlighted by Heidinger, A.: Anmerkung zu OGH 14. 2. 2007, 7 Ob 266/06b. In: *Wirtschaftsrechtliche Blätter* 9, (2007), p. 447.

26 See Harrer, F.: Gesellschafter und Manager als Konsumenten. In *Wirtschaftsrechtliche Blätter* 24, (2010), p. 608.

From our point of view it is necessary to keep in mind that the *power* of the shareholder (whether seen as bargaining, economical or legal power or whatever quantitative or qualitative advantage) is not to be defined by circumstances lying outside the company law itself. Therefore, a private individual controlling 5 % of the shares is in the same position towards other shareholders disregarding the fact whether he is a typical consumer, or a pension fund or other strong institutional investor. The sole fact of the minority in shares does not lead to the conclusion that the shareholder is entitled to the protection *as a consumer*. Nor is he facing a Goliath (a strong professional) against whom the protection is being granted. His position as a professional (for the purpose of consumer law) regarding transactions entered into because of his participation in the company is thereby parasitic to the professional status of the company he is a member of. A shareholder shall not be considered a consumer.

Therefore, neither the articles of incorporation nor any company law relative contract between a shareholder and the company (whether credit, loan or a guarantee) or between shareholders is to be considered a consumer contract. The protective mechanisms of company law – rules on transparency, derivative claims (*actio pro socio*), protection of minority shareholders – and the paradigms dominating company law take the place of consumer protection. An additional control and corrective mechanism on the substance of the contractual relationship with a shareholder would provide a discriminatory position of one member of the company towards the others and would create at least a two class shareholders system which is – to a certain extent – contrary to the logic of corporate law.[27]

The same principles apply towards managers, directors or members of the board (whether a decisive or a supervisory). Their position towards the company lies not within consumer contract, but within a special fiduciary obligation embracing a number of professional obligations (loyalty, due care, etc.). Its content differs from the typical money for goods /services transaction between a consumer and a professional. It is not possible to demand from the manager on the one hand to have professional expertise to exercise due care (at least on the level of business judgment rule) and on the other to provide him with a consumer protection relating to transactions he has massive influence on. Moreover, the contractual relation upon which the director is performing his office is a risky transaction by its nature[28] and shall therefore be excluded from the consumer protection.

---

27 Effectively, the results described converge to those achieved in the already mentioned *Dietzinger* case on dual purpose contracts.

28 For more detail see Havel, B.: *Obchodní korporace ve světle proměn. Variace na neuzavřené téma správy obchodních korporací*. Praha : Auditorium, 2010, p. 151.

The legislator and the courts are therefore advised not to extend the consumer protection upon shareholders nor managers of the company in relation to the transaction connected to their involvement in the company and relating to its professional activity. Obviously, the exclusion of company law from the consumer protection does not affect the primary contractual relation based upon which the position of the particular shareholder is obtained (contract on purchase of the stocks or shares).

Results (?)

The consumer protection is not a new all-in-one principle of private law but only one of different protective mechanisms the law offers. There are sector specific protective means that exclude the need and possibility of consumer protection in particular situations. However, the definition of the consumer (a typical weaker party) with its blurred contours brings problems when answering more complicated questions and special sector specific situations, like those described in the contribution (dual purpose contracts, plurality of parties and company law issues).

Maybe it is on the time to reverse the perspective and to turn one´s eye from the protection of the weaker party to the limitation of the stronger. Both the principle of the protection of the weaker party and the principle of the limitation of the stronger party are similarly intuitive. So by the end of the day; who is David? The answer might be everyone, who is facing Goliath.[29]

Conclusion

The contribution focused on the seemingly simple definition of consumer. By examining dual purpose contracts, plurality of parties and company law relations it was shown that the definition is unclear and allows to broaden the protection contrary to concepts of specific areas of legal regulation with their own protective mechanisms.

29 This contribution is part of the research project APVV-0518-11.

Bibliography

HARRER, F.: Gesellschafter und Manager als Konsumenten. In: *Wirtschaftsrechtliche Blätter* 24, pp. 605-611 (2010).

HAVEL, B.: *Obchodní korporace ve světle proměn. Variace na neuzavřené téma správy obchodních korporací*. Praha : Auditorium, 2010, 196 p.

HEIDINGER, A.: Anmerkung zu OGH 14. 2. 2007, 7 Ob 266/06b. In: *Wirtschaftsrechtliche Blätter* 9, (2007), pp. 444-447.

HONDIUS, E.: The Protection of the Weak Party in a Harmonised European Contract Law: A Synthesis. In: *Journal of Consumer Policy* 27: pp. 245-251, 2004.

HUEMER, D.: Anmerkung zu OGH 9. 8. 2006, 4 Ob 108/06w. In: *Wirtschaftsrechtliche Blätter* 4, (2007). pp. 237-243.

CHEREDNYCHENKO, O.: *Fundamental Rights, Contract Law and the Protection of the Weaker Party*. Sellier, 2007, 629 p.

KINGISEPP, M., VÄRV, A.: The Notion of Consumer in EU Consumer Acquis and the Consumer Rights Directive—a Significant Change of Paradigm? In: JURIDICA INTERNATIONAL XVIII/2011, pp. 44 et subs. [online]: http://www.juridicainternational.eu/public/pdf/ji_2011_1_44.pdf.

MICKLITZ, H. W., REICH, N.: The Commission Proposal For a "Regulation on a Common European Sales Law (CESL)" – Too Broad or not Broad Enough? EUI Working Papers, LAW 2012/04 [online]: http://cadmus.eui.eu/bitstream/handle/1814/20485/LAW_2012_04_ERPL_03.pdf.

PARFUMI, Ch.: Constructing a common contract terminology. In: Devenney, J., Kenny, M.: *The Transformation of European Private Law. Harmonisation, Consolidation, Codification or Chaos*? Cambridge University Press, 2013, pp. 131-147.

Protection of the weaker party in internal relationships of companies

Ján Husár

Abstract: "Inside" a limited liability company there are diverse relationships between the company and its shareholders, among the individual shareholders, between individuals working in corporate bodies and the company itself, as well as between shareholders and the company in arranging the company's affairs. Not only minority shareholders, but also the company itself or one of the shareholders (in terms of relations among the shareholders in respect of participation in the company), as well as members of the company's bodies, may find itself in the position of the weaker party in these relationships. The main object of this paper is to define the limits of protection of the weaker party in these relationships and the means by which it is possible to ensure its protection.

Key words: Limited Liability Company, Shareholders, Minority Shareholders, Corporate Bodies, Weaker Party.

The protection of a weaker party is conceived as a principle related both to freedom and to equality[1]. The recent developments in contemporary companies, as described by Hurdík J. and Lavický P., unambiguously indicate that in relationships involving parties with highly unequal initial positions, it is insufficient to provide these parties with the same means[2]. This approach provides merely a formal illusion of equality; nonetheless, the said inequality of the initial positions also gives rise to inequality of the result[3]. Companies as legal persons encompass elements of co-operation among the shareholders, as well as elements of conflicts both mutually among the shareholders and between them and the company. The shareholders usually do not have the same position in these relationships, but they are driven by the same goal – therefore, the concept of the need for balancing and correcting the initial positions

1 HURDÍK, J., LAVICKÝ, P.: Systém zásad soukromého práva *(System of Private Law Principles)*, Masaryk University, Faculty of Law, Brno, 2010, p. 120

2 Ibid, p. 120.

3 Ibid, p. 120.

through the provision of different means (rights and obligations), but with the opposite polarity, should also apply to internal relationships of companies[4]. However, it is not easy to determine who the weaker party inside a company actually is and whether he needs protection, and if so, by what means[5].

A number of various legal relationships arise inside companies during their existence; these relationships, which are mostly of contractual nature, are established mutually among the shareholders of the company, between the company and its shareholder(s), between persons involved in company bodies and the company, etc.

From this scope of contractual relationships, our further analysis will focus only on agreements between the shareholders and the company and mutually among the shareholders in relation to their participation in the company. There is a major difference among these agreements according to the applicable Czech laws, as agreements between the company and a shareholder always have the nature of an absolute transaction[6], regardless of the subject of these agreements, while agreements among shareholders of the same company are absolute transactions only if they are concerned with relationships connected with their participation in the company. Other relationships among the shareholders that are not concerned with participation in the company do not have the nature of absolute transactions. The aforesaid differentiation can be illustrated, for example, by a loan agreement executed among shareholders of the same company, stipulating that the given shareholder shall use the loaned amount to pay up his contribution to the company; this agreement is governed by the Commercial Code even if one or both shareholders are not entrepreneurs – nonetheless, the agreement is concerned with their participation in the company. In contrast, a purchase contract made by shareholders of the same company, establishing a usual contractual relationship between these shareholders, will be governed by the Commercial Code only if these shareholders are entrepreneurs and the purchase is related to their business activity.

---

4 Ibid, p. 221.

5 In relationships between an entrepreneur and a consumer, the consumer is generally deemed to be the weaker party

6 The notion of "absolute transaction" is defined in Section 261 (6)(a) of the Commercial Code, according to which the Commercial Code also applies, **regardless of the nature of the parties**, to contractual relationships between a shareholder and a company, as well as mutually among the shareholders.

I. Definition of Relationships inside the Company

The internal relationships among shareholders of the same company, having the nature of absolute transactions, can be defined based on the example of relationships inside a limited liability company. Shareholders of the same limited liability company may enter, for example, into the following agreements:

- agreement on transfer of ownership interest (i.e. share purchase agreement)[7];
- agreement on pledge *(orig.? – trans.)* of the ownership interest[8];
- agreement of shareholders on convening the General Meeting of the limited liability company[9];
- agreement of shareholders on exercise or waiver of the priority right to provide a contribution for an increase in the registered capital[10];
- agreements among shareholders on a joint procedure in election of persons to company bodies[11];
- agreements among shareholders in formulating and promoting business plans of the company.

The shareholders of a specific company may, in fact, have different positions in their mutual relationships pertaining to their participation in the company and having the nature of absolute transactions. These relationships may arise among shareholders of the same company who are entrepreneurs (have the status of a business person) and who are assumed to act in these relationships as professionals, i.e. as qualified entities that pursue specific objectives in these relationships and are also aware of any potential unfavourable consequences of their conduct.

However, such relationships may also exist among shareholders of a company who are not entrepreneurs and who conceive their participation in the corporation as an alternative to investing their money, i.e. an alternative way of increasing the value of their contributions. Such shareholders are not in the position of professionals in these relationships, but rather of amateurs, who should be protected analogously to the protection afforded by the law to "amateurs" (non-professionals, laypersons) in other cases.

---

7 Section 113 of the Commercial Code

8 Section 117 (a) of the Commercial Code

9 Section 129 (2) of the Commercial Code

10 Section 143 Commercial Code

11 Agreements on the exercise of the right to vote are also denoted in professional literature as syndicate agreements or pooling agreements.

There may also be a relationship between a shareholder – entrepreneur – on the one part and a shareholder who is not an entrepreneur, on the other part. This will therefore be an "imbalanced" relationship in terms that there is a professional on one side of the relationship and a layperson (non-professional) on the other side. However, it is also fairly common that these relationships involve shareholders of a company who are all laypersons in terms that they do not have the status of entrepreneur – however, since they are personally engaged in the company's activities, participate in the corporate bodies or perform managerial duties in the company, they *de facto* become professionals who have the necessary professional knowledge in mutual relationships and can determine whether they defend their interests as shareholders *(orig.? – trans.)*. Even those shareholders who are not entrepreneurs can be professionally more capable and qualified in view of their education or experience than those who have the status of entrepreneur – a professional – but have education and experience of a layperson. Relationships among shareholders of a company are thus often multilateral relationships where several shareholders or a group of shareholders promote, based on a mutual agreement, their own ideas of further development of the company, the arrangement of internal relationships, nomination of persons to corporate bodies, etc. against other shareholders or a group of shareholders.

A dual regime of relationships among the shareholders of a company is inadmissible as it would undermine legal certainty of all the shareholders. The Commercial Code therefore stipulates a uniform nature of such relationships, which are always governed by the Commercial Code regardless of the nature of the parties. However, this only further increased the anomalies and the legal regulation became very complex. This "anomaly" should be eliminated by the uniform regulation of contractual relationships in the new Civil Code. Furthermore, some agreements among shareholders have the nature of association agreements and it is difficult to determine who the weaker party is and should thus be afforded appropriate protection within these agreements.

While the regulation of relationships among shareholders in the Commercial Code is quite general and unspecific, the provisions on the relationships between a company and its shareholder are more concrete.

The following agreements may be concluded between a shareholder and a company, for example:

- agreement on acquisition of the shareholder's assets by the company for consideration;
- agreement on surrendering the benefit from a transaction in which the shareholder breached the ban on competition;
- agreement on transfer to the company of rights acquired by the shareholder by breaching the ban on competition;

- agreement between a shareholder and the company on exercising the company's rights vis-à-vis another shareholder (contract of mandate);
- agreement between the company and shareholder on the performance of an obligation of the company to another shareholder on the grounds of the shareholder' liability for the performance of the company's duties, etc.

The relationships between a shareholder and the company will usually be bilateral relationships where the shareholder enforces certain claims against the company or, *vice versa*, where the company enforces claims against the shareholder.

II. Definition of the Weaker Party

The provisions on mutual relationships among the shareholders and especially on relationships between the company and its shareholder are formulated more in the negative than in the positive, i.e. the legal regulation stipulates limitations indicating when (in which cases) such agreements may not be concluded, to which persons such limitations in execution of agreements are applicable, subject to what conditions such agreements may be made, or for what period these agreements may be concluded, etc.

For example, an agreement between a shareholder and a limited liability company by which the company acquires assets from the shareholder for a consideration amounting to at least 10 % of the value of its registered capital is subject to a limitation according to which such an agreement may be validly concluded only if the value of the subject of the agreement has been determined by means of an expert report and also to a limitation related to entry into force, where such an agreement may not enter into force before it is deposited in the collection of instruments together with the expert report[12].

The company itself is often in the position of the "weaker party" in such an agreement. M. Majeríková states that these provisions aim at preventing the creation of a fictitious registered capital, which could occur in cases where the founders, attempting to avoid compulsory valuation of non-pecuniary contributions in founding the company, would first create the registered capital from pecuniary contributions and, after its incorporation, the company would then use the pecuniary means provided to it with a view to creating the registered capital to purchase assets from a founder which should, in their nature,

[12] Section 59a of the Commercial Code

form the subject of his non-pecuniary contribution to the registered capital[13]. According to M. Majeríková, the statutory limitation consisting in stricter preconditions for the acquisition of assets by the company from a shareholder is aimed at protecting the company[14]. The company is protected as the weaker party from the other party (i.e. the shareholder). However, it is more difficult to determine in whose interest the company is afforded protection – whether this is in the interest of the company itself (and also in the interest of its shareholders, save for the shareholder who is the counterparty in the given transaction) or also in the interests of third parties, specifically the current and potential creditors, including the State.

There are also several limitations applicable to agreements among shareholders. For example, the provisions on agreements on transfer of an ownership interest among shareholders of a limited liability company include a limitation in that such a transfer must be approved by the company's General Meeting. Specific agreements are shareholders' agreements on a joint procedure in promoting their interests in the company. The shareholders stipulate, for example, how they will vote on a certain proposal at the General Meeting, which proposal they will support and, on the other hand, which they will not. These agreements also include provisions on which persons will be nominated to the corporate bodies. A specific feature of these agreements lies in the fact that, where the vote is taken by ballot, it is difficult to prove whether the anticipated result was achieved in the voting and, if not, who breached the agreement.

In mutual relationships among the shareholders of a company that are concerned with their participation in the company or in relationships between the company and its shareholders, the Commercial Code does not differentiate among the shareholders based on their professionalism, i.e. whether or not they are entrepreneurs – the Code always considers these relationships to be business relationships and thus "forces" shareholders who are not entrepreneurs to accept the requirements on professionalism in these relationships. However, the criterion of professionalism is not sufficient. While a shareholder who is an entrepreneur, e.g. a company that is in the position of shareholder, is formally an entrepreneur, and thus a professional, it acts through persons who are not experts, and *vice versa*, a person who is not an entrepreneur – for example, a natural person – may be a shareholder and, at the same time, have education allowing him to exercise the shareholder's rights at a high professional level; a shareholder who is not an entrepreneur may simultaneously be

[13] MAJERÍKOVÁ, M. in. OVEČKOVÁ, O.: Obchodný zákonník, komentár *(Commercial Code. Commentary)*, Iura edition,, Bratislava, 2005, p. 170

[14] Ibid, p. 171.

a top manager of the company and be much better informed of the company's situation and use this information in exercising the shareholder's rights.

In the relationship between the company and its shareholders, it is assumed that the shareholders of the company are equal entities, and where a special approach is taken to certain shareholders, this approach is based on differentiation between majority and minority shareholders, rather than on differentiation between "professionals" and "amateurs". Protection of minority shareholders of a company is based on the principle of protection of the weaker parties in the law as such, which is, in turn, based on balancing and seeking a fair solution in those cases where formal application of legal rules would lead to unacceptable results[15]. In companies law, this is reflected, for example, by the fact that minority shareholders of a limited liability company have the right to request that the General Meeting be convened, propose the agenda of the General Meeting, or convene the General Meeting themselves if the Executive Directors of the company fail to positively respond to their attempt at convening of the General Meeting. The laws of neighbouring countries where the legislation has undergone similar development also differentiate only between majority and minority shareholders, rather than between shareholders who are entrepreneurs and those who are not. Finally, expertise, expert assessment, economic, legal and technical evaluation, etc. can be obtained at a comparable level both by a shareholder who is an entrepreneur and by a shareholder who does not operate a business, by using either internal or external capacities. Based on this evaluation of the issue at hand, it is no longer appropriate to maintain the concept that the relationships among the shareholders of the same company and the relationships between the company and its shareholders have the nature of absolute transactions; it will suffice to say that they have the nature of non-business relationships. There are insufficient reasons to regulate these relationships as special relationships, as they do not fundamentally differ from standard contractual relationships.

However – in my opinion – agreements between a company and its shareholder that are not subject to the limitations stipulated in the Commercial Code, i.e. agreements with a standard regime, e.g. an agreement by which the company as the seller sells its product (goods) to its shareholder who is not an entrepreneur as the buyer, should not be subject to the regime of consumer contracts.

In agreements among shareholders of the same limited liability company that are concerned with their participation in the company, a shareholder who has a smaller share in the company need not always be considered the weaker party. While the law affords protection to minority shareholders who are un-

15 HURDÍK, J., LAVICKÝ, P.: Systém zásad soukromého práva *(System of Private Law Principles)*, Masaryk University, Faculty of Law, Brno, 2010, p. 122

able to defend themselves their justified interests in the company, a shareholder whose share in the company is greater than those of other shareholders can in fact be in the position of the weaker shareholder if he, unlike the others, is not a member of the company bodies or management, and thus does not have the same amount of information required for making decisions on his interests as those shareholders who have such information on the grounds of their participation in the company management or bodies.

Neither the position of minority shareholder nor determination of who is a minority shareholder in a limited liability company has to be unambiguous. This is true when the company has generally a small number of shareholders – e.g. 3 to 5 – who all have the same shares in the company – each of them thus has a one-third to one-fifth share in the company and is therefore simultaneously the strongest and the weakest shareholder of the company. Any shareholder who is unable to defend his justified interest in the company can thus be in the position of minority shareholder in decision-making on a certain issue. This leads to a question of whether it is sufficient to define a minority shareholder based on a set percentage share of voting rights or whether this term should be defined on a basis other than percentage (fraction). It is in the interest of functioning of the company and of the shareholder himself that it be clear at any time who has special rights as a minority shareholder.

The protection of the weaker party in contractual relationships in a company has its limits, even though the definition of the weaker party is often problematic in this case. The limits of protection are based both on justified interests of the shareholders in maintaining their assets, or increasing their value, on the one hand, and preserving the company's competitiveness, i.e. the ability to attain the company's business objectives, on the other hand. In other words, protection of the weaker party should not weaken the company itself, its ability to operate a business and to attain its business objectives, and should not be to the detriment of the company's interests. The interests of the company should be preferred to the interests of shareholders. However, there are certain cases where it is justified to give priority to a shareholder's interest at the expense of the interests of the company and its other shareholders. This is true, for example, in case of a change in the prevailing nature of the company's business or continuation of the company's activities after expiry of the term for which it was founded. This will occur, for example, if a shareholder invested his funds in a company that had operated in the area of production of plastics and this field of business is to be changed to harvesting and processing of wood, where the shareholder can see no prospects and should therefore be allowed to leave the company[16].

16 This entitlement is afforded to a shareholder by Section 202 (2) of Act No. 90/2012 Coll.,

However, if the company is the weaker party, the protection of the weaker party (the company) must be seen from a different angle as the company's interest in the protection of its assets (the company assets) and the interest in maintaining competitiveness, i.e. achieving its business objectives, mutually overlap and limits to protection of the weaker party are thus irrelevant in this case.

Protection of the weaker party in relationships between the company and a shareholder, or among the shareholders, is often defined in temporal terms depending on whether the weaker party is the company or a shareholder. If the company is the weaker party, its protection begins upon its incorporation. If a shareholder is the weaker party, he is protected from the time when he becomes a shareholder, whether through primary or derived means. However, this gives rise to two questions at once. The first question is whether or not a shareholder as the weaker party should already be protected from the company's foundation. This question can be answered in the negative as the shareholder entered into the Memorandum of Association based on his autonomous will and became a shareholder based on his free decision, being aware of his position when entering into the Memorandum. The second question is whether a shareholder as the weaker party should or should not be protected from the time when he became a minority shareholder as a consequence of a change in the company, rather than from the time when he became a shareholder as such. Indeed, he agreed with the change or simply accepted it by the fact that he intentionally did not exercise the right to increase his contribution in case of an increase in the registered capital, because he no longer wanted to bear the high risk ensuing from his participation in the company. This question can be answered in the positive, since protection of a shareholder as the weaker party is bound especially on the status of minority shareholder. The term of protection of the weaker party should also expire once the given person ceases to be a minority shareholder. However, in certain cases, the protection should be maintained even after the shareholder loses this status, and after ceasing to be a shareholder as such, because at that time, e.g. the transfer of the onus of proof to the company as a means of protection of the weaker party is a precondition for the shareholder being able to enforce his rights, such as the right to payment of a settlement share.

on corporations and co-operatives (the Corporations Act) – the Slovak Commercial Code currently does not provide this option.

III. Means of Protection of the Weaker Party

The means of protection of the weaker party should be appropriate to and necessary for the attainment of the pursued objective – i.e. balancing the rights and obligations of companies and their shareholders in contractual relationships[17]. An effective means could lie, for example, in the transfer of the onus of proof to the company as the obliged person, where the company would have to prove that it has not committed an unlawful act[18]. By virtue of *actio pro socio*, a shareholder may enforce in courts, even if he is not in the position of a weaker party, a claim for damages and/or other claims that the company has against a member of a corporate body or against another shareholder. The objective of this right is to allow the shareholders to intervene in the interest of the company based on their own instigation in those cases where the corporate bodies remain inactive[19].

A shareholder as the weaker party may protect his interests through agreement with the other shareholders and may claim protection by means of an application addressed to the company bodies (e.g. the General Meeting, or the company's control bodies – the Supervisory Board) or courts. Where a shareholder as the weaker party claims protection by applying to the corporate bodies or the court, the resolution of his situation depends on a decision of the body from which he claims protection of his rights. However, the shareholder also has autonomous instruments by which he can attain his objectives without being dependent on someone else's decision. Such autonomous instruments include, for example, withdrawal by a partner from an unlimited partnership[20] or by a shareholder from a limited liability company[21]. While withdrawal from a partnership or company may appear as "running from the battle", it has several advantages, such as the speed by which the problem is resolved. Withdrawal of a shareholder from a limited liability company, as a new instrument, deserves more attention[22]. A shareholder may withdraw on grounds stipulated by the law: disagreement with a change in the prevailing nature of business and disagreement with prolonged existence of the company. The Memorandum of Association may extend the grounds for

---

17 HURDÍK, J., LAVICKÝ, P.: Systém zásad soukromého práva *(System of Private Law Principles)*, Masaryk University, Faculty of Law, Brno, 2010, p. 136

18 Section 4 (1) of Act No. 90/2012 Coll., on corporations and co-operatives

19 MAJERÍKOVÁ, M. in OVEČKOVÁ, O.: Obchodný zákonník, komentár *(Commercial Code. Commentary)*, Iura edition,, Bratislava, 2005, p. 405

20 pursuant to Section 88 of the Commercial Code

21 Section 202 of Act No. 90/2012 Coll., on corporations and co-operatives

22 Section 202 of Act No. 90/2012 Coll., on corporations and co-operatives

withdrawal by a shareholder from the company. It is questionable whether the limitation of grounds for withdrawal from a company is justified. Should a shareholder not be able to withdraw from the company at any time? This could take the form of a notice, where the participation would terminate upon expiry of the notice period, or the existing grounds should be maintained and further grounds added, such as disagreement with an adopted decision on an increase in the registered capital, disagreement with a decrease in the shareholder's share and his joining the ranks of minority shareholders, or such a ground for withdrawal should be applicable only to minority shareholders.

However, even a minority shareholder can attain the same result through his inactivity as by pursuing an active procedure, e.g. if he fails to pay the remaining part of his contribution to the company or fails to perform the obligation to provide an additional contribution.

Especially in a joint-stock company, a minority shareholder has more rights than minority shareholders of other companies, because he often lacks information. He is often unaware of the identity of the other shareholders of the company, especially major shareholders, and in view of his shareholding interest in the company, he would realistically be unable to enforce his interests even if he were better informed. The rights of a minority shareholder of a joint-stock company include, e.g., the right to participate in the General Meeting, to present proposals, to elect and be elected to corporate bodies, to give instigations to the Supervisory Board or Board of Directors, the right to have his shares repurchased, the right to an appropriate consideration for the company's shares that he holds, etc.

A minority shareholder may enforce his rights in courts, e.g. by lodging an action to have a resolution of the General Meeting declared invalid or an action for cancelling participation of the shareholder in a limited liability company on the grounds that he cannot be fairly required to stay in the company.

IV. Effectiveness of Protection of the Weaker Party

The effectiveness of these instruments is diminished by the long duration of disputes related to the application of protective instruments. This is typical particularly of a refusal to provide information to the shareholder, because information that is not provided promptly ceases to be up-to-date and objective, loses value and its use for the protection of the shareholder's interests is minimal. If the court requires the company to provide certain information to a shareholder, the time that elapses until the decision becomes final and is enforced, is usually too long and the decision is thus no longer of any use. This issue can be resolved by concluding an arbitration agreement or an arbitration clause in respect of the Memorandum of Association, providing for decision-making on disputes in the company by the agreed arbitration *(tribunal – trans.)*.

Conclusion

Complex relationships among the company's shareholders and between the company and its shareholders arise "inside" companies. Within these relationships, it is not always possible to specify the position of weaker party and it is therefore not always possible to determine whose interests should be protected as those of the weaker party and what means should be used to this effect. The relationships "inside" a company are also complicated because they involve, on the one hand, the interests of the company as one of the parties to these relationships and, on the other hand, the interests of the company as an entity formed by all the shareholders, where the interests of a shareholder and of the company may differ. The legislation provides sufficient means of protecting the interests of the individual parties to the relationships inside a company, where the instruments available to the individual parties in protection of their interests vary in terms of their effects. The effectiveness of these instruments is substantially weakened by the long time required for their application, which reduces certainty in respect of the shareholders' interests, while also usually affecting the functionality of the company itself. Agreement on resolving any potential disputes arising in the pursuit of interests of the parties to these relationships by arbitration appears to be a suitable means of accelerating the enforcement of interests of the individual parties to the relationships inside a company.

Summary

Complex relationships among the company's shareholders and between the company and its shareholders arise "inside" companies. Within these relationships, it is not always possible to specify the position of weaker party and it is therefore not always possible to determine whose interests should be protected as those of the weaker party and what means should be used to this effect. The relationships "inside" a company are also complicated because they involve, on the one hand, the interests of the company as one of the parties to these relationships and, on the other hand, the interests of the company as an entity formed by all the shareholders, where the interests of a shareholder and of the company may differ.

A person who acts as the corporate body, and usually as the only member of that body (the sole statutory representative), is in a particularly difficult position, as he is obliged to act in the interest of the corporation and of all its members, while their interests may mutually differ.

The legislation provides a number of options for the protection of interests of the entities inside a limited liability company, where the instruments available to the individual parties vary in terms of their effects. The effectiveness of these instruments is substantially weakened by the long time required for their application. This, in turn, weakens the interests of the company shareholders and also has impact on the functionality of the company itself. Agreement on resolving any potential disputes arising in the pursuit of interests of the parties to these relationships by arbitration appears to be a suitable means of accelerating the enforcement of interests of the individual parties to the relationships inside a company.

References

BAŇACKÁ, L.: Dohody o výkone hlasovacieho práva. In: Právo a obchodovanie (Zborník z vedeckej konferencie doktorandov, konanej 7. 6. 2007 v Košiciach), editor: doc. JUDr. Ján Husár, CSc., Košice, 2008

CSACH, K.: Korporácia – zmluva alebo vlastníctvo? Tertium non datur?, sborník příspěvků z mezinárodní konference: Správa obchodních korporací, editor: B. Havel, EPRAVO.CZ, Praha, 2012, s. 5, ISBN 978-80-254-9685-5

DĚDIČ, J.: Společnícka žaloba, sborník příspěvků z mezinárodní konference: Správa obchodních korporací, editor: B. Havel, EPRAVO.CZ, Praha, 2012, s. 28, ISBN 978-80-254-9685-5

HAVEL, B.: Obchodní korporace ve světle proměn, Auditorium, Praha 2010, ISBN 978-80-87284-11-7

HURDÍK, J., LAVICKÝ, P.: Systém zásad soukromého práva, Masarykova univerzita, Právnická fakulta, Brno, 2010, ISBN 978-80-210-5063-1

MAREK, K.: Smluvní obchodní právo – kontrakty, Masarykova univerzita, Brno, 2007

MAREK, K.: Ke smluvnímu obchodnímu právu (k deregulaci, regulaci, autoregulaci). In: Deregulace, regulace, autoregulace, Sborník příspěvků z V. konference Katedry obchodního práva Masarykovy univerzity, editor: prof. JUDr. Josef Bejček, CSc., vydala Masarykova univerzita, Brno, 2007

OVEČKOVÁ, O.: Obchodný zákonník, komentár, Iura edition,, Bratislava, 2005, ISBN 80-8078-027-7

Current Challenges for a National and a European Legislator in Tourism Services Consumer Protection: Air Passengers' Rights in EU

Róbert Dobrovodský

I.

On March 13, 2013 the European Commission introduced a draft Regulation that amends Regulation (EC) No. 261/2004, which establishes common rules on compensation and assistance to passengers in the event of denied boarding and of cancellation or long delay of flights and Regulation (EC) No. 2027/97 on air carrier liability in respect of the carriage of passengers and their baggage by air (further as "**revision draft**").[1] Submission of this **revision draft** was preceded by a study, based on a premise that the current valid Regulation presents several application complications. Both the case law of the European Court of Justice and the application practice of national courts show that the Regulation contains several inaccuracies and internal contradictions. During the first year of its validity, some organisations associating air carriers, already protested against the Regulation, considering it redundant, unjust and devastating and they requested declaring invalidity of some of its provisions. The Regulation that, according to *Bartlik,* should have been a jewel of the EU law of consumer protection became the object of criticism of German legal science.[2]

---

1 COM(2013) 130 final 2013/0072 (COD) http://eur-lex.europa.eu/LexUriServ/LexUriServ.do?uri=COM:2013:0130:FIN:SK:PDF

2 Bartlik, M.: Der „außergewöhnliche Umstand" nach dem Urteil des Europäischen Gerichtshofs in der Rechtssache Wallentin-Herrmann gegen Alitalia. In: *RRa – ReiseRecht aktuell, Zeitschrift für das Tourismusrecht*, 6/2009,p. 272 and the works cited there.

II. Regulation Application

Factual Regulation Application

This Regulation shall not apply to **free of charge flights** or **reduced fare flights** not available directly or indirectly to the public. In case a tour operator offers air transport and does not make the flight price (tariff) public that he paid to the air carrier, it will not be considered as a reduced fare flight, not available to public.[3] The Regulation also does not apply to **helicopter** flights.[4] The **revision draft** should also allow the application of the Regulation in situations when a part of the journey is conducted by a different kind of transport or by a helicopter. In that case the Regulation applies to the whole journey and the part of a journey carried out by a different transport will be considered as a connecting flight for the Regulation's purposes.[5] Connecting flight will be defined by a legal definition directly in the Regulation.[6] In our opinion, including a different kind of transport into the factual effect of the Regulation can **cause application problems**. For example, there can be a situation when a part of the journey will be carried out by rail or bus transport. These types of transport are covered by Regulation (EC) No. 1371/2007 of the European Parliament and of the Council on rail passengers' rights and obligations and Regulation (EC) No. 181/2011 of the European Parliament and of the Council dated February 16, 2011, concerning the rights of passengers in bus and coach transport, valid from March 1, 2013. If a passenger used rail transport and the train was delayed more than 60 minutes, the passenger is, according to the Regulation, entitled to meals and refreshment.[7] According to the **Revision draft,** when rail transport represents a part of the journey, it should be considered a connecting flight and in that case, the passengers shall be entitled to meals and refreshment only after a three-hour delay. Collision application of these two tools of passengers' protection could be considered a disadvantage.

The Regulation includes regular flights, charter flights, low-cost flights or a flight that a passenger acquired through a loyalty programme.

---

3 Verdict LG Darmstadt from March 2, 2011 no. 7 S 95/10. Source: Wiesbaden chart of air passengers' rights (Wiesbadener Tabelle der Fluggastrechte) issued by: Prof. Dr. Ronald Schmid and Holger Hopperdietzel, status on May 27, 2013. Available on: http://www.wiesbadener-tabelle.de (further cited as "WT").

4 Article 3 (3, 4) of the Regulation.

5 Art. 1 (2 par. b) **of revision draft**.

6 Article 2 par. o) of the Regulation.

7 Compare Art. 18 (2 par. b) of Regulation No. 1371/2007/EC.

Effect of the Regulation is determined by a geographic indicator

According to Article 3 the Regulation applies **to all flights**

a) Departing from the airport located in the territory of a Member State, regardless whether it is an European Community carrier[8] or,
b) Departing from the airport located outside the territory of a Member State, if the transport is provided by a European Community carrier.

In comparison with Council Regulation (EEC) No. 295/91 dated February 4, 1991, this Regulation has a wider scope of application, as it also includes flights where the passengers depart from the airport located outside the territory of a Member State to the airport in a Member State and the flight is operated by a Community carrier.

Regarding geographical specification of the effect of the Regulation, there were doubts whether the Regulation should also be applied to the part of the flight that started on a Member State airport and after the stopover continued from the airport outside of Member States. For example, if a flight from Bratislava through Moscow to Yerevan was delayed during its second part or the flight from Moscow to Yerevan was cancelled, doubts could arise whether on the part of the flight from Moscow to Yerevan the passengers is entitled to rights from the Regulation. In case the provision of Article 3 of the Regulation is interpreted and applied in a strict (literal) grammatical sense, it would lead to a negative result for passengers. It is necessary to focus on the Regulation's aim and that is a substantial increase of the standard of passengers' rights protection. This is the reason why we believe that it is also necessary to regard the flights provided with a stopover in an airport outside of a Member State as flights included in the Regulation. Another reason in favour of the Regulation is the fact that in most cases, the flights with a stopover are offered as a part of a total journey to destination airport, especially, when a passenger bought a flight ticket to a final destination including a stopover.

The second controversial topic within the geographical specification of the effect of the Regulation is a flight, in which passengers departing from the airport in a Member State, return to the same Member State airport from the airport outside of a Member State. The European Court of Justice fully approves of the opinion of the general attorney, who argued by pointing out the process of creating the Regulation that the author of the Regulation deliber-

8 Compare with a definition in Council Regulation (EEC) No. 2407/92 on licensing of air carriers. The Regulation defines air carrier of the European Community as a carrier that holds the operating licence for air transport and is located in one of the EU Member States, regardless of whether it is an airline company providing regular, charter or low-cost flight services.

ately did not solve the question of the effect of the Regulation on the flights coming from the airports outside of the Member States and are not operated by the European Community and left it open.[9] The fact that the departing and returning flights were booked simultaneously does not affect the case consideration.[10] Moreover, the fact that a passenger booked both flights at the same time, was decisive for the national courts for recognising the return flight as a flight that "still" relates to the provision of Article 3 (1 par. a) of the Regulation. In relation to *Emirates* decision, **revision draft** comes from a concept of a flight consisting of air transport activity that is one 'unit' of this transport provided by the air carrier that determines its route. Although the **revision draft** refers in the draft of the introductory provision No. 4 to the mentioned *Emirates* case, however, in our opinion, it does not offer a solution to the controversial question. It still remains controversial, whether the Regulation also applies to flights departing from the airports outside of a Member State that are not operated by the European Community carrier. According to the Court of Justice, the above mentioned controversy deliberately remained unresolved by the author. The revision of the Regulation is a good opportunity for the author of the proposal to resolve the given question. In our opinion, the definition of a concept of a **"flight"** and the related concepts of a **"connecting flight"** and a **"journey"** in the **revision draft**, do not give sufficient answer to a question raised by the *Emirates* case. **A flight** is an air transport operation between two airports, while stopovers solely for technical or operational purposes are not considered. A c**onnecting flight** is a flight that according to a unified transport contract should enable a passenger to arrive to a place of transfer so that he could take another flight from there, or in a specific context, it can mean another flight departing from a place of transfer. A j**ourney** is a flight or an uninterrupted series of connecting flights, by which the passengers are transferred from the departure airport to the final destination in accordance with the transport contract.

The Regulation tackles the question of flights definition that was, for example, the issue in the dispute in the Commercial District Court in Vienna. In a given case, a passenger bought a flight from Vienna to Paris, Paris to Mexico City and back, as well as the return flight from Cancun to Mexico City, Mexico City to Paris and Paris to Vienna. The question was, which airport should be, in case of a return flight, considered as the departing airport according to the provision of Article 3 (1 par. a) of the Regulation – the departure airport of a flight there or the departure airport of a return flight. According to a dis-

---

9 See par. 40 to 52 of general advocate Sharpston suggestions in case C-173/07 from March 6, 2007.

10 See par. 60 of suggestions.

pute resolution, the departure airport for a flight that was from the beginning agreed as a complete return flight is the airport where the passenger started the journey. That is valid also in case if the insufficiencies occur during any of the last parts of the return flight.[11]

Neither the Regulation, nor its **revision draft** includes a definition of a **passenger**. In our opinion, it is not even necessary, since the subject matter of the air transport contract is that it can *de facto* only be a physical person. The implementation of the Regulation is not influenced by the fact, whether a passenger flies with the aim to satisfy his personal needs (i.e. tourism) or business and work matters. Both the consumer[12] and the supplier[13] can be passengers. In defining the concept of a passenger, the German case law considered children, as well. A passenger is every member of a flight crew except for the ground personnel of the airport or the cabin personnel. For judging the concept of a passenger in a specific case, it does not matter, whether the person has a separate seat booked in the plane. That is why a one-year child can be considered a passenger, as well and has a right for compensation.[14] Even a 16-months old child, for which the parents paid a child tariff, has the same rights as any adult passenger.[15]

A flight as a part of a package tour

The regulation applies to all flights without considering whether they are **regular or charter flights, eventually** flights, which are supplied as a part of a package by a travel agency based on a contract on tour arrangement.[16] Passenger's (customer) rights against the tour operator's responsibility for any faults remain untouched according to Article 3 (6) of the Regulation. That means that if air transport is one part of a combination of services prepared in advance[17] and it happens that the passenger is not transported or a service is cancelled, the passenger will be able to claim his rights directly to the tour operator.[18] By exception, the Regulation will not be applied, if the tour

11 Bezirksgericht für Handelssachen Wien, Verdict from August 4, 2006 – 8 C 2016/05m.
12 Section 52 (4) of the Civil Code.
13 Section 52 (3) of the Civil Code.
14 Verdict AG Düsseldorf from 30/06/2011 No. 40 C 1745/11. Source: WT p. 2.
15 Verdict LG Stuttgart from 7/11/2012 No. 13 S 95/12. Source: WT p. 2.
16 See Section 741a et seq. of the Civil Code.
17 See Section 2 (1) of Act No. 281/2001Coll. on tours.
18 See Section 741i (1) of the Civil Code. On Liability Relationships based on the Contract Tour Provision. See: Lazar, J.: In: Lazar, J. a kol.: *Občianske právo hmotné*, II. diel, 3rd amended and revised edition, Bratislava : IURA EDITION, 2006; Vojčík, P. a kol.:

is cancelled for other reasons[19] than the flight cancellation.[20] At the same time, the **revision draft** confirms a fact that the Regulation also applies to passengers transported as a part of the tour. However, it should be explicitly stated that it does not influence passengers' rights according to Directive No. 90/314/EEC dated June 13, 1990, on package travel, package holidays and package tours[21]. However, the proposal excludes the possibility of a passenger to claim his rights according to the Council Directive 90/314/EEC, if the claim was initiated by the same circumstance. The provision mentioned should prevent situations that if there was a substantial flight delay of a flight within the package tour and the customer requested a price reduction under the Civil Code and at the same time, compensation from the air carrier according to the Regulation.

Since the Regulation is not a legal act primarily dedicated to consumer protection, it is possible to consider both the consumer and the entrepreneur as passengers. In case the passenger did not conclude a transport contract directly with the air carrier, but with an agent (tour operator or travel agency), the passenger can claim his rights resulting from the Regulation directly to the air carrier that provides the passenger with the transport (**operating air carrier**).[22] In practise, there can be cases when the original air carrier, with whom the passenger concluded a contact, cannot provide the transport and it must be secured by a different air carrier. In such situation a passenger can also claim his rights directly to the operating air carrier that provided the transport. It is also confirmed by the German case law that from the legal point of view it is not important, which company is the operator of the plane used.[23] Even if the air carrier A that should originally provide the flight authorized carrier B to provide it (so-called Sub charter), the legal status of carrier B in this relationship is a subcontractor. However, air carrier A is still the one primary responsible.[24] It is also not determining here that the flight personnel

Občiansky zákonník, Short commentary, Bratislava : IURA EDITION, 2008; Dobrovodský, R.: Ochrana práv spotrebiteľov – objednávateľov služieb cestovného ruchu – part 2. In: *Justičná revue* 1/2010.

19 For example, a tour cancellation, because of not reaching the minimum number of clients, which is at the same time a reason of contract cancellation by the organiser (Section 741g (1) of CC).

20 Article 3 (6) second sentence of the Regulation.

21 For example, a tour cancellation, because of not reaching the minimum number of clients, which is at the same time a reason of contract cancellation by the organiser (Section 741g (1) of CC).

22 Article 2 (b) of the Regulation.

23 Verdict AG Frankfurt from 29/03/2012 No. 31 C 2809/12. Source: WT p. 1.

24 Verdict AG Rüsselheim from 09/01/2013 No. 3 C 1961/12 (31). Source: WT p. 1.

of the other carrier would be used.[25] In case of a common flight of more carriers (so-called Code-sharing), the operation air carrier is the one that will actually provide the flight.[26] However, if one of the partner carriers of a common flight of more carriers is not a Member State carrier and it is the one providing a part of the flight outside the Member States territory, the Regulation will not apply.

III.

This Regulation defines three situations which establish certain rights for a passenger:
a) denied boarding,
b) redirection (rebooking) to another flight,
c) flight cancellation,
d) flight delay.

A. Denied Boarding

Denied boarding is a refusal to carry passengers on a flight, although they have presented themselves for boarding.[27] A p**rerequisite for presentation** for boarding the plane is that three conditions will be cumulatively fulfilled.

1. The first is that a passenger has a **confirmed reservation** for a relevant flight. From the German case law on the concept of *confirmed reservation* follows that a passenger is not obliged to show a confirmed reservation to the carrier.[28] The case law is based on practise, where majority of flight tickets are issued in an electronic form and it is sufficient to submit an ID card during the check-in, without the need to prove that a passenger has an issued flight ticket (in Regulation words: *confirmed reservation*). That is why it puts qualified burden of proof on the carrier and he has to proof that the passenger in a dis-

---

[25] Verdict AG Frankfurt from 29/03/2012 No. 32 C 1916/12 (18). Source: WT p. 1; Acc. to the provision of Section 41 (11) of Act No. 143/1998 Coll. on Civil Aviation, hereinafter as the "Aviation Act" there is a statutory restriction of a possibility to provide aviation transport using a plane or a plane with a crew of another air carrier, by an agreement of the Ministry of Transport, Posts and Telecommunications of the Slovak Republic.

[26] Verdict BGH from 26/11/2009 No. Xa ZR 132/08. Source: WT p. 1.

[27] Article 2 lett. j) of the Regulation.

[28] Verdict AG Frankfurt from 29/03/2012 no. 7 S 95/10. Source: WT

putable case did not have a confirmed reservation.[29] In one of its decisions, the court developed the question of burden of proof further. It stated that the duty of the air carrier is to competently deny that a passenger has a confirmed reservation, while this obligation is not prevented by the fact that the carrier had only names and surnames of the plaintiffs (passengers). According to the court findings, the air carrier sufficiently identifies passengers during the check-in and so it should know who is registered or who was on board of their flight.[30] In a different case the court stated that it is the burden of a carrier if he destroys passenger´s data one year after the flight took place.[31]

2. Except for the confirmed reservation, the passenger has to **present** himself **for a check-in** that was determined in advance in writing by the air carrier, travel agency or an accredited travel agent. If there is no such time determined, a passenger has to present himself at least 45 minutes before the scheduled flight departure[32]. This provision of the Regulation is to be interpreted in a way that a passenger should present himself in a stated time for check-in and not to the gate. If a passenger presents himself to a check-in only 30 minutes before the flight departure, but he has not yet been registered, the carrier is not allowed to deny his boarding using the argument that he did not present himself to check-in 45 minutes before the flight departure.[33] According to the Austrian case law, a passenger presented himself in time to check-in even in the case, if he came to the place of check-in so much in advance that a regular check-in could be expected in standard circumstances.[34] If a passenger has already been registered with his luggage to a connecting flight, according to the Federal Constitutional Court (BGH) in Germany, it is not a condition for a right to compensation to arise that a passenger presented to check-in in the transfer airport or that he presented to check-in at least 45 minutes before the scheduled departure time of a connecting flight.[35] However, if a passenger appears at the gate after the door of the flight had been closed, it will not be considered as timely presentation to check-in.[36] The importance of timely presentation to check-in was also judged by the Court of Justice of the European Union in its decision in the *Iberia* case[37]. The Court of Justice of

29 Verdict AG Rüsselsheim from 23/11/2011 no. 3 C 1552/11. Source: WT p. 3.

30 Verdict AG Rüsselsheim from 11/04/2013 no. 3 C 3406/12. Source: WT. p. 3.

31 Verdict AG Rüsselsheim from 11/04/2013 no. 3 C 1132/12. Source: WT. p. 3.

32 Article 3 sec. 2 lett. a) of the Regulation.

33 Verdict LG Frankfurt from 25/03/2013 no. 2-24 S 151/12. Source: WT.

34 Verdict HG Wien from 16/01/2009 no. 60 R 44/08 p. Source: WT.

35 Verdict BGH from 28/8/2012, X ZR 128/11. Source: WT. p. 3.

36 Verdict OLG Frankfurt from 01.10.2009 no. 16 U 18/08. Source: WT p. 4.

37 Verdict of Court of Justice of the European Union in case 321/11, Germán Rodríguez

the European Union included into the concept of denied boarding a situation, when within one transport contract consisting of several reservations of flights directly connected to each other, on which the passengers were given during the check-in all boarding cards at once and the operating air carrier denied their boarding. The reason for denying the boarding was the fact that the first flight of their reservation was delayed and the delay was caused to the same carrier. The carrier wrongly assumed that these passengers did not turn up for boarding to the second (connecting) flight in time.

3. The last condition is a non-existence of justified reasons for denied boarding. The reasons can consider **passenger's health**. Health condition of a passenger that is incompatible with the flight is a justified reason for denied boarding. Such a condition can be a physical condition of a passenger with a high risk of vessels thrombosis.[38] The risk pregnancy of a passenger or a pregnancy stage later than the 28th week could also be the reasons for denied boarding.[39] **Flight safety** can be an equally justified reason for denied boarding. Directly from the provision of Section 36 of Act No. 143/1998 Coll. on Civil Aviation (Aviation Act) follows that in preventing the unlawful interference of the safety of civil aviation each person participating on the air transport (i.e. especially passengers) is obliged to subject to personal inspection and inspection of the transported items. In case that a person concerned rejects to subject to the inspections according to, it will be denied from the air transport without the right to travel or transport costs reimbursement. A justified denial of boarding must lay in a passenger and not in an objective cause as, for example, the technical failure of the airplane or force majeure. In practise, there are cases, when a passenger is denied transport due to the execution of the flight captain rights. Except for the responsibility for the plane condition and cabin crew competence, the captain of the flight has a right to give instructions to all persons on board and take inevitable measures against persons that by their actions threaten the flight safety, passengers or cargo safety, or order on the board of a plane (Section 20 of the Aviation Act). These are cases when the flight captain banishes a passenger from the plane as a result of extreme drunkenness, disrespecting the smoking ban, aggressive behaviour

---

Cachafeiro, María de los Reyes Martínez-Reboredo Varela-Villamor vs Iberia, Líneas Aéreas de España SA, from October 4, 2012.

38 Führich, E.: *Reiserecht*. 6th edition, C.H.BeckH , 2010, p. 880.

39 Compare for example section .... Conditions for passengers, luggage and goods in international and national air transport of VIP WINGS a.s. company valid from March 1, 2012. Source: http://www.danubewings.eu/images/stories/PDF/PPP_VIPWINGS_01MAR12_SK.pdf

against other passengers or disrespecting the obligation to fasten the seatbelt during the take-off. Captain's position from the point of view of his competencies is anchored in the public international law, where the captain is considered an execution power of the state and he partially executes sovereign state power, in which the plane is registered.[40] In case a passenger does not have all the necessary **travel formalities**, it is a reason for denied boarding. Also in practise, mainly in flights to countries outside of the Schengen area, it often happens that a representative of a carrier checks during the check-in, whether a passenger has in his passport, for example, valid visa to his destination country or residence permission. One of the reasons for a strict control of travel formalities by the air carrier that transports a foreign passenger to the territory of the Slovak Republic and can deny him boarding, in case the foreigner does not have a valid travel document, is a fact that, for example, according to the provision of Section 108 of Act No. 404/2011 Coll. on residence of aliens and on change and amendments of some acts, a carrier has an obligation to transport a member of a third country to the border crossing. It has to happen within 24 hours from his arrival or in a time period specified after the agreement with a police body on a border crossing and he has to be carried back to a state, from which he was transported, to a state, which issued a travel document to him. In general, it is an obligation of a passenger to identify himself by valid travel documents, which are needed for entering, residence in or leaving the country of arrival, departure and eventually transit. However, it is inevitable to draw attention to one remarkable difference between a situation when the flight is provided based on a transport contract, compared to when the air transport is included in a tour package (i.e. it is one part of a package tour prepared in advance).[41] In the second case, the tour operator has a pre-contractual information obligation to the passenger about passport and visa requirements.[42] Such obligation of the air carrier does not exist, if a passenger bought air transport outside of a package of services. Flight carriers transfer the costs related to the alien law Regulation to a passenger, who did not comply with the travel formalities.[43]

40 Diederiks-Verschoor, I.H. Ph. An Introduction to Air Law. The Netherlands: Kluwer Law International, 2006, eight revised edition, p. 34.

41 § 2 sec. 1 of Act no. 281/2001 Coll. on Tours.

42 Compare with Dobrovodský, R.: Ochrana práv spotrebiteľov – objednávateľov služieb cestovného ruchu – part I. In: *Justičná revue* 12/2009. p. 1335-1336.

43 Compare for example Section 14 Conditions for passengers, luggage and goods in international and national air transport of VIP WINGS a.s. company valid from March 1, 2012. Source: http://www.danubewings.eu/images/stories/PDF/PPP_VIPWINGS_01MAR12_SK.pdf

B. Re-routing (rebooking) to another flight

Re-routing or "rebooking" of a passenger to another flight is also considered according to the provision of Article 3 (2 par. b) of the Regulation as **denied boarding**. Re-routing or so-called rebooking are very often a result of a practise that is common in the air transport business. It means that more flight tickets are sold than the capacity of the flight (so-called *overbooking*). Air carriers use this method quite often to cover the losses from an ineffective flights capacity utilisation. The Regulation itself does not ban this practice. As it was stressed by the Court of Justice of the European Union in the *Finnair* case[44], it is not only about denied boarding that was caused by exceeding the reservation capacity of flights, but the provision of Article 2 par. j) and Article 4 of the Regulation also relate to denied boarding caused due to other reasons, including operational issues. In other words, the application of the Regulation in question of denied boarding cannot be restricted only to entrepreneurial (commercial) reasons. The **revision draft** does not consider the definition of the concept of denied boarding.[45]

In case of a situation, when the lack of capacity in the flight should cause denied boarding, the flight carrier shall call for volunteer passengers at first, whether they would surrender their reservations. 'Volunteer' means a person who has presented himself for boarding under the conditions laid down in Article 3 (2) and responds positively to the air carrier's call for passengers prepared to surrender their reservation, in exchange for certain reimbursement (benefits).[46] If a volunteer surrenders a reservation, the carrier has to provide (a) reimbursement (benefit), the extent and conditions of which they agree and (b) assistance in accordance with Art. 8 of the Regulation. The nature and the extent of the reimbursement are not specified by the Regulation. In practise, it is mostly in form of a cash refund paid directly at the airport or providing a free flight of a certain value on a specified route. However, a passenger (volunteer) is not entitled in this situation to right to care in accordance with Article 9 of the Regulation.[47] What more, according to the provision of

---

44 Verdict of the Court of Justice of the European Union in case C-22/11, Finnair Oyj vs Timy Lassooy, dated October 4, 2012.

45 Issuer of **revision draft** justifies it by a conventional definition in the Regulation and the cited case-law of the Court of Justice of the European Union. Compare the introductory provision No. 5 of the **revision draft**.

46 Article 2 letter k) of the Regulation.

47 District Court in Duisburg decided that except for the reimbursement (benefit), the volunteer has a right to decide for a financial compensation of the air ticket price or use an option to travel by an alternative flight acc. to Article 8 of the Regulation. However, he is not entitled to services provided to the passengers in accordance with the right to

Article 12 (2) of the Regulation, a passenger (volunteer) also gives up the right for further compensation.

Only after the operating carrier finds out that the insufficient number of volunteers came forward to allow the remaining passengers with reservations to board the flight, he may then deny boarding to passengers against their will. However, the Regulation defines different consequences in this situation, compared to voluntary surrendering of reservation. The operating air carrier shall immediately (a) compensate the remaining passengers with reservation in accordance with Article 7 of the Regulation, (b) reimbursement of the flight price or re-routing in accordance with Article 8 of the Regulation and (c) right to care in accordance with Article 9 of the Regulation. In case of a **missed connecting flight,** the **revision draft** responds by implementing legal consequence in case of missing the connecting flight into existing long-term case-law of the national courts that strengthens the carrier's responsibility.

C. Flight cancellation

A flight cancellation is another situation revised by the Regulation with resulting legal consequences. According to a legal definition, cancellation means non-operation of a flight, which was previously scheduled and on which at least one place was reserved (Article 2 (l) of the Regulation). The Court of Justice of the European Union interpreted cancellation as including also the case when a flight took off, but then suddenly, for any reasons, was forced to return to the departure airport, while the passengers involved were re-routed to other flights. The reason why the plane was forced to return to the departure airport, does not have any influence on qualifying the flight as being cancelled. However, the reason why the plane was forced to return to the departure airport is only relevant when judged whether the cancellation was caused by extraordinary circumstances, which could not have been avoided (for details, see below).[48]

Differentiating flight cancellation from a delayed flight

It is necessary to strictly **differentiate** a **flight cancellation** from a **delayed flight**, since not every delay results in the flight cancellation. Mainly with the

---

care acc. to Article 9 of the Regulation. Verdict AG Duisburg 03/05/2006 – 35 C 5083/05: Rückflug nach Bremen wegen Überbuchung des Flugs nach Berlin. In: *Neue juristische Online-Zeitschrift*, 6. Jahrgang, Heft 25, p. 2279.

48 Verdict of Court of Justice in case C-83/10, Aurora Sousa Rodríguez and others vs. Air France SA from October 13, 2011.

aim of differentiating a flight cancellation and a delayed flight, the European as well as German case law attempted to tackle many problems in the interpretation. According to the "Sturgeon" decision of the Court of Justice of the European Union, a delayed flight – irrespective of the length of its delay – cannot be considered cancelled, if it took off according to the originally planned itinerary. A flight is cancelled only when the operating air carrier provides a transport of passengers by another flight, the original itinerary of which differs from the originally planned flight. [49] Basically, it is not possible to conclude upon existence of flight delay or cancellation based on the announcement on the airport information board or conveyed via air carrier personnel. It is not decisive in this case, whether a passenger collected his luggage or boarding cards were issued. [50] The Court of Justice of the European Union in the cited case interprets the legal definition of flight cancellation in a way that a delayed flight, irrespective of how long is the delay (even a very long one), cannot be considered cancelled, if it is provided according to the itinerary originally issued by the air carrier. Within differentiating cancellation and flight delay, the Court of Justice of the European Union states in a specific case that Articles 5, 6 and 7 should be interpreted in such a way that for the purpose of exercising the right for compensation, the passengers, whose flight has been delayed, can be considered as passengers, whose flight has been cancelled and in such a way they can **claim** their right for compensation specified in Article 7 of this Regulation, if the delayed flight was a reason for **causing three hours or longer time loss**, i. e. they would reach their final destination after three hours or more after the arrival time originally scheduled by the operating air carrier.

According to one decision, if a carrier interrupts an attempted take-off twice and consequently leaves passengers in the departure hall of the airport without giving them more specific information about the cause of the plane take-off interruption, it can be considered as implied cancellation (annulation) of the flight.[51] A different court decided that not every non-transport of a passenger in scheduled time can be automatically considered as cancellation, but it can be considered only in case, when a carrier decides not to operate the flight or would operate a flight with such a long delay that it would practically be the same as if the flight was not carried out. However, the court noted that

---

49 See points 34 and 35 of the decision in joint matters C-402/07 a C-432/07 dated November 19, 2009.

50 See point 37 of the decision in joint matters C-402/07 and C-432/07 dated November 19, 2009.

51 Compare with verdict AG Schöneberg, 21/9/2005, 5a C 92/05: Konkludente Annullierung eines Flugs durch Gepäckrückgabe. In: *ReiseRecht Aktuell*, 2006, p. 93.

a 25-hour delay itself does not exclude the flight delay itself.[52] Another court considered the flight cancellation only in case, when a passenger was transferred by a flight, the number of which was identical with the number of the flight he should be travelling by the previous day.[53]

In differentiating both of these important categories, it is necessary to consider all circumstances of each specific case. *Tonner* considers such circumstance to be, for example, a new check-in of passengers and issuing of a new boarding card.[54] Returning the luggage to passengers can be a circumstance suggesting the case of flight cancellation.[55] The change of the basic elements of the flight such as the type of the plane, flight number or a change of an operating air carrier would be signs in favour of flight cancellation. Finally, it will be decisive, whether the air carrier scheduled the flight into the flights itinerary with the aim of running the flight and offered it to public for reservation, however ultimately changed his will to provide the flight. *Schmid* does not consider a cancellation in case the passengers were transported by a different flight than it was agreed in their contract due to technical failure of the flight.[56]

The German case law defines a flight cancellation as a situation, when the flight is interrupted after the start[57] or a case, when the flight is re-routed from the original route and consequently lands at the airport not planned for the landing.[58]

Regardless of whether the carrier did or did not inform the passengers about the flight cancellation, they are entitled to (a) assistance services according to Article 8 of the Regulation that include reimbursement of the full cost of the ticket at the price at which it was bought, eventually the cost for the part or parts of the journey not made within seven days[59] and a free-of-charge flight to the first point of departure, as well as (b) services of the right to care includ-

---

52 Compare with verdict LG Darmstadt, 12/7/2006, 21 S 82/06 In: *ReiseRecht Aktuell*, 2006, p. 227.

53 Compare with verdict AG Rüsselheim, 2 C 109/06. In: *ReiseRecht Aktuell*, 2006, p. 136.

54 Compare with: Tonner, in: Gebauer/Wiedmann (Hrsg.): *Zivilrecht unter europäischem Einfluss*. Stuttgart 2005, Chapter 13a, marg. No. 67.

55 Compare with verdict AG Schöneberg, 21/ 9/2005, 5a C 92/05: Konkludente Annullierung eines Flugs durch Gepäckrückgabe. In: *ReiseRecht Aktuell*, 2006, p. 93.

56 Schmid, R.: Die Bewährung der neuen Fluggastrechte in der Praxis – Ausgewählte Probleme bei der Anwendung der Verordnung (EG) Nr. 261/2004. In: *Neue Juristische Wochenschrift*, 2006, p. 1843.

57 Verdict LG Hamburg dated 25/02/2011 No. 332 S 104/10. Source: WT. p. 5.

58 Verdict AG Frankfurt dated 26/02/2012 No. 29C 1400/12. Source: WT. p. 5.

59 As described in Article 7 (3) of the Regulation, specifically in cash, by an electronic bank transfer, bank transfer, cheque or with a written agreement of a passenger, in travel cheques and/or other services.

ing meals and refreshments adequate to the waiting time[60], together with providing of telecommunication means.[61] If a passenger decides not to accept the full flight cost reimbursement, eventually the reimbursement for the journey not made and a free-of-charge flight to the first point of departure, he has an option to either **re-route** his flight, under comparable transport conditions, to his final destination at the earliest opportunity or re-route, under comparable transport condition, to his final destination at a later date upon his convenience, subject to availability of seats. When, in the case where a town, city or region is served by several airports, the operating air carrier offers a passenger a flight to an airport alternative to the one for which the booking was made, the operating air carrier shall bear the cost of transferring the passenger from that alternative airport either to the one for which the booking was made, or to another close-by destination agreed with the passenger. If the cancellation is connected with re-routing of a passenger to another flight that is scheduled at least a day after the departure time scheduled for the cancelled flight, he is entitled, except for the right to care (i.e. providing meals and refreshments and telecommunication means), also to hotel accommodation and the transfer between the airport and a hotel. In the claims stated above, the carrier cannot deny his responsibility by suggesting extraordinary circumstances, which could not have been avoided, even if all reasonable measures had been taken (Article 5 (3) of the Regulation).

If an operating air carrier failed to inform the passenger about the cancellation of a flight in time, such a passenger has, except for the rights stated above, also a right for reimbursement (compensation) according to the provision of Article 7 of the Regulation. When a definition of timely informing of a passenger is considered, it is defined in a provision of Article 5 (1 par. c) of the Regulation. Timely information about flight cancellation is considered (1) when a passenger is informed about the cancellation at least two weeks before the scheduled time of departure, or (2) he is informed in the period between two weeks and seven days before the scheduled time of departure, while a passenger is offered re-routing to another flight, allowing him to depart no more than two hours before the scheduled time of the departure of the cancelled fight and to reach his final destination in less than four hours after the scheduled time of arrival. Timely information about flight cancellation is also considered a situation, when a passenger was informed less than seven days before the scheduled time of the departure and is offered a re-routing to another flight, allowing him to depart no more than one hour before the

60 Provision of Article 9 (1 par. a) of the Regulation.

61 Passengers shall be offered free-of-charge two telephone calls, telex or fax messages, or e-mails (Article 9 (2) of the Regulation).

scheduled time of departure of the cancelled fight and to reach his final destination in less than two hours after the scheduled time of arrival.

Compensation is a sum between EUR 250 and EUR 600 and it is determined by a flight distance. The Regulation enables a carrier to decrease the compensation by 50% in certain circumstances.[62] According to *Führich*, compensation is flat rate damage compensation with a repelling effect against the air carriers and satisfying function against the passengers.[63] This opinion can be considered as valid, as the passenger does not have to prove the damage caused and its extent, in a way as it is required by the Slovak Civil Code in the damage liability conditions.[64] Discomfort and serious problems caused to a passenger by denied boarding, cancellation or a substantial delay of the flight are the damage consequences. The burden of evidence whether and when the passenger was informed about flight cancellation lies with the air carrier according to the Regulation[65]. In practise, the passengers are usually informed about flight cancellation at the airport only. Hence, if the flight is cancelled and a passenger was informed about the cancellation only after the time periods mentioned, he has a right to reimbursement.

According to Article 5 (3) of the Regulation, the carrier does not have to offer reimbursement to a passenger, if he proves that the cancellation was caused by **extraordinary circumstances**, which could not have been avoided even if all **reasonable measures** had been taken. The regulation in force in the introductory provision includes the examples of the circumstances, e.g. cases of political instability, meteorological conditions incompatible with the operation of the flight concerned, security risks, unexpected flight safety shortcomings and strikes that affect the operation of the operating flight carrier.[66] They are not further specified. Extraordinary circumstances will be considered mostly circumstances caused by a force majeure (*vis maior*), which are not caused by the system or activity of the operating air carrier. These will be natural disasters such as earthquake, hurricane or a cloud of volcanic ash[67],

---

62 Provision of Article 7 (2) of the Regulation.

63 Compare with Führich, E.: *Reiserecht*. 5th Edition, C.F.Müller, 2005, marg. No. 1025; Führich is critical to a decision of the District Court in Frankfurt am Main (decision dated 13/10/2006, 3 – 2 O 51/06), according to which compensation is predominantly vindicatory in nature.

64 See also Dulak, A.: In: Lazar, J. a kol.: *Občianske právo hmotné*, II. part, 3rd edition. Bratislava : IURA EDITION, 2006, p. 303.

65 See Article 5 (4) of the Regulation.

66 Provision No. 15.

67 For example, on 16th April 2010 Air Operation Services of the Slovak Republic closed the airspace of the Slovak Republic as a consequence of the movement of a volcanic ash cloud caused by the Island volcano Eyjafjallajökull. Source: Press release of the Ministry

political unrest, terrorist attack, terrorist threat or airspace closing by state bodies[68] and the like.

The District Court in Hamburg decided that it is not sufficient if the flight was cancelled because of the existence of an extraordinary circumstance. A carrier must prove that the extraordinary circumstances could not be avoided, even if all reasonable measures have been taken.[69]

A question often discussed was the topic of **technical defects** as an extraordinary circumstance leading to exempting the carriers of the duty to provide reimbursement to the passengers. This topic was also addressed by the Court of Justice within the process on prejudicial question in case C-549/07 Wallentin-Hermann vs. Alitalia. According to *Bartlik* the contribution of this judgement is that the Court of Justice anchored, while judging the technical defects of the plane, *the principle of rule and exception (Regel-Ausnahme-Prinzip),* according to which the technical defects of a plane belong strictly to operation risks of the operating carrier, since they are a part of regular operation of air carriers.[70] According to Article 5 (3) of the Regulation, they can be considered as extraordinary circumstance only exceptionally and only when it could not have been avoided by a carrier, even if all reasonable measures have been taken. The support of the *theory of sphere (Sphärentheorie)* by the Court of Justice, is considered by *Bartlik* as a positive impulse leading to the unification of the attitude of national courts in the topic of technical defect of a plane.[71] As far as the technical defects are considered, the German case law is strict in relation to the carriers. For example, the scarcity of technical defect occurrence or its complicated removal does not exempt the carrier from its responsibility.[72] Similarly, neither the regular technical inspections of a plane can guarantee that the defect will automatically be considered as an extraordinary circumstance according to Article 5 (3) of the Regulation[73], nor the fact that the defect occurred immediately after the replacement of a defected part by a new one.[74]

---

of Transportation, Construction and Regional Development of Slovak Republic. Available on http://www.telecom.gov.sk/index/index.php?ids=71621&prm2=75242 .

68 For example, according to provision of Section 6 (1) of Act No. 143/1998 Coll. on Civil Aviation (Aviation Act), the Ministry of Transportation can, after an agreement with the Ministry of Defence, temporarily or permanently ban or restrict civil flights operation in a specified part of the Slovak Republic airspace from defence or safety reasons.

69 Compare with verdict AG Hamburg, 21 S 82/06. In: *ReiseRecht Aktuell*, 2006, p. 227.

70 Bartlik, M.: Der „außergewöhnliche Umstand" nach dem Urteil des Europäischen Gerichtshofs in der Rechtssache Wallentin-Herrmann gegen Alitalia. In: *RRa – ReiseRecht aktuell, Zeitschrift für das Tourismusrecht*, 6/2009, p. 275.

71 Dtto, p. 274.

72 Verdict LG Darmstradt from 16/06/2010 No. 7S 200/08. Source: WT. p. 10.

73 Verdict AG Rüsselsheim dated 10/08/2010 No. 3C 1528/09-32. Source: WT. p. 10.

74 Verdict OLG Köln dated 27/5/2010 No. 7U199/09. Source: WT. p. 13.

We selected from the extensive German case-law dealing with specific types of defects those that were not evaluated as extraordinary circumstance: fuel pump defect, missing data in the on-board computer, stuck toilet on board, absence of a qualified aircraft mechanic at the airport, where the defect occurred, defect on a sensor of the engine fire detection warning system, defect of a cabin pressure control system, defect of landing flaps, plane tire burst or a defect of a hermetic door sealing system.[75]

Meteorological circumstances incompatible with flight operation include fog, storm, ice-berg, strike of the lighting or strong snowfall at the airport. These unfavourable meteorological circumstances must be so severe that none of the air carriers, that also have their planes in a given time at a given airport, is able to operate their flights. These circumstances cannot be unfavourable only for one specific carrier. If a plane cannot, for example, take off because the airport does not have sufficient amount of the fluid for defrosting the plane, it will not be considered as extraordinary circumstance, since the defects in technical airport service are considered to be the carrier's responsibility.[76] On the other hand, not granting the permission for take-off because of unfavourable weather is considered as an extraordinary circumstance.[77]

If we consider **strike**, a question arises, whether the strike can be considered as an extraordinary circumstance only when the air carrier's personnel is at strike or it is only about a strike of third parties (e.g. operators of flight operation, airport personnel, etc.). According to the opinion of the District Court in Frankfurt am Main, a strike of personnel of a carrier himself can be considered as an extraordinary circumstance only in case, if the carrier could not have expected it and that is why he did not have enough time to react to it by securing substitute personnel.[78]

Insufficient personnel on board caused by illness belong, according to case law, to typical entrepreneurial risks of the carrier that he has to count with and take responsibility for it. The distance of home airport of the carrier from the airport with the lacking personnel is also not decisive[79], neither are is the need to keep the rules of minimal rest time of the personnel.[80]

As stated above, the Regulation has not defined the concept of an **extraordinary circumstance** so far. It could change by accepting the **revision draft**,

---

75 Source: Selection of case law from WT p. 11-13.

76 Verdict AG Königs Wusterhausen dated 3/5/2011 No. 20C83/11. Source: WT. p. 13.

77 Verdict AG Offenbach dated January 6, 2006 No. 33C2/06. Source: WT. p. 14.

78 Compare with verdict **AG Frankfurt, 8/5/2006, 32C349/06-88.** In: *ReiseRecht Aktuell*, 2006, p. 230.

79 Verdict AG Frankfurt, 24/6/2011, 31C961/11. Source: WT. p. 14; or LG Darmstadt, 6/4/2011, 7S122/1 Source: WT. p. 14.

80 Verdict AG Hannover dated 31/1/2011 no. 426C 12868/10. Source: WT. p. 15.

which has an ambition to define extraordinary circumstances as such circumstances that do not belong to a regular operation execution of the air carrier involved and cannot be controlled by them efficiently, due to their nature or source of such a circumstance. For Regulation's purposes, those circumstances will be considered extraordinary that are stated in the attachment. According to **revision draft**, extraordinary circumstances are not a part of regular operation of the air carrier involved and they are not possible to be controlled efficiently because of the nature or a source of such a circumstance. In case the **revision draft** is accepted, circumstances listed in Regulation's attachment could be considered extraordinary: natural disasters that prevent safe flight operation; technical problems that do not belong to a regular flight operation, e.g. finding an error during the flight operation itself, which would prevent a regular continuation of flight operation; or hidden production defect revealed by a producer or a relevant body that threatens safe flight operation; safety risks and sabotage or terrorist acts, which prevent safe flight operation, etc.

According to the Regulation, a **flight delay** happens, when the operating air carrier reasonably expects that a flight will be delayed beyond its scheduled time of departure, depending on the length of a delay and the length of the flight route. From the point of view of the Regulation, not each flight delay is relevant, only the **major delay**. We speak about a major delay, if a flight is delayed:

a) with a distance of 1,500 km or less and at least two hours,
b) within EU over 1,500 km and all other flights from 1,500 km to 3,500 km, three hours or more in case of all flights; or
c) four hours or more in case of flights not included in paragraphs a) or b)

Already in the case of **two hours** flight **delay**, the carrier shall provide the passengers services of the right to care, including meals and refreshments in a reasonable relation to the waiting time[81] and telecommunication means.[82] If the air carrier expects that the flight will be delayed by **more than one day**, he is obliged to provide a passenger, on top of the services of right to care stated above, with hotel accommodation and a transfer between the hotel and the airport. The passenger has a right to assistance services including the reimbursement of the full cost of the flight, eventually the cost of the part or parts of the journey not made within seven days[83] and a free-of-charge air transport

[81] Provision of Article 9 (1 par. a) of the Regulation.

[82] Passengers shall be offered free-of-charge two telephone calls, telex or fax messages, or e-mails (Article 9 (2) of the Regulation).

[83] As described in Article 7 (3) of the Regulation, specifically in cash, by an electronic bank transfer, bank transfer, cheque or with a written agreement of a passenger, in travel cheques and/or other services.

to the first point of departure, if the delay is **at least five hours**. In that case, passengers are not entitled to re-routing under comparable transport conditions to their final destination[84] and compensation in accordance with Article 7 of the Regulation, as it would be in case of flight cancellation. The fact that a passenger is not entitled to receive compensation according to the Regulation when the flight is delayed in accordance with Article 7, leads to air carriers attempting to prove in legal disputes that the flight was not cancelled, but only delayed. What more, if it was proven in a legal dispute that the flight was cancelled, the air carrier still has a possibility to point out extraordinary circumstance and reject the compensation in accordance with Article 7. It is clear that differentiating between a flight cancellation and a flight delay will be a critical point of the Regulation, which is confirmed also by the findings of authors of the above mentioned study on the Regulation that proves existing diversity of opinion in solving the given problem in future.[85]

---

84 Article 8 (1 par. b) and c) of the Regulation.

85 Compare with: Evaluation of Regulation 261/2004. Final report. Main report. February 2010. p. 104. Document available on: http://ec.europa.eu/transport/passengers/studies/doc/2010_02_evaluation_of_Regulation_2612004.pdf

Protection of Weaker Party in Association

Martina Gajdošová

... Anyway, the units for wine and grain are not the same everywhere,
but they are bigger where it is bought,
and smaller where it is sold...[1]

Synopsis: The contribution is concerned with the protection of the weaker entity with regard to associations and societies and the right to associate freely. The precondition for the protection thereof arises from the conception of association legal action under the Act on the Association of Citizens with regard to the political right to associate freely and also the right to fair trial. The peculiarities of the protection of weaker entity are discussed with regard to the development of the judicial protection of the member of association recorded mainly in the case law and in comparison with the development in the Czech Republic, as well as with the focus on finding the justice.

What is protected in protecting the weaker party? What ideal or what interest does it follow? Very likely it is a more balanced shade of justice. The sense of justice is an enormous virtue and the justice is expected – not only from law. Because the content of law... *grows from the joint between the interest and the ideal, ... in it* – i.e. in the law – *the society is confronted with the idealised image, with how it wants to be in public life. The modern and post-modern society contains many diverse and incompatible images of good and just arrangement of "public domain" and also what falls under the public and what under the private domain of a person.* [2]

Who is the weaker entity in private law? Everyone under the command or (and) is influenced in making decisions? *In private law, the protection of the weaker entity has become a full principle alongside the freedom and equality*[3] and its

---

1 Aristotle: Nicomachean Ethics, in: Hrdina, I. A. – Masopust, Z.: Chrestomatie ke studiu filosofie práva, Prague, Leges, 2011, p. 31;

2 For more detail see: Barány, E.: Ústava ako idealizovaný obraz verejného život; in: Blaho, P. – Švecová, A. (eds): Hodnotový systém práva a jeho reflexia v právnej teórii a praxi, Faculty of Law, Trnava University in Trnava, Typi universitatis tyrnaviensis, 2013, p. 34 and 38;

3 From the lecture of prof. Lazar on the topic of the Value orientation of the upcoming Slovak code of private law and the principle of the protection of weaker entity, delivered

most distinct manifestations in the legal regulations concern mainly the consumer protection, but also family law relations, labour law relations or commercial law relations.[4] Does the protection of the weaker lie in assistance to those who do not possess (such possibilities, means, ...) to protect themselves, to assert themselves, to defend themselves, to repay for the assistance, ... ? Does it stem from the need for solidarity in the society organised in a state, solidarity that can be more or less found across the whole history? To help poor, disabled, visually impaired, widows, socially or health disadvantaged, minors, marginalised groups, ...? The list goes on: to assist consumers, tenants, employees, small (and medium) entrepreneurs ... ? To help the weaker party, but not against the state but against the other party, against which it should be in equal position, but that is not the case ...? To adopt legal mechanisms to ensure the above mentioned ...? To balance the justice in private law relations and to protect the weaker entity therein, does it mean to give everyone equally or more precisely, to provide him with what belongs to him with regard to the factual ability to self-realisation? It is exactly the human dignity that ceaselessly inspires the considerations about law and values, about freedom and equality as well as the protection of the weaker.

The concept of the catalogue of human rights and basic freedoms development and forming highlighted, besides freedom and equality, mainly human dignity, which is nowadays understood as ... *value, basic principle (rule) and at the same time basic right equipped with legal claim and enforceable in a court.*[5]

We can find many examples of clashes between domains of public law and private law in the human rights and basic freedoms catalogue. One of examples is the right to associate freely, specifically the right to associate freely in societies, companies and other associations.[6] It has its full place in consti-

on September 20, 2013 in Smolenice on the international scientific conference XI. Dies Luby Iurisprudentiae – Protection of the weaker entity in private law (organised by the Law Faculty of the Trnava University and Štefan Luby Foundation);

4 Compare for example: Husár, J.: Ochrana záujmov slabšej strany vo vzťahoch vo vnútri spoločnosti s ručením obmedzeným; Jurčová, M.: Ochrana slabšej strany: absurdné alebo realita?; Králíčková, Z.: Ochrana slabší strany v rodinném právu; in: Blaho, P. – Švecová, A. (eds): Právo v európskej perspektíve, II. Diel, Trnava University in Trnava, Faculty of Law, Typi universitatis tyrnaviensis, Trnava, 2011, pp. 748-760, 761-768, 782-792; Dobrovodský, R. Ochrana práv spotrebiteľov – objednávateľov služieb cestovného ruchu – 1. a 2. časť. In Justičná revue 9/2009 and 2/2010;

5 Barancová, H.: Ľudská dôstojnosť – základ právneho štátu; in: Blaho, P. – Švecová, A. (eds): Hodnotový systém práva a jeho reflexia v právnej teórii a praxi, Faculty of Law, Trnava University in Trnava, Typi universitatis tyrnaviensis, 2013, p. 53;

6 The right to associate freely is divided as a political right in terms of constitutional division into the right to associate freely in societies or associations and the right to associate freely in political parties and political movements;

tutional arrangement of the state.[7] Its nature is dual within the legal dualism of public and private law, as it's a standard in European countries with the continental legal system. The right to associate freely has its dimension of a political right, which can be found in the circumstances of the Slovak Republic in the Constitution of the Slovak Republic in Article 29 (1), but we can also identify its private law dimension.[8] Many treaties of international and European scope but also regulations of domestic law can be enumerated from the sources of the right to associate freely.[9]

The basic elements of the legal regulation and also the application practice of establishment, incorporations (by registration with the Ministry of Interior), operation and dissolution are relatively known, functioning and stable. The particularities of the development mainly after 1989 can, however, be noticed if the focus goes to one of the prerequisites of the right to associate freely, i.e. the separation from the state, incorporated also in the Constitution (Article 29 (4)). The separation of associations from the state can be perceived most sensitively mainly in point when the state is *in contact* with the association or society. The world of societies and associations, the world separated from the state, the world of voluntariness, autonomy and self-government has its *boundaries* arising from the legal regulation.

Associating in societies and associations mirrors upholding various values in the society. In the first place it is freedom, equality, human dignity but also human solidarity. It is a space for needs for own self-realisation coming from human personality. It is shared passion (culture, sport, education, arts, various collecting, etc.), shared feeling and need to help (various forms of providing assistance, e.g. in the area of healthcare or social services, protection of human rights in certain areas of social life, the environment, consumer pro-

---

7 See for example: Bröstl, A. a kol.: Ústavné právo Slovenskej republiky, Vydavatelství a nakladatelství Aleš Čeněk, s.r.o., Plzeň, 2010, p. 87 et seq; Čič, M. a kol.: Komentár k Ústave SR, Eurokódex, 2012, p. 215 et seq; Drgonec, J.: Ústava SR Komentár, 3. vyd., Heuréka 2012, p. 555 et seq;

8 Compare for example: Brim, L.: Soudní přezkum rozhodnutí orgánů občanských sdružení, Právník 5/2013, ročník 152, p. 499;

9 For example Article 20 of the Universal Declaration of Human Rights (1948), Article 11 of the Convention for the Protection of Human Rights and Fundamental Freedoms (1950), Article 22 of the International Covenant on Civil and Political Rights (1966), Article 8 of the International Covenant on Economic, Social and Cultural Rights (1966), Article 15 of the Convention on the Rights of the Child (1989), the Treaty of Lisbon, the Charter of Fundamental Rights of the European Union, the Convention on the Rights of Persons with Disabilities, the Constitution of the Slovak Republic, Act No. 116/1985 Coll., on conditions of operation of organisations with international element in the Czechoslovak Socialist Republic; but also many other – e.g. consumer associations are regulated in Act No. 250/2007 Coll., on consumer protection;

tection). A complete list is not possible and not even necessary. In any case, it concerns a heterogeneous mix of *community-focused*, but also individual self-realisation and individual self-satisfaction.

It represents one of manifestations of the civil society, with which the state should not interfere unless authorized by law. It functions and fulfils its purpose today in the same way as it was formed and legally incorporated approximately one hundred and fifty years ago.

Can the Protection of Weaker Party be Found in Legal Regulation of Societies?

The protection of the weaker party, in the diversity of its meaning, can be found as the goal or purpose of the activity of great many societies and associations. A quite specific example is the possibility to establish consumer associations – *every consumer shall have the right to associate in associations together with other consumers and through such association to protect and advocate for rightful interests of consumers as well as enforce rights, arising from the liability of persons who caused damage to consumer rights.*[10]

The question is to what extent and if at all the protection of the weaker party can be found in the life of associations from the point of view of the very legal regulation of associations. Naturally, the answer is yes, if we have a look on the judicial protection of member of an association or a society.

The court's authority to enter the association space is namely possible in several cases, in which the separation from the state is clearly perceivable. When establishing a new association, the act of registration with the Ministry upon meeting legal requirements follows after the private law act of agreeing on establishment of the association by future members. In this phase, the protection of the right to associate freely is possible if the Ministry refuses to register the association. The Act on the Association of Citizens enables in such situation the members of the preparatory committee to file a legal remedy with the Supreme Court.[11] Judicial protection is possible also in the case of

---

[10] Section 9 (4) of Act No. 250/2007 Coll., on consumer protection;

[11] According to Act No. 83/1990 Coll., on the Association of Citizens, the reasons for registration refusal are listed in Section 8 (1); Pursuant to Section 8 (3) *Members of the preparatory committee shall be able to file a remedial measure with the Supreme Court of the republic against the decision on registration refusal within 60 days after the decision was delivered to their authorised representative; (4). The court shall repeal the Ministry's decision should the reasons for refusal be not present. The day of entry into force of such court's decision shall be the day of registration of the association. ; The Act on the Association of Citizens takes also into account the possibility that the Ministry is inactive, in that case* (Section 8 (5))*: Should the deci-*

a state's power interference – when it dissolves the association.[12] The association life in the Slovak Republic after 1989 also experienced dissolution of an association ex offo.[13] These cases concern the judicial protection of the right to associate freely with regard to the legal practice of the registering authority, whereas the execution or protection of this political right is monitored, mainly considering its public law scope. Such judicial protection serves to protect a constitutionally guaranteed right; there is no protection of the weaker entity in private law relations.

However, a more interesting in our current observation is the private law scope of association life. Because the state can provide the judicial protection also in the case when a completely internal issue of the association becomes disputable. The disputes arising from the association life were solved in (not only) our courts in the past and are also solved in the present. The internal association environment presumes equality in terms of private law relations. The equal position between members,[14] but also between the association and the member can be considered. Both the member and the association have the obligation to abide by the articles of association (the obligation to abide by the law does not have to be specifically mentioned in this place, note by author).[15] Even though the difference in power, influence, conviction, ... of one member, a specific member, several members, several specific members, the association as a whole is not unidentifiable in the real life. Even (almost) arithmetic and geometric metaphors can be used ((*1<3 ... tres faciunt collegium; an association is a bigger entity which lateral surface circumscribes the sum of members as smaller entities, inserted into the space of the "organisation" defined by the articles of association,...).* An issue arises when different *understandings* of rules incorporated in the articles of association are confronted. Suddenly, the whole complex of goal and purpose of associating, the interests of member and the association become *turbulent surface* where without predefined criteria some weakenings

sion of the Ministry on registration refusal be not delivered to the authorized representative of the preparatory committee within 40 days from the beginning of the proceedings, the association shall be incorporated on the day following the day on which this period lapsed; this day shall be the day of registration.

12 According to Act No. 83/1990 Coll., S. 12 (3): Should the Ministry discover that the association is doing activities specified in items a) to c), *it shall immediately notify the association and invite it to cease such activities. Should the association continue in these activities, it shall be dissolved by the Ministry? A legal remedy can be filed with the Supreme Court of the republic against such decision.*

13 See: decision of the Supreme Court of the Slovak Republic 5Sr/1/2009 and 6Sr/1/2009;

14 About the member – founder, honorary member, ordinary member ... see below, M.G.;

15 At this point I would like to thank to colleagues Dr. Marek Káčer and Dr. Štefan Siskovič for interesting inspirations in deliberations about equal and unequal position of the member and the association, about equality and inequality.

can *emerge*. And this is the moment when it is possible to see (sometimes even) the protection of weaker party in the process of judicial deliberation of the case. From time to time, we can notice that somebody was thrown a *life belt* into the *turbulent surface*. Sometimes to a member, sometimes to *certain* member, sometimes to *certain* members, sometimes to the association. Probably most often to the member? Does he need to have his position put on par with the association by the state in some situations?

According to the Austrian Right to Association Act No. 134/1867 emp.c, the way of settling disputes arising *from within* was governed by articles of association through establishment of so-called court of conciliation, detailing method of its establishment, summoning and decision making. (Section 4 (g)) *It shall be clear from the articles of association: how disputes arising from the association will be settled...*). Proceedings before the court of conciliation did not have to be governed by procedural codes. The decision of the court of conciliation was considered an enforcement title. But the case law told also about possibilities, when the disputes arising from the association should be settled within the association in the association's court of conciliation, however, it did not prevent the possibility to object the jurisdiction of the court of conciliation within one year and to demand the fulfilment of one owns private law claims from the association relationship via a legal action before an ordinary court. Also the legal actions against the expulsion of a member from the association were subject to judicial protection.[16]

Achieving justice within an association through an internal conciliatory body was considered in case of a dispute as natural and most convenient way of finding justice and speaking the "last word", even though the "stand-in" of the state was not refused.

In the Kingdom of Hungary, the right to association was governed by subordinate legislation[17] that, however, did not speak directly of judicial protection of a member against the decision of association's body or about settlement of disputes from internal association relations, but it was part of general

[16] Case law on the court of conciliation: Hye-Hugelmann 1891/1911, Váž. civ. 1668, 11.809, 12.652, Váž. civ. 4772, Váž. civ. 11.479; in: Dusil, V. – Kliment, J.: Spolky, shromáždění a politické strany podle práva československého, Právnické knihkupectví a nakladatelství V. Linhart, Prague, 1936, p. 45; also in: Bohuslav, J. V.: Rukověť života spolkového, 2. přepracované vydání, Jindř. Bačkovský, Československé knihkupectví, antikvariát a nakladatelství v Praze, Prague, 1923, p. 38;

[17] e.g. the Directive of the Ministry of Interior No. 216/1848 B.M., No. 128/1868 B.M., No. 1394/1873 pres. B.M., on the control of associations; No. 773/1874 B.M., on performance of the directive on the control of associations, No. 1508/1875 B.M., on establishment of associations, the Edict of the Ministry of Interior No. 18705/1901, on the control of supportive associations, No. 122000/1906, on local groups of worker's associations;

rules of the then private law. Also according to the Decree No. 348/1951 Coll., on voluntary organisations and assemblies, S. 2 (2) ... the organisation order shall contain mainly ... (among other things) provisions on settlement of disputes within the organisation and the law of civil procedure regulated the procedure of dispute settlement (it is not necessary address here the period between 1948 and 1989, because there was no performance of the right to associate freely in the strict sense).

Today's view on the protection of the right to associate freely can be perceived when solving a delicate issue – if at all and how to intervene in the dispute within an association (civic associations). We find this view when we peek into the decision making of state's bodies (mainly courts) of last two decades. And it is necessary to have a look in this set of interventions in the internal life of associations whether a subset of interventions for the protection of the weaker party can be found.

The area of civic associations does not, however, constitute a mainstream of the society, but it is still a considerable part of it and apart from that, ... since 1990s we are only at the beginning of the revived development of private law and public law cooperative bonds, which will inevitable bring also more disputes, solved before the state bodies..."[18] Today, the decision making of our courts in internal association cases is significantly connected by the legal regulation of member's association legal action with the overall nature of the right to associate freely in associations and societies, incorporated in the Constitution and in international treaties (and naturally by the decision making mainly of ECHR[19]).

If we are looking for a legal foundation for the protection of weaker party in association, we will find the legal regulation of member's association legal action. It is mainly the member of association who has the right to turn to the court if he considers the decision of association's body unlawful or in conflict with the articles of association. According to Section 15 (1) of Act on the Association of Citizens – *should the member of association consider a decision of any of the association's bodies, against which no remedial measure under the articles of asso-*

---

18 David, L., Bílková, J., Podivínová, M.: Přehled judikatury, Soudní ochrana člena spolku, církve a politické strany, Prague, Wolters Kluwer ČR, a.s., 2011, p. 9;

19 And in general with the right to judicial protection; Compare for example: Svák, J. a kol.: Rozsudky Veľkej komory Európskeho súdu pre ľudské práva (kompletné vydanie), Euro Kódex, Bratislava, 2006, p. 675 et seq; Svák, J.: Ochrana ľudských práv (z pohľadu judikatúry a doktríny štrasburských orgánov ochrany práva), II. Rozšírené vydanie, Euro Kódex Bratislava, 2006, p. 836 et seq; Naturally, we can find also comparison with the doctrine and the decision making regarding the right to associate freely in other countries, e.g. in Germany – the decision of the Constitutional Court of the Slovak Republic, file no.: PL. ÚS 11/2010-42;

ciation exists, as unlawful or in conflict with the articles of association, he shall be able to ask the district court to review it within 30 days after he became aware of it but no later than 6 months after the decision.[20] This is the way the judicial protection of the member of association, which has developed in interesting way during 23 years, has been regulated since 1990. From considering the nature of the proceeding itself through the admissibility of legal actions, extensive and restrictive approach to such consideration. Relative brevity of special legal regulation of association and the connection with the area of fundamental rights and freedoms is without any doubt the reason that a truly rich *material* was created within the application practice. The state bodies (mainly courts) have in application practice difficult work of considering, deciding and providing reasons for their decisions, whereas not only grammatical and linguistic, logical and systematic methods of interpretations but also teleological and comparative methods and argumentation with principles, judicature and literature can be found.[21] In many cases the court is looking for a just balance of the interests of the individual and the interests of the whole, all that within the frame of preserving the right to associate freely with its self-governing and voluntary nature. Right within this decision making concerning association legal actions is space for finding the protection of the weaker entity that can be identified with regard to specific facts and its specific consideration and decision.

With the reference to the common Czech and Slovak history, including legal history, the inspirations and comparisons with Czech legal regulations, jurisprudence and application practice are a natural view on many legal institutes, which applies to association as well.

If we have a look into the Czech professional literature, the first interpretative complication was to clarify whether it concerns a civil or administrative

---

20 In the Czech Republic the provision about judicial protection was amended due to Act No. 151/2002 Coll. in such way that instead of a review, the member of association can ask the court to determine whether the disputed decision is in accordance with the law and the articles of association. The court's decision then declares the inconsistency of given decision of the association's body with the law or with the articles of association. Naturally, the Czech experience with association legal actions is more diverse and numerous, therefore also the following development comes mainly from the comparison with Czech doctrine and application practice.

21 A brief characteristics is inspired by the comparison against the assessment of reasoning of court's decisions in selected areas and periods: Prusák, J.: Sociologicko-právny výskum prameňov práva a justifikácia súdnych rozhodnutí, Acta Universitatis Tyrnaviensis, Iuridica, the Yearbook of the Faculty of Law of the Trnava University in Trnava, 2007, pp. 5-141;

proceeding.[22] The agreement was settled on the civil proceedings.[23] Another question to answer was the problem if just one association legal action is sufficient – namely the member's legal action against the association with which he disputes the inconsistency of the decision with the law or with the articles of association. The variety of disputes and often their financial intensity has in the end brought other admissible legal actions: e.g. legal action for membership of the association, legal action for performance.[24] Through the interpretation of the Act on the Association of Citizens together with constitutionally incorporated right to associate freely in societies, companies and other associations, but mainly in the context of the right to fair trial, the scope of persons actively legitimised but also the scope of statements of claim gradually widened. For example, a non-member is seeking a legal action, affected by the association's decision, a member is seeking a legal action but against different action than association's decision, and so on.[25]

Two Examples of an Applicant Seeking Membership in the Association – First: a Slovak Hunter Seeks Membership in a Hunting Association – Second: a Scottish Player and Trainer of Golf Seeks Membership in an Elite Golf Association – to the Advantage or Disadvantage of the Weaker Party?

The First Case: A non-member (natural person) sought in court the award of membership by court's decision – so the court replaced the approval of assembly of members (of the hunting association, i.e. the defendant) and that he acquired the membership in defendant on the day of entry into force of

22 Compare for example: Telec, I.: Spolkové právo, C. H. Beck Prague, 1998, p. 157; David, L.: Na hranicích práva, Soudcovské eseje, Prague, Leges, 2012, p. 92; David, L., Bílková, J., Podivínová, M.: Přehled judikatury, Soudní ochrana člena spolku, církve a politické strany, Prague, Wolters Kluwer ČR, a.s., 2011, p. 11 et seq;; e.g. : Decision of the Municipal Court in Prague in the case file No. 28 Ca 91/94, and the decision of the Supreme Court of the Czech Republic of February 17, 1998, file No. 3 Cdon 1177/96, as well as the decision of the Constitutional Court of the Czech Republic file No. IV ÚS 9/98;

23 Examples from the Slovak Republic: decision of the Supreme Court of the Slovak Republic of January 25, 2011, file No. 4Sžnč/1/2010, decision of the Supreme Court of the Slovak Republic No. 2Nds/1/2012;

24 Compare for example: David, L.: Na hranicích práva, Soudcovské eseje, Prague, Leges, 2012, p. 92;

25 E.g. a non-member affected by the decision of the association is seeking the legal action – the decision of the Supreme Court of the Czech Republic, file No.: 28 Cdo 2750/2005; file no.: 28 Cdo 2865/2006; the right of the member to judicial protection in case of violation of his fundamental right by other action that decision of the association's body – decision of the Constitutional Court of the Czech Republic, file No.: III. ÚS 2542/2007; Individual cases documenting judicial protection concerning issues of association from the Czech environment are listed in the publication: David, L., Bílková, J., Podivínová, M.: Přehled judikatury, Soudní ochrana člena spolku, církve a politické strany, Prague, Wolters Kluwer ČR, a.s., 2011;

court's decision. The district court rejected the claim, the regional court upheld the decision of the first instance court. The membership applicant turned to constitutional court, pleading violation of his ownership right and the right to associate freely, namely by the course of action of the district and regional court; the constitutional court has dismissed the complaint.[26] He stated in its reasoning, among other, that *the hunting right belongs to the owner of the plot and is protected as the part of fundamental right to own property is protected by Article 20 of the Constitution of the Slovak Republic. The priority right of the owner of hunting plots to membership in a hunting association that is renting a hunting ground (part of which are plots owned by the applicant) does not mean that the hunting association is obliged to accept as a member every owner (co-owner) of the plot on which it exercises the hunting right on the grounds of lease contacts or decision of the forestry office. The applicant that meets all other requirements set out by the Hunting Act for the performance of the hunting right can ask for judicial protection with the legal action for replacement of the will of hunting association only in case, if the defendant hunting association violated the priority right of the plot owner arising from Section 14 (4) of the Hunting Act. If the defendant had accepted as a member another citizen, a non-owner of a plot, on which he exercises the hunting right but had refused to accept as a member an owner of plot, he would have violated the priority rights (...) and the legal action against such course of action of hunting association would be legitimate. The right to seek judicial protection in this way stems from Article 46 (1) of the Constitution of the Slovak Republic, according to which everyone can claim his right in a way stipulated by the law in an independent and impartial court, as well as Article 6 of the Convention for the Protection of Human Rights and Fundamental Freedoms, according to which everyone is entitled to a fair and public hearing within a reasonable time by an independent and impartial tribunal established by law regardless of whether the articles of association of the specific hunting association or the Act on Association of Citizens or the Hunting Act incorporate such possibility of legal protection. The defendant did not violate the priority right of the claimant when he had not accepted any members since 2005...*

The hunter wanted to become a member of hunting association, which, however, did not want to accept him. The right to associate in an association is guaranteed also through the right of the association (and thus members associated therein) to associate with those it wants to associate with.

The Second Case: A case of " an applicant for membership in an associa-

---

26 Decision of the Constitutional Court IV. ÚS 415/2010-16; The dispute arose while the older legal regulation of hunting was in force: Act No. 23/1962 Coll., on hunting; since 2009, the hunting associations were exempted from the application of Act No. 83/1990 Coll., on association of citizens;

tion" can be registered also in the Scottish environment.[27] In any case, membership in the association meant in these circumstances also a very strong connection with one's realisation and income. A golf player, registered as a candidate for membership of an elite golf association failed twice the exams, did not achieve membership which has adverse impact on his existence. He was, apart from playing golf, a shop assistant in shop with golf equipment and a seasonal golf trainer – but only a so-called second class trainer, because he did not obtain membership in the said golf association. The said player and trainer wanted to obtain membership in the golf association first through challenging the exam results (or more precisely, the disputable part of the exam), which he wanted to have overruled by the court decision to his advantage. The court dismissed the legal action for the reason that it is not authorized to review decision of the exam board, because it was done in two-way relationship towards the petitioner, even though an unequal one. Judicial review would be admissible only if an internal review body against the exam board had existed within the association; however none was present at that time. The second legal action claimed damages for the breach of a contract. The membership candidate has followed the association's internal regulations all the time, whereas the association has damaged him by assessment in exams. Eventually, the result of the dispute was recognition that a mistake was made in awarding the petitioner with points in relevant parts of the exam. Had there been no mistake, the petitioner would have been successful in general, thus the exam board violated the obligation to assess the examinee fairly and reasonably, moreover, wrong setting of question and scoring of the form was stipulated. The damages were calculated to GBP 100,000 which took into account the period from exams to the end of the dispute (the dispute took approx. 10 years), during which the petitioner lost profit he would have attained as a member of elite golf association, as a trainer and player, compared to meagre income he achieved during that time as a non-member. The weaker party got its own way.

Both cases were not concerned with the free association itself (which is typical for disputes), but the membership in the association, from which a real profit can arise, of course more significant in Scottish circumstances.

---

27 An interesting description of the case Fraser v. The Professional Golfer´s Association Limited see for more details: David, L.: Na hranicích práva, Soudcovské eseje, Prague, Leges, 2012, p. 96; the following text was processed according to pp. 96 – 98;

Looking for the weaker party and siding with it in the world of societies and associations is not easy – freedom or equality when looking for *local justice*?

Societies and associations are the scope for private initiative, autonomy, optionality, self-government, however mainly – they are a space without pressure. When looking for justice as fairness, it was well expressed by John Rawls: *Political society is not and may not be any association. We do not enter it freely. We rather find ourselves in a specific political society in certain moment in history.*[28] In reflections on democratically organized societies Rawls points to the role of political philosophy, which *may contribute to how people think about their political and social institutions as a whole and on their basic intentions and purposes as the society with history – on nations – in contrast with their intentions and purpose as individuals or as the members of families and associations.* Whereas *political society is understood as a fair system of timeless cooperation from generation to generation, where those who joined it are understood as free and equal citizens, normally cooperating members of the society throughout their life.*[29] The idea of the basic structure of a well-arranged society represents a way how the main political and social institutions fall within one system of social cooperation and a way how they attribute basic rights and obligations and regulate the distribution of benefits which originate in it. In the idea of justice as fairness (in Czech translations also the term *politeness* is used, M.G.) also *justice in the background* of *the basic structure* is *what comes from the social system where the activities of both associations and individuals are carried out.*[30] The basic structure includes the basic legal institutions, economic conditions and social relations, *while the principle of justice* – as the primary virtue of social institutions – *is determined according to two principles – everybody should have the same right to the widest possible system of fundamental freedoms which is incompatible with the same system for all and also social and economic inequality shall be created in a way so that it could be reasonably expected that they would serve for the purpose of everyone (also those who have experienced the worst, have to consider them convenient), and that they unite with positions and offices which are available to anyone under a just chance.*[31] Under certain structural justice and with regard to its scope, Rawls differentiates local justice, domestic justice and global justice, while justice as fairness is considered political, not gene-

---

28 Rawls, J.: Spravodlivosť ako férovosť, Kalligram, Bratislava, 2007, s. 25;

29 Rawls, J.: Spravodlivosť ako férovosť, Kalligram, Bratislava, 2007, s. 23 a 25;

30 Rawls, J.: Spravodlivosť ako férovosť, Kalligram, Bratislava, 2007, s. 33;

31 On the ideas of J. Rowls seee: Bröstl, A.: Frontisterion, Kalligram, Bratislava, 2009, p. 296;

ral concept of justice; issues of individual justices require different thinking about their meaning.[32]

On the topic of associating in societies as the political right, the moment of civil equality and also freedom is shown in the first case. In its specific execution, in the forefront there is mainly freedom with its autonomous signs and optionality in intentions and actions. It might not be so explicit with equality. Specifically, with equality of members against each other, or equality of members against the association, or the association against its members. *Local justice* does not have to adhere to equality so strictly. And it does not even do so. The same as statutes could modify various rights and obligations of various categories of members in the past (member – founder, member – contributor, honorary member, ordinary member...), the current form does not place any limitations on potential various categories of membership. The current application practise however presumes that the principles of internal association democracy shall be bound with plurality of democratic society, and the principle of enabling to the member the broadest possible participation in administration, organisation and functioning of the society (an example below, M.G.).

The above mentioned (from Rawls) may be rephrased, *justice as politeness starts with domestic justice – justice of the basic structure. From there it moves (...) inwards to local justice.* This way of thinking presumes that the ideas about composition of the society, state forms, grasping the concept of fundamental rights and freedoms (as well as various duties) presume certain ideas on how it should work also in small communities (e.g. societies). However, we can also start vice versa – bottom-up from small communities.

Seeking justice turns to setting common rules – in general, but it also turns to specific assessment of a specific item – it has its original time-space affected view of legal and ethical, the good and the beneficial. *Aristotle's just person "who is the guardian of justice, and, if of justice, then of equality (...) For all men agree that what is just in distribution must be according to merit in some sense, though they do not all specify the same sort of merit, but democrats identify it with the status of freeman, supporters of oligarchy with wealth (or with noble birth), and supporters of aristocracy with excellence. The just, then, is a species of the proportionate (...) The same thing, then, is just and equitable, and while both are good the equitable is*

[32] *... So, in total, we have three levels of justice leading from within outwards: local justice (principles directly concerning institutions and societies), domestic justice (principles concerning the fundamental structure of society) and finally, global justice (principles concerning international law). Justice as fairness starts with domestic justice – justice of the basic structure. From this point, it moves outwards to laws of humanity and inwards to local justice...* Rawls, J.: Spravodlivosť ako férovosť, Kalligram, Bratislava, 2007, p. 35;

superior. What creates the problem is that the equitable is just, but not the legally just but a correction of legal justice. The reason is that all law is universal but about some things it is not possible to make a universal...[33] still persists. The rules given by the legal regulation on association may be tough in a specific case for a specific entity. And this may be the reason to breach equality in the process of applying law.

The judge is always trying to balance the unjust inequality. There is an interesting example from the Czech Republic, in which the association autonomy was significantly interfered with. An association (a tennis club) expelled a member whom they did not want and he sued for invalidity of the expulsion.[34] In the proceeding on the appeal of the plaintiff the court argued, inter alia, that he is entitled in the matter of the legal action pursuant to Section 15 of the act on association of citizens to review also the statutes and other related internal documents of the civil association from the perspective of compliance with law, as well as regulations of a superior legal force, with legal principles and general legal regulations. Even though the legal regulation of the statutes essentials is general,[35] the court defined the requirements

---

33 Aristoteles: Etika Níkomachova, in: Hrdina, I. A. – Masopust, Z.: Chrestomatie ke studiu filosofie práva, Praha, Leges, 2011, p. 31 et seq.;

34 The plaintiff was excluded at a duly called general assembly, during which also regulations were changed (just before exclusion of the member) – there appeared another reason for expiration of the membership: by exclusion of the member by the general assembly, which was recorded in a form of written resolution via a notarial record. The court of first instance expressed an opinion that it is not possible to accept the way of member exclusion in line with new regulations – via decision of the general assembly without stating a reason. Since the member exclusion represents a last resort, all members must be aware of actions that should be avoided. At the same time, the court pointed out to the fact that the exclusion, in line with new regulations, has to be approved just by six adult members (the club in question was a tennis club also with underage members), because the general assembly is quorate, if one third of adult members is present, and adoption of decision requires only overall majority of members present. Contrarily, the court of appeal expressed an opinion that the change of regulations took place in line with the act on citizens' associations and that the general assembly decided rightfully and that voluntariness has to be comprehended also in the way – that no one can be forced to be in an association with someone with whom he does not want to be. The possibility of abusing of member exclusion without stating a reason is eliminated by the fact that the exclusion can be decided via voting of the general assembly, the majority of votes. The Supreme Court of the Czech Republic, file. No. 28 Cdo 2976/2010;

35 Section 6 (2) Act No. 83/1990 Coll..: ... The proposal is to include the regulations executed in two counterparts which has to contain: a) name of association b) registered office, c) objective of their activities, d) association bodies, means of their appointment, determination of bodies and officials authorised to act on the behalf of association, e) provisions on organisational units, provided they are established and act on their own behalf, f) management principles.

for statutes as follows: *in case of statutes it is a sign of contractual autonomy of the members, this however does not mean that the statutes as lex contractus did not have to respect the contents, significance and purpose of the general provisions of Act No. 83/1990 Coll.* (... i.e. the citizens have the right to associate freely), *as well as the primarily constitutional guarantees of association.* On the right to associate freely the court stated that its equal part is the authorisation of the member to continue in the association if the member is interested in participating on the activity of the association (the seamy side is the ban on forced association together with the right to leave the association freely). The impact of this decision which is important for the content of statutes, or for the case of a member expulsion, is as follows: *Therefore, as a rule it will not be admissible that membership in the civil association was terminated against the will of the member without stating a reason. If other members of the association do not wish to continue in the association with any member anymore, the reason (more reasons) have to be clearly and expressly regulated in the statutes why the member can be expelled from the association; this reason then shall be notified to the member in a clear way not causing any doubts, either factual or formal (his personal presence is requested when discussing the reason of this expulsion)...* The court evaluated also the way of voting: ... *the quorum sufficient for expelling the member by the general meeting which under the statutes is only a tight overlap of one sixth of all authorized members (one third of the present members – adult – is sufficient for the general meeting to be quorate, the vast majority of the present shall vote for the petition), is unacceptable for acknowledging such act as being compliant with the law. The principle of intra-association democracy which should be respected by a relevant modification of statutes for the cases of expelling a member may not be understood in such a way. There is a danger of misusing the rights to association when the majority approved by statutes can act in a way that the law is practised in contradiction with good manners.*[36] The above decision proves that apart from the requirements of legal justice based on the position of de lege lata, until the consideration a solution was being sought compliant with the requirements of ethical justice, inter alia in line with standard practices. This orientation on value cannot be overlooked in the explanation.[37]

---

[36] The quotations are from the reasoning of decision of the Supreme Court of the Czech Republic, file No. 28 Cdo 2976/2010; The court annulled the judgement of the court of appeal and returned it the issue for further proceeding;

[37] When thinking about consequences of the decision, the interpretation, apart from grammatical explanation of the regulation, and overall view of values of associating and value of non-acting against good manners are evident. The democratic principle of majority decision-making and principle of legitimate expectation of a consequence in case of principles stipulation in advance were added to them. *In axiological interpretation, we cease to understand the standard in question in its logical structure ..., we detach from the assumed legal consequence and focus on the value the standard is supposed to protect and develop...*

Seeking *local justice* however, still balances over the already stated values. After broadening the area of admissible claims in the matters of association the courts started to tend to gradual narrowing. Looking again at the Czech environment, it is possible to find criteria of limiting the admissibility of association legal actions. A special means of the protection against decision of the association body is still the legal action pursuant to the mentioned Section 15 of the Act on Citizen Association. Of the internal disputes other legal actions are not excluded, providing with regard to association autonomy they comply with the following requirements: prior reconciliation proceeding, incurred damage to the plaintiff (both material and personality), high intensity of performance, illegality of the affirmed acting of the other party (dispute with law, disputes), social interest in hearing the case.[38] Another opinion can be found on the stated criteria – according to L. Brim it would be sufficient to have intensive enough interest of the plaintiff himself from the perspective of affecting his legal sphere without the need to look for overlap of personal interests of the plaintiff in the direction of social-wide relevance and at the same time exhausting of internal association instruments of remedy. [39] However, it may be stated that the private and legal perspective of the member, its membership in the association and the association itself in connection with the political right to freely associate as well as difficulties with identification of the *weaker party*, cause complication with the dispute assessment or the claim admissibility. It seems that an appropriate solution is the consideration of all the mentioned criteria. In the whole tangle of mutual relations, the member (e.g.) with regard to the association does not necessarily have to be the weaker party that without consideration needs the protection from the state.

The mentioned narrowing of the area of admissible association legal actions could be named inclination to moderation and temperance in assessment. According to (another Czech) the decision of September 2011 *provision of Section 15 (1) of the Act on association of citizens it is necessary to interpret the narrowing (restrictive) way from the perspective of the nature of the item and the area of people who might legitimately demand court protection*... On the already crystallized criteria of legitimate legal action: the lawfully presumed illegality of the decision of the association body, personality and material damage suffered by

whereas *the point is to favour value over standard...*; In: Procházka, R. – Káčer, M.: Teória práva, C. H. Beck, Bratislava, 2013, p. 241.

38 For instance, compare the reasoning of judgement of the Supreme Court of the Czech Republic, file No. 28 Cdo 2916/2006; the senate was chaired by already quoted JUDr. Ludvík David, CSc.;

39 On reservations against the said criteria compare: Brim, L.: Soudní přezkum rozhodnutí orgánů občanských sdružení, Právník 5/2013, ročník 152, p. 504.

the member of association, exhausting potential internal settlement or arbitration means, social interest in hearing the matter, all this under the sufficiently high level of intensity of fulfilling these criteria – the court adopted an opinion that the calculation is open and may not be assumed that individual criteria were supposed to be fulfilled cumulatively; however the court emphasized here that *interpretation of decisive legal sources including also supporting use of the mentioned criteria shall consider also specific circumstances of the case...*[40] The court emphasized the application of methodology approach – teleological reduction. „This procedure is used when the diction of the legal form is shown to be wider with its material scope than required by the principles, values and purposed on which this legal form is based; ... It is a tool of finishing the law when to a certain state of facts only the *core* of the legal provision is applied, or the term regulated by law, even though it would be possible to use the wider but less certain meaning of the standard (term). In the interest of fulfilling the purpose of legal standard, the principle (value) of purposefulness of legal form here partly collides with the principle of legal security („what is written is given"), and the first mentioned principle is preferred..."[41] In the reasoning of the decision the need of the court moderation has been emphasized several times. By decision pursuant to Section 15 of the Act on Association of Citizens is it not purposeful to consider any decision within the association activity so that the court does not become „a supervisor over the association course of events," but it is important to approach the problem individually, even with regard to potential consequences of a court decision.[42]

The question of the court whether to interfere into the association dispute and how to decide, which party to prove right, is difficult.

If we tried to identify the weaker entity, would it always necessarily concern a member in the position against the society? Or would it concern a weak-

---

[40] Quoted from the reasoning of the decision of the Supreme Court of the Czech Republic, file No. 20 Cdo 2304/2011;

[41] The Supreme Court of the Czech Republic 28 Cdo 2304/2011, in the text of reasoning is the reference: compare Melzer, F.: Metodologie nalézání práva. Úvod do právní argumentace. Prague: C. H. Beck, 2009, pp. 248, 249; also Gerloch, A., Tomášek, M. et al. Nové jevy v právu na počátku 21. století. Díl II. Teoretické a ústavní impulzy rozvoje práva. Prague: Karolinum, 2010, p. 62;

[42] In the quoted decision of the Supreme Court of the Czech Republic, file No. 28 Cdo 2304/2011 – disputed was the decision of the Appellate and review board of ČMFS whereas if it was annulled, the results of the football competition in question would remain in force anyway, apart from that, the offence of the punished petitioner was minimal in intensity and the loss on the side of the petitioner was already irreparable; the decision was left for the consideration of the association's body. On considerations on teleological reduction in association legal actions see also: David, L.: Na hranicích práva, Soudcovské eseje, Prague, Leges, 2012, p. 102 et seq.;

er member against the stronger member? Is the weakest party always the least advantaged? If we use Rawls´ theory of social justice to differentiate the less benefited, we can focus on *primarily the good, which are items needed and required by a person understood in the light of political concept of persons as a citizen, a fully cooperating member of the society, not only a human being...*[43] *Inequalities* which are tied to the principle of difference *are differences in rational expectations of primary "goods" of the citizens throughout life. These expectations create their life outlooks. In a well organized society when the fundamental rights and freedoms of all citizens and equal opportunities are guaranteed, the least advantaged are those who belong to the income class with the lowest outlooks.* (...) *Primarily the "goods" are fair for the free and equal citizens. These good enable them to adapt allowable concepts of the good, i.e. those the obtaining of which is compatible with justice.*[44] „Is Rawls laughing about the poor?" This is how Blaha named a part in which he considers the primary good of the freedom before the primary good of the property and on limitation of social inequality so that the feeling of self-respect of the least advantaged members of the society is not harmed.[45] Who is the least advantaged in the area of association, does not necessarily have to be derived from property inequality, although this one cannot be ruled our either.

Weaker party in the association area and association dispute

The weaker party in the association area shall and shall not be sought for due to the fact that the right to associate freely is built on the principle of civil equality where each citizen may decide freely and voluntarily whether he

43 Rawls identifies 5 types of primary goods: 1. basic rights and freedoms, freedom of thought and conscience, etc. .. needed for adequate development and full and devoted use of moral powers...., 2. freedom of movement and free choice among a wide range of occupations, 3. the powers of offices and positions of responsibility, 4. income and wealth understood as multi-purpose means (with exchange value) generally needed to achieve a wide scale of goals..., 5. social bases of self-respect, understood as aspects of basic, usually important institutions, as long as citizens have developed a sense of self-worth and the confidence to carry out their plans... ; in: Rawls, J.: Spravodlivosť ako férovosť, Kalligram, Bratislava, 2007, p. 99 et seq.

44 Rawls, J.: Spravodlivosť ako férovosť, Kalligram, Bratislava, 2007, p. 103.

45 Blaha, Ľ.: Späť k Marxovi (sociálny štát, ekonomická demokracia a teórie spravodlivosti), Veda, Bratislava, 2009, p. 258, Blaha joins the debate with Rawls, refers to many other theoreticians, in this case to Scalone.

establishes..., joins..., participates in..., leaves... the society. It is not wise to do *extra work* and define attributes which would condition the legal benefits of those weaker anyway. The state guarantees this political right to all and also agreed with the guarantee or support of an area for exercising this right to e.g. children, disabled resulting from international conventions.[46] When carrying out the right to associate freely, it is not wise to divide the entities into individual segments, to formulate their disadvantages and look for way of their legal or other privileges. This way could lead to absurdity of existence of many privileged segments where those who would not be found an attribute of any benefit would become disadvantaged by the fact that they would remain in the minority worth protection. Where would eventually remain those who do not associate because they do not want to?...

A different situation is, however, in a specific association dispute. The weaker entity in the association disputes may be marked (sought for) as the least advantaged or maybe even disadvantaged. Disadvantage in this *community* does not necessarily have to be related to the economic situation of the entity, to put it simply, poverty, even though social and economic inequality is a powerful engine in many spheres. It also shows in the association legal actions where being a member has also its material profit. Disadvantages, or a lower proportion on benefiting individual entity in a specific situation is the matter of a totally specific assessment of fulfilling all aspects of the right to associate freely in its public-legal and private-legal context, as well as with regard to the right for court protection to receive just proceeding. Therefore, upon the provision of protection by the state all aspects of private law and protection of fundamental rights and freedoms are considered. A wise opinion is sought for not preferring any attribute without additional assessment in connection with the others. Eventually, a way to improving the status, or avoiding stress, leads through the modification of statutes, however this would be a different topic.

---

46 Article 14 (1) of the Convention on the Rights of the Child (1989): States Parties recognize the rights of the child to freedom of association and to freedom of peaceful assembly. (No. 104/1991 Coll.), Article 29 Participation in political and public life of the Convention on the Rights of Persons with Disabilities (2006): States Parties shall guarantee to persons with disabilities political rights and the opportunity to enjoy them on an equal basis with others, and shall undertake to ... promote actively an environment in which persons with disabilities can effectively and fully participate in the conduct of public affairs, without discrimination and on an equal basis with others, and encourage their participation in public affairs, including ba) participation in non-governmental organizations and associations concerned with the public and political life of the country, and in the activities and administration of political parties; (No. 317/2010 Coll.).

Conclusion

Multi-dimensionality, need for own self-fulfilment and sharing common ideas about the values are part of the human nature. They are shown, inter alia, also in the associations. The civic society is soaked with it like a solution. According to Walzer, *only a democratic state may create democratic civic society, only a democratic civic society may preserve democratic state. Mutual civilized behaviour of the citizens, which enables democratic politics may only be learned in the network of associations...*[47] The need to balance the individual and social is properly pointed out by Honneth, according to whom *the individuals may freely create their particular identity only within a society which is united together by sharing the good of mutual legal appreciation and respect against individual autonomy of each individual.*[48]

If we were thinking in the spirit of Rawls´ theoretical options that *people give up some of their fundamental freedoms if they are compensated sufficiently by the resulting social and economic benefits*, then we could add that: *general concept of justice does not place any limitations of which inequalities are admissible; it only requires that the position of each person is improved.*[49]

Eventually, it is difficult to say whether we need rather a legal expert or a judge to define who – what – and how to protect and whether there actually is someone weaker who needs more protection. Both proportionally. The assumption of the protection of a weaker party is stipulated in the legal regulation allowing free forming of association. It is stipulated simply but sufficiently. The emphasis of consideration thus lies on the body applying the law, most frequently on a judge.[50] The protection of a weaker party is secured

---

47 Walzer, M.: The Idea of Civil Society; in: Bert van den Brink: Spravedlnost a solidarita. Diskuse v politické filosofiimezi liberály a komunitaristy, Spor o liberalismus a komunitarismus, Filosofia – ΦΙΛΟΣΟΦΙΑ 1996, p. 107; Walzer puts the concept of civil society in opposition to one-dimensionality of Rousseau, human as a virtuous citizen of a state, Marx's human as producer, the liberal capitalistic model of human consumer and entrepreneur, the nationalistic model of human as loyal member, whereas the one-dimensional absolutization of certain aspects turns against the human (communism, fascism, capitalism);

48 Compare: Velek, J.: Spor o liberalismus a komunitarismus. Úvod.Filosofia – ΦΙΛΟΣΟΦΙΑ 1996, p. 8;

49 Rawls, J.: Teória spravodlivosti, in: Hrdina, I. A. – Masopust, Z.: Chrestomatie ke studio filosofie práva, Prague, Leges, 2011, p. 363;

50 At this point it is suitable to mention a though of prof. Krsková: *The conviction of legislators that they represent people is an illusion. I don't want to say that the legislation should be abolished, but the Roman and English history teaches us that law has to be more found than ordered.* In: Krsková, A.: Rešpekt k normám ako základ poriadku a podmienka

especially by the framework legal regulation representing an ideal space for searching for the just in a given place, time and mutual relations.

The Czech experience might be inspiring for us in future. After January 1, 2014 the new Czech Civil Code will come into effect. The new system of the form of legal entities included also associations and the valid and effective (in the Czech Republic and Slovakia) Act on association of citizens (Act No. 83/1990 Coll.) is being repealed. New extensive modification of associations (Sections 214 – 302) remembers a more detailed possibilities of protection in the internal tensions and defined several actions and a very similar adjustment of the mechanism of expelling the member from the association.[51] And maybe the current version will be sufficient...[52]

The contribution is a part of a solution of a project under reg. No. APVV-0562-11 named Legal arguments and legal principles as the sources of law

---

znesiteľného života, in: Blaho, P. – Švecová, A. (eds): Hodnotový system práva a jeho reflexia v právnej teórii a praxi, Faculty of Law, Trnava University in Trnava, Typi universitatis tyrnaviensis, 2013, p. 22;

51 Act No. 89/2012 Coll. CC: S. 242 – the ability of excluded member to submit a proposal to the court to decide on invalidity of the expulsion, S. 258 – provision on the association legal action of (not only) member seeking nullification of decision of association's body, whereas caused legal effects or the particular interest of the association are taken into account, S. 261 – a member can seek from court an appropriate satisfaction; Apart from the already mentioned, we can also find a legitimate legal action for membership in the association, legal action for cooperation during settlement of the association or to expect legal action for explanation of association's issues under S. 251, legal action for the right to inspect the minutes from the statutory body's meeting – S. 254, legal action to have the contract on fusion of the association declared void – S. 283; in: David, L.: Na hranicích práva, Soudcovské eseje, Prague, Leges, 2012, p. 106 et seq.; On considerations about the future of association legal actions see also: Brim, L.: Soudní přezkum rozhodnutí orgánů občanských sdružení, Právník 5/2013, ročník 152, p. 514 et seq.

52 In the Slovak Republic according to the legislative intent of the Civil Code, approved by the government in January 2009, the similar character as today should be preserved in the area of legal regulation of legal persons, it will contain general regulation of legal persons, applicable also to every other legal person established under special legal regulations. http://www.justice.gov.sk/Stranky/Nase-sluzby/Nase-projekty/Obciansky-zakonnik/Obciansky-zakonnik.aspx; (view October 18,.2013)

Protecting the weaker subject in family law

Gabriela Kubíčková

The principles of equality of subjects and autonomous will are the main pillars of private law. These are complemented and extended by other principles, which are applied with differing intensity in individual parts of the private law. One of such principles is the principle of protecting the weaker subject, which is applied strongly in family law. The reasons for this are on one hand that such private legal relations are very specific in their nature and functional aim and on the other that there is increased social interest in the stability and functioning of family relations.

The weaker subject in a family is clearly the minor child. The legal regulation acknowledges its special status and provides protection to minor children by means of specific institutes. Stronger protection of minor children is also a European trend and was duly taken into consideration also by the new Family Act No. 36/2005 Z.z. as amended. As this issue is very extensive and I have in mind the focus of the other presentations, I decided to aim my presentation at the question whether and in what scope the principle of protecting the weaker subject is applied in the legal relation established between married people. In my opinion, such an analysis is necessary especially with regard to the ongoing work on the new wording of the Civil Code. We have to state that neither the new Family Act, nor any of the many amendments of the Civil Code so far dealt with this issue at all. The legal regulation of personal and property relations between married people is very brief and so far divided into two separate legal regulations. For many years now does it no longer comply with social and economic relations, which are reflected strongly also in Slovak families.

Such division of the legal regulation of rights and duties of spouses into two legal regulations can't work out any longer. The concept of this solution, adopted in the 1960s (Civil Code in 1964, Family Act in 1963) is based on the ideology of the regime of that time. The idea then was that any relations between married people and the family as a whole shall be based on mutual understanding, respect and help and the property aspect only came second. This idea is based on the period understanding of the new concept of the socialist man. This is one of the reasons why rights and duties of married people are governed by the Family Act and the property relations between them by the Civil Code, in a very strict cogent institute of the undivided co-ownership of the spouses. And even though it was clear from the beginning (1 April 1964, the effective date of both aforementioned acts) that the aim of the legislator, to present the "new socialist man", will not happen and money and property have been important issues back then as well, the shortcomings of this legal regulation were not as visible, as, just as stated by a newspaper back in the 1990s, we were all equal in a way. Equally poor that is. Or in other words, the property status of families was not as differentiated as it is today. It also started to show that not only are there property differences among families, but among individual family members as well. With this in mind, protecting the weaker subject has become ever more important. Off course to start with, we have to find an answer to the question who actually is the weaker subject. Contrary to minor children, who are protected because and only because they are minor, such logic cannot be applied to adults. The fact that someone is married does not really make them the weaker subject. They have to be in a specific situation. A situation that gives the economically better off spouse a dominant position, which could be abused. A typical case is if the wife has no job and takes care of the household and the husband is a successful, well-off entrepreneur. As their relation is a private legal one, it should apply both legal equality and autonomous will, which anyhow, if considered rigorously, would result in an unfair and harsh treatment and would act against the values of the society. In such cases, the principle of protecting the weaker subject is applied as a corrective measure aimed at achieving a balance between the parties in such legal relations and their mutual equality. When we look at the valid legal regulation, whether it is the Family Act or the Civil Code, the application of this principle in concrete institutes and provisions thereof is insufficient, with maybe the exception of the contribution to the divorced spouse. This issue is especially relevant with regard to the prepared change in regulation of the property relations between spouses. Regardless of the cross-resort commenting procedure of the draft amended Civil Code and its commenting related to its approval in the parliament, it is more or less clear that what will be approved is the submitted model, which prefers a contractual regulation of the mutual relations between spouses and a legal regulation of property relations between them can only be applied if the spouses do not conclude such a contract. Any amendments regarding specifics to the draft present no major impact on the concept of the solution itself. This is also supported by the fact that the contractual property law (premarital contracts) has not only been a key topic in parliament, but also among experts.

One of the basic assumptions for a harmonic marriage is solving the accommodation needs of the spouses. You can be married and not live together, but such solutions are rather temporary, or very rare. There are a few potential solutions to this issue. They either rent a real estate or buy an apartment or a house jointly by means of a contract. But it can also happen that they live in an apartment or a house, which is either owned, or in any other way legally related (contractually enjoyed by means of an agreement on the establishment of an easement), to only one spouse. Even though the explicit regulation is insufficient, both the legal theory and the applied practise duly establish the right of the other spouse to live in such real estate on the existence of the established personal legal relationship – the marriage. It anyhow does not answer the question, whether the spouse, who enjoys the factual rights to such real estate, can dispose with it freely and without limitations. In extreme situations, the provisions of Section 3 (1) Civil Code could be applied, which states that the enjoyment of rights and duties relevant to civil legal relations cannot limit the rights and due interests of other without legal justification and cannot be in contrast with good manners. Anyhow a more specific regulation of the rights and duties of spouses is required. As a member of the recodification committee and the Chair of the Family Law Working Group, my aim is on one hand to explicitly and clearly establish the right for a proper living of the spouse /and other family members/ in the real estate owned, or being subject of easement of the other spouse and on the other to also reflect in the legal regulation the principle of protecting the weaker subject, under off course, compliance with specified circumstances. With regard to the part on the proper living, there were no comments made by the committee, if the married couple use the real estate and have a household in it. Anyhow, there has been more of a discussion with regard to the other part, which conditions the validity of disposal acts with regard to the subject real estate with the approval of the spouse without any factual right to it. Most committee members regard this as an unacceptable infringement of the execution of the ownership title to the real estate. A compromise was accepted, which states that if the spouse, who owns, or has any other factual rights to the real estate, would pose a threat to the necessaries of life of the other spouse and/or the family by disposing of such real estate, a court can decide, upon application by the spouse affected, on conditioning the disposal right with their approval. In my opinion, such a solution is only partial and does not sufficiently protect the spouse who is not the owner. If the spouse who owns the real estate or has any other factual right to it sells, burdens or in any other way disposes of the real estate before a court can decide on the issue, such actions are valid and the other spouse has no other protective means available. We anyhow have to state that this is only a first working draft version and the committee shall further deal with subject issue.

Another issue related to the protection of the weaker spouse is the usual arrangement of the household. This is a new definition still lacking in our legal regulations. The proposed wording specifies usual arrangement of the household as a set of movable assets used for the needs of the family. With regard to the functional definition of the usual arrangement of a household, the question was raised whether this should or should not be governed in a special legal regime. Currently, this issue is relevant in case of a contractual arrangement of the scope of ownership rights and duties of the spouses, especially if they arranged a system of separate properties. There are two possible solutions. The first fully respects the contractual autonomy and leaves the usual arrangement of the household to the spouses. Each of the spouses execute their ownership titles by themselves. Strictly legally, if for example the husband buys a stove from his own funds, his wife is only allowed to cook on it if he agrees to it. Such an unlimited freedom of ownership is in stark contrast to the aim and principle of marriage. Thus such a construction of the legal regime with regard to the household is not subject to the proposed wording.

The second solution can limit the autonomy of the will in two manners. One of them governs the establishment of a household by rules of legal co-ownership and the other limits the ownership titles of the owner-spouse. The committee considered both options. In its opinion, if the contents of the usual household would always be subject to legal property co-ownership and the spouses would not be entitled to exclude this option in a contract, this would limit their contractual freedom. If such a regulation would be adopted, the concept of contractual arrangement of ownership rights and duties of the spouses could not be fully applied, especially with regard to contracts on separate property of spouses. Due to this, the subject solution was rejected by the committee. The committee prefers the other option, namely not to alter the ownership title to the contents of the usual household, but limit it by explicitly establishing an enjoyment title of the spouses by Law. This legal consequence cannot be excluded by the spouses by means of a contract on property settlement. In my opinion, this also is only a partial solution. The committee namely did not accept the following part of the submitted proposal, which stated that neither spouse can dispose of any contents of the usual household without approval of the other spouse, with the exception of objects of minor value. If they did, the other spouse could apply for nullity of such a legal act. In my opinion, the above (yet rejected) solution would apply the principle of protecting the weaker subject. Legislations of many countries, on which I have based my proposals, are much more consistent in this issue.

It is quite clear that the issue of protecting the weaker subject in family law is very extensive and can be approached from many angles and points of view. Due to the ongoing work on the new wording of the Slovak Civil Code, I only focused on those issues, which I personally regard as crucial and in my opinion yet not solved sufficiently.

Editors

Professor JUDr. Helena Barancová, DrSc.

Professor JUDr. Helena Barancová, DrSc. is in the position of Dean of the Faculty of Law of Trnava University in Trnava. She has been head of the department of labour law and social security law since the re-opening of the Faculty of Law in Trnava.

Professor Barancova has authored thirty-eight monographs, of which twelve were published in foreign publishing houses and twenty-six in domestic publishing houses, twenty-one university textbooks, 354 academic studies and articles, including seventy-two articles published abroad.

She was appointed university professor in the field of labour law in 1997. She is a guarantor of bachelor's, master's and doctoral programmes in labour law. She is the chair of the expert commission for doctoral study in the field of labour law and an instructor in labour law. At the same time she holds the position of guarantor of the Faculty′s authorisation to perform habilitation proceedings and appointment proceedings.

She belongs to the founders of the Slovak society for labour law and social security law. She chaired the society in the past, and currently is its vice-chair.

For several years she has been a member of the accreditation commission, the advisory body to the Slovak Government, and a member of VEGA, a grant agency of the Ministry of Education of the SR for legal and economic sciences, a member of the Council of Slovak Research and Development Agency, as well as a member of the Slovak Committee for Conferring Academic Degrees.

She has personally participated in some significant legislation intentions of the Ministry of Labour, Social Affairs and Family of the Slovak Republic.

For her accomplishments she has received many awards from the Slovak Literary Fund, the golden medal of the Faculty of Law of Comenius University, and the commemorative medal of the Faculty of Law of Trnava University in 2006.

Dr.h.c. Professor JUDr. Peter Blaho, CSc.

Dr.h.c. Professor JUDr. Peter Blaho, CSc. He studied comparative law at the university in Strasbourg (1969) and Roman law at the university in Rome (1981). In 1991, he was appointed University Professor in the history of state and law and Roman law. He was elected Dean of the Faculty of Law of Comenius University in Bratislava (February 1, 1991 – January 31, 1994). At the beginning of 1994, he was elected for a second term (February 1, 1994 – May 15, 1997). At the beginning of 1998, he was among the co-founders of the Faculty of Law at Trnava University. Together with his colleagues, he became a guarantor of its foundation and activities. Initially, he was appointed for a statutory function, and then in February 1999, the academic senate of the faculty elected him Dean of the Faculty of Law of Trnava University. The President of the Slovak republic appointed him Rector of Trnava University. He held this office from February 2, 2000 until January 31, 2003, and was elected for a second consecutive term until January 31, 2007. Since February 2007, he has held the position of Vice-Dean for academic, research and editorial activities.

He is a co-founder of the "Orbis Iuris Romani, Journal of Ancient Law Studies" and a member of its editorial board. The Journal has been published annually in Brno and Bratislava, since 2000 in Brno, and since 2005 in Trnava, in multilingual format (German, Italian, English and French).

Professor Blaho is the author of the first Slovak translation of Justinian institutions which were also published in the Czech Republic (as the Czech translation of the Slovak author´s text). He is also the author of three domestic monographs, fifteen university textbooks and study materials, 119 scientific studies and professional articles (of that number twenty articles and studies were published abroad). Professor JUDr. Peter Blaho, CSc. has received many awards for his prominent work, including the Commemorative Medal of Charles University in Prague (1998), Knight Commander of the Order of St. Gregory the Great bestowed upon him by Pope John Paul II (2001) and 1st Class Pribina Cross awarded to him by the Slovak President in 2004.

Professor JUDr. Ján Lazar, DrSc.

Ján Lazar was born on August 28, 1934, in Jakubov in the district of Malacky. After graduating from secondary grammar school in Malacky, he studied at and graduated from the Faculty of Law at Comenius University in Bratislava in 1958. Lazar continued with graduate studies at this faculty, defending his work "Legal Forms of Using Land" in 1968, and in 1979 he was appointed full professor of civil law. From 1979-1998 he was head of the Department of Civil Law at the Faculty of Law in Bratislava. Since 1999, he has held the position of head of the Department of the Commercial and Civil law at the Faculty of Law of Trnava University in Trnava, and for one term there he was also the Vice-dean for Scientific Research and International Relations.

Prof. Lazar has participated in long-term study and scientific and research stays at foreign universities – Vienna in 1962, Berlin in 1976, Augsburg in 1986 – as well as numerous short-term lecture and scientific and research stays. As a lecturer he has participated in many international conferences and symposia. He presented papers in Berlin, Vienna, Halle, Moscow, Saint Petersburg, Graz, Krakow, Salzburg, Munich, Quebec, and Zürich, among others.

With an extensive publishing record, Prof. Lazar's works have become famous and recognized in the broad sphere of the professional public, both at home and abroad. He has published 10 books, 8 textbooks, and 200 studies and articles in the area of civil */private/* law in Slovak, Czech, German, Russian, and English. He is the co-author and editor of many almanacs stemming from international conferences and his law days.

Prof. Lazar is a permanent member of "Wiener Arbeitskreis," an organisational unit of Vienna University, which has associated with leading professors and legal professionals from the states of Central and Eastern Europe since 2006, and which at least once a year has organized scientific symposia and published collections containing individual national papers, including contributions by Prof. Lazar as the author on behalf of the Slovak Republic.